本书由正荣公益基金会、浙江敦和慈善基金会、中国基金会发展论坛、北京益公公益基金会联合资助

THE COMPLETE GUIDE TO GRANTMAKING BASICS

A Field Guide for Funders

基金资助工作基础指导大全

资助者实用指南

［美］弗雷德·塞特伯格　［美］柯尔邦·S. 威尔伯　著
益公益交流中心　译

商務印書館
创于1897 The Commercial Press
2018 年 · 北京

Fred Setterberg and Colburn S. Wilbur,

with contributions by Barbara D. Kibbe, Rushworth M. Kidder, and Jan Masaoka

THE COMPLETE GUIDE TO GRANTMAKING BASICS,

A Field Guide for Funders

特别感谢主要贡献者

芭芭拉·D. 基比

罗什渥兹·M. 基德尔

简·玛绍卡

作为基金会的中心功能，资助工作基于这些假设：明智的资助决定是可能的；基金会努力做出有目的而非任意的选择。资助工作不是用死板的规定或标准来简单衡量申请书，而是受强大的个人和组织价值观所指导的一种文化上的综合性理解。资助工作是艺术，不是科学，它的维度不仅有智力层面，也有美学和伦理道德的层面。

目　录

附　录

译者序

中国30年持续快速的经济发展，为慈善基金会的发展提供了物质基础，也提出了新的挑战。随着慈善基金会和公益组织的大量涌现，基金资助和公益领域专业人才的培养和发展成为当务之急。2009～2010年，我开始接触越来越多的国内基金会先行者，益公益交流中心应势而生，它旨在通过中美专业人士的相互交流学习，共同提升，促进人类文明的发展。《基金资助工作基础指导大全》与之前同是由商务印书馆出版的《草根慈善》《服务学习指导大全》以及益公益经授权翻译发行的《志愿者组织理事会实用手册》（限量学习版）一脉相承，都是出于终身学习的价值取向而推介给国内读者的实用自学工具书。

2015年，中国非公募基金会论坛年会聚焦“非公募基金会的人才素养与根基培力”。如何帮助慈善界从业人员不断培养专业根基、提高专业素养，如何应对广泛快速的变化和各种冲突困境（特别是在道德伦理层面），如何化解慈善组织争抢有限人才资源的恶性循环，在应对这些挑战的学习过程中，慈善界富有远见卓识的领航者，希望借鉴国际经验，支持人力资源的培养和自我提升，从而改善资助项目品质和慈善组织跨界合作的视野与能力。《基金资助工作基础指导大全》为此提供了在美国慈善界实用有效的日常方法，是慈善领域专业人员首选、必备和常用的行业工具书，列于基金会中心推荐书目首位，发行量位于行业之首。感谢《草根慈善》的作者比尔·萨莫维尔根据中美业内人士共同商讨的行业人才培养的难点，针对基金资助工作者自我提升的有效方法，特别推介此书。

本书基于其核心作者柯尔邦·S.威尔伯自身在基金会领域专业方面的成长以及在支持和培养慈善公益人才方面的实践和反思而作。柯尔邦特别携手慈善公益界几位资深人士和写作专家，为基金资助工作者在专业成长上分享心得体会及实用方法。“从别人的智慧中学习，因为你没有足够的时间自己去犯所有的错误。”从对社会资源的有效使用角度而言，我们有责任改善专业人士的学习方法，避免一代又一代人犯同样的初级错误，并在前人铺垫的基础之上创新提升。柯尔邦时任大卫－露西儿·派卡德基金会总裁，在他的示范带领下，硅谷地区的慈善基金会进行了影响深远的创新探索，改变了美国慈善界的版图。《基金资助工作基础指导大全》是他的理念和实践的缩影，特别针对当今社会议题的复杂系统化特质。

柯尔邦出身教育世家，他的祖父雷·莱曼·威尔伯于1916～1943年任斯坦福大学校长，不仅对斯坦福大学进行了影响深远的重大教学改革（如开创独立学习模式），而且不远万里于1926年到访清华大学，捐款建设同年成立的生物系，并开启了两校之间学生的交流机制。柯尔邦秉承了这一共建人类文明的教育和交流传统，于1999年携手美国能源协会创建了中国可持续能源项目［能源基金会（中国）的前身］，近20年来为中国能源迈向可持续发展的未来做出了重要贡献。

现有相关专业工具书多注重慈善资助的流程环节，《基金资助工作基础指导大全》则汇聚了慈善公益界的专业骨干通过实地观察和自我提问所积累的大量实用有效的方法，由此激发反思，改善资助工作者观察、探究、提问、解决问题、沟通分享等能力，在不断练习提高的循环学习过程中，改善和提升自己。益公益交流中心选择《基金资助工作基础指导大全》的主要考量正是其中持续的反思性提问。这些来自慈善基金会和公益组织两方面实践的提问，引导基金资助工作者不满足于基金资助工作带来的自身成就感，尽量避免从自我感觉良好到自大进而到新的无知这种在基金会界普遍存在的恶性循环，不断认识自身的局限性，创建不断学习交流提升的良性学习共同体。我们相信《基金资助工作基础指导大全》（中文版）将有助于国内基金会专业人士的自我成长和行业发展。

《基金资助工作基础指导大全》的实用性还体现在，它面向在美国占绝大多数的基金会，即只有一名雇员（甚至完全是志愿者）的小（中）型基金会。这对中国大量处于创建初期的基金会来说，值得借鉴。当你一个人要面对众多利益相关人群，从寻找资助的公益组织到基金会同行，从理事会到政府监管机构时，你要学习的内容就会很多。如何一面工作一面有效学习，这是本书的主线。

感谢益公益交流中心、益公公益基金会（北京）、中国基金会论坛（原中国非公募基金会论坛）、正荣公益基金会（福建）、敦和基金会（浙江）和商务印书馆（太原）有限公司对《基金资助工作基础指导大全》（中文版）提供的前瞻性资助和全面的理解与支持。感谢正荣公益基金会吴军军和李盼所做的协调工作。感谢商务印书馆责任编辑冯淑华细致、体贴、负责的编辑工作。

感谢参与此次翻译的大学生志愿者们：黄子健、蔡黎（中山大学），梁晓岚（广州大学），李幸熠（暨南大学），于思越（广东药科大学），王琴（山西工商学院教师、原四川外国语大学研究生，樊哲宇、冯思源、薛秋云、柳鑫等同学参与校对），孟然（香港教育大学），秦江远（复旦大学）。黄子健招募、管理了主要大学生志愿者的初翻工作。

感谢益公益交流中心参与翻译和校对工作的义工们。翻译组：曾辉、吴宁兴、吕芳芳、吴轶峰、王琬；校对组：吴轶峰、吴宁兴、武淮颖、林江斌、苏建华。吴靖负责全书的统稿、校对和部分翻译工作。

益公益交流中心与益公公益基金会合作，设立了大学生和专业人员参与的翻译类服务学习计划，通过实用工具书的翻译活动，提升大学生对相关专业领域的兴趣，逐步形成跨代际的学习群体，提升所有参与者的翻译水平和知识储备，共同进步。希望更多的有志之士参与进来。

译者希望听到读者的反馈意见，请随时联系、分享。邮箱地址：info@yigongyi.org。

译者代表：吴靖　黄子健

益公益交流中心、北京益公公益基金会联合翻译组

中文版序言

《基金资助工作基础指导大全》是几位职业人士在资助工作领域的知识结晶。正如老话所说："从别人的智慧中学习，因为你没有足够的时间自己去犯所有的错误。"

本书概述了资助工作者的角色和责任，并提供了多方面的技巧，如审阅资助提案书、进行实地走访、理解和掌握常规财务报告、与理事会沟通并提高成效、在职业生涯中不断提升专业技能等。本书帮助读者反思诸多有关优秀、有效的资助工作的议题。书中列有很多提问，促进读者反思并由此进行思辨和深入持久的学习。

《基金资助工作基础指导大全》在基础内容之外，还包括诸如伦理道德、重要的价值观、开会、员工岗前培训和调查研究等主题。

《基金资助工作基础指导大全》是一本实用指南，能提高你的资助工作成效并适应不断变化的非营利界。它告诉你如何评估你的结果，如何教育新的理事会成员，你将了解资助工作中的最佳新理念，学习如何保持信息畅通，如何启动基本的、有价值的资助工作等。这还是一个分步指南，通过保持使命、愿景、目标和策略一致，让你直达成功。

这本指导大全是为所有资助工作者编写的，无论你是来自一家基金会（家庭型、独立型、社区型、企业型），还是企业捐赠项目。我希望你会发现这本书对你职业生涯的旅程有所帮助。

特别感谢大卫－露西儿·派卡德基金会的引领作用——为本书最初版本的出版提供财务支持，特别感谢作者和贡献者们，这个领域将从他们的智慧中受益。

柯尔邦·S. 威尔伯

大卫－露西儿·派卡德基金会荣休理事及前总裁

Chinese Version Foreword

The Complete Guide to Grantmaking Basics is the result of several careers' worth of knowledge about the field of grantmaking. As the old saying goes: "Learn from the wisdom of others because there is not enough time to make all the mistakes yourself."

This book outlines the grantmaker roles and responsibilities, offers techniques for reviewing grant proposals and conducting site visits, understanding and mastering common financial reports, communicating and increasing effectiveness with your board and sharpening professional skills throughout your career.

This book helps the readers to reflect upon many issues related to excellent and effective grantmaking. There are many questions in this book that prompt reflection and hence critical thinking and deep and lasting learning.

Grantmaking Basics goes beyond the basics. It includes topics such as ethics, important values, convening with applicants and other grantmakers, staff orientation and research.

Grantmaking Basics is a practical guide to improving your grantmaking effectiveness and adapting to the changing nonprofit world. It tells you how to evaluate your results and how to educate new board members. You will learn about the best new ideas in grantmaking, staying informed, and how to get started in basic and valuable grantmaking. You will also have a step-by-step guide to setting a straight path to success-by aligning mission, vision, goals and strategy.

This guide is written for all grantmakers, regardless of whether you come from a family, independent, community or corporate foundation or corporate giving program. I hope that you will find it helpful as you journey through your career.

A special thanks goes to The David and Lucile Packard Foundation for their leadership in providing the financial support in publishing the original version of this book and to the authors. The field will benefit from their wisdom.

Colburn S. Wilbur

Trustee Emeritus and Former President

The David and Lucile Packard Foundation

关于主要作者和贡献者

一、主要作者

弗雷德·塞特伯格

他与他人共同出版两部关于非营利部门的著作[①]:《与咨询顾问成功合作》(与芭芭拉·D. 基比合著，由基金会中心出版社出版)和《超越利润：管理非营利组织全面指南》(与凯莉·舒尔曼合著，由哈珀与罗出版公司出版)。

他的其他著作包括:《走过的路：穿越美国文学景观的旅程》(由互联书籍出版)——该书获“联合写作计划”非虚构类创意奖;《有毒的国家：从化学污染中拯救我们的社区之战》(与朗尼·沙维尔森合著，由约翰威立国际出版公司出版);《旅游者故事集——美国》(由旅游者故事指南出版，塞特伯格编辑)。

塞特伯格是全国艺术基金创意写作奖的获得者，并获得众多记者奖。

柯尔邦·S. 威尔伯

他是大卫－露西儿·派卡德基金会受托理事及前总裁和首席执行官。他领导该基金会长达23年。此前，他在塞拉俱乐部基金会担任执行主任和首席执行官，还曾在国际银行业工作过，也曾为一家计算机服务局中心工作过。

他目前担任多家机构的理事，包括：慈善风险基金会、塞拉俱乐部基金会、斯坦福剧院基金会。他曾服务过的理事会包括：基金会协会、基金会中心、旧金山及半岛大哥哥团体、北加州资助工作者团体、半岛资助工作者团体、全球妇女基金会、半岛保护中心、多米尼加学院研究生国际学习项目和旧金山大学非营利组织管理研究所等。

威尔伯获得了斯坦福大学本科及工商管理学硕士学位。

二、主要贡献者

芭芭拉·D. 基比

她是大卫－露西儿·派卡德基金会组织成效部主任和项目官员培训与发展部主任。她有将

---

① 另外还与比尔·萨莫维尔合著了《草根慈善》(中文版由商务印书馆出版)。

近20年非营利管理和基金会顾问方面的经验。她的非营利职业生涯始于1978年，在湾区艺术领域律师团体任执行主管。1987～1993年，基比是哈尔德－基比研究与咨询事务所的合伙人，该事务所完全为非营利组织和政府机构工作。

基比曾是位于加州索萨利多市湾区发现博物馆的临时主管，督管12人的管理团队和近70名员工。在博物馆工作期间，她在推动一项新的永久性展览的设计、研发和安装中起了领导作用。

基比曾在湾区艺术领域律师团体的艺术仲裁和调解服务项目中担任积极的调解员和仲裁员，这个项目是她任执行主管期间帮助发起的。

基比作为优等生毕业于位于纽约市的瓦格纳学院，并从布鲁克林法学院获得法律学位。

简·玛绍卡

她是非营利管理支持中心的执行主管，该中心是为非营利组织提供技术援助的全美领军服务机构之一。作为在职咨询顾问，玛绍卡为非营利组织提供了财务管理、执行主管变更和理事会等方面的咨询服务。

玛绍卡著有《全体成员》[①]（由全国非营利理事会中心出版）和《非营利组织财务手册》（由全国少数族裔艾滋病委员会出版）。她创作了《理事会咖啡屋》——这是一份面向非营利组织理事会成员的全国性通讯，有7000多位订阅者。

玛绍卡不仅是各种会议的主题演讲人，还经常带领工作坊介绍在资助工作中如何使用财务信息。玛绍卡的社会服务活动包括：任旧金山基金会社区创意行动基金主席和旧金山电信委员会副主席。

1999年8月，她被非营利时报评为全国非营利部门“50位最具影响力人物”之一。[②]

① 又译为《志愿者组织理事会实用手册》，经作者授权，作为益公益交流中心内部资料供业内人士学习。

② 她至少八次被评为全国非营利部门“50位最具影响力”的人之一。

前　言

《基金资助工作基础指导大全：资助者实用指南》，对那些参与基金会或者企业资助工作过程的人来说，既是一本指导书，也是一本工作手册。本书的排列风格易于阅读——可以在书中标注重点，经常查阅，并且在上面做笔记。由于大卫－露西儿·派卡德基金会的补贴，本书的价格相对较低。这本书是为资助工作者使用和查阅而设计的，而不是读了以后束之高阁。这里面很多好的想法，有望激发读者更好地工作并享受他们的工作。

弗雷德·塞特伯格在这本书的创作上付出了很多时间，其他的贡献者（辅助型作者）有着多年的经验，并在准备后续信息的过程中，与很多知识渊博、深思熟虑的资助工作者进行了谈话。我很幸运有机会使用过书中呈现的主意。

使用本书将会极大地提升个人的能力。许多项目的员工在资助审阅过程中独自工作或得到很少的帮助，基金会的申请方或者受资助方很少会当着我们的面抱怨或是列出我们的缺点或需要改进的地方，即便是我们的同事，也不会这么做，而这本书，即使对最有经验的人来说，也应该会提供一些新主意和新方法。

基金会的员工有不同的背景。我们多多少少希望他们从工作一开始就有以下能力：审阅提案书、理解财务报告、进行实地走访、理解如何进行评估、建立伦理道德观和价值观、召集小组会议以及处理其他事务。

我们会发现自己处于一个很奇怪的境况——承担很多的责任，却做很少的准备。没有哪个行业会考虑聘用没有经验的员工，却不提供严格的训练或设计良好的职业发展规划。项目员工和积极的理事会成员应该有机会学习如何更加有效、周到地理解他们的受资助者，并尽可能用好他们基金会的钱。

我很高兴地说，这种情况正在开始转变。一些基金会现在已经开发了一些项目，来培训他们的员工和理事会。基金会协会已经对新员工进行培训，其下属的资助工作者地区协会和同道团体也都提供了一些培训。

不幸的是，大多数基金会专业人员没有从这些知识中获益。全国性和地区性的培训不经常有，当员工和理事会成员真的见到其他基金会的人员时，他们经常会谈论或聆听有关他们可能支持的议题。这很有价值但并不等同于在如何改善资助工作能力上的培训。

《基金资助工作基础指导大全》旨在帮助还没有从正式培训中获益的人们。书中有实际的建议、哲学思想，甚至有一点小幽默。这来自很多人过去几十年从事本行工作并努力建立职业标准的经验。如何改善资助工作并用更加有效的方式使用基金会的钱？无论你在资助艺术、社会议题、环境、健康、创业者，还是尝试一种新形式的慈善，本书为此提供的方法都适用。

这本书不是本领域的金科玉律。相反，它就像开启创意的东西——一份邀请，请你参加这些重要的谈话，我们希望这些谈话可以很多年后一直持续下去。真的，如果在你帮助改变世界的任务活动上，本书可以让你积极参与进去、激励你，让你以此为乐，触动你并最终协助你，那么，我们的目的就达到了。

对于一名受到良好培训的项目官员来说，本书不能面面俱到，不过，它会有帮助。如果在你使用它时，想到一些需要添加或改变的东西，请让我知道，那就可以另写一版了。

柯尔邦·S. 威尔伯
受托理事，前总裁和首席执行官
大卫－露西儿·派卡德基金会

介　绍

在资助工作者的世界里醒来。一本《基金资助工作基础指导大全》，献给充满热情的人、困惑的人和刚来的人。

如果你像大多数人一样，有一天醒来时发现自己成了一名资助工作者，你可能会在内心深处好奇、怀疑，或许甚至有些忧虑。毫无疑问，你正在进入新的领域。

你的任务究竟是什么？你的角色和责任是什么？你可以从哪里获得慈善的基础知识，穿越慈善的微妙巷道？在这个领域中，什么构成了成功——或者不够成功？你能胜任你的工作吗？

你的朋友可能帮不上什么忙。像世界上其他人一样，你的大部分亲朋好友永远无法猜想成千上万的资助工作者每天早晨起床上班做什么。非营利部门以前的同事可能会分享他们对慈善事业的价值和缺点有什么个人看法——那是在为自己的组织寻求资金的过程中所磨砺出来的感觉，就像剃刀的边缘一样锋利。但是，局外人对你现在所处的世界很少有什么了解，最多不过匆匆一瞥。

《基金资助工作基础指导大全：资助者实用指南》旨在为那些对慈善基金会或企业捐赠计划的决策和运作负有重大责任的人士提供工具。美国有 70 000 多家基金会，在绝大部分基金会中，这些人是唯一的雇员（有或没有任何行政支持），或者是理事会中一名积极的志愿者。本书是为在这些基金会工作的人员以及大型基金会的项目部门的新员工编写的，他们对工作充满热情，但经常负荷过重，孤立无援。

《基金资助工作基础指导大全：资助者实用指南》应对以下人员有用：

- 基金会 / 企业捐赠计划中新上岗的员工
- 理事会成员以及基金会和企业资助工作计划的其他领导者
- 希望对自己的经验进行反思的资深专业人士
- 任何审阅资助请求的人员，包括政府机构的员工
- 对基金会世界好奇的非营利领域专业人士

如果你一直在慈善领域工作，哪怕只是很短的时间，你可能已经理解了资助工作者的角色要求有多高。守门员、分析师、沉默的合作伙伴和公众倡导者、对未来趋势的预测者、项目工作结束后的编年史记录者：资助工作者需要非常多样化的技能，通常带着轻快的节奏，像时钟般准时。然而，在大多数基金会每周大量的事务活动中，专业的资助工作者必须找到时间来渐进地培养更老练的技能，以帮助应对大量日益复杂的挑战。资助工作者需要终身学习是完全有

道理的。大多数资助工作者从公共服务、非营利企业或学术界等互补型领域进入慈善界。他们通常没有进行正式的培训，甚至没有对工作岗位基本责任的现实认识，就开始了他们的慈善工作生涯。学习必须在行进中发生，在阅读提案书、撰写建议文档、实地走访和理事会会议之余的罕见空档里进行。即便是经验最丰富的人，也总是承认他们渴望有更多时间去思考、反思、阅读——简言之，就是学习。

打开并使用

你如何使用这本书来达到最佳效果呢？读者可以通过几种不同的路径来使用这些材料。项目官员、基金会受托理事或企业捐赠官员的新人，最好直接通读本书，让自己对一些指导原则和工作流程有所认识。更有经验的专业人士可能会将本书作为参考用书，通过梳理索引部分[①]，找到有关进行实地走访的具体信息，或当提案书的预算和叙述所反映的情况与现实不符时该怎么办，以及大量其他事宜。在书上做标记，在页边空白草写笔记，请随意创造性地拆解书页。本书包括了几个工具和工作表，所有这些工具和工作表都被设计成可撕开的[②]，用于随身携带。

而且，请记住，你在这本书中会看到的内容，远不是资助工作的最后定论。与我们所写的内容做辩论；改进我们所建议的练习；最重要的是，尝试在同行之间扩展有关资助工作有效性的谈话，最终，我们必须依靠彼此，来精通复杂、重要和令人振奋的慈善领域所需的工作技能。

① 译者注：中文版使用的是对照表。

② 译者注：这些工具和工作表都是单页设计，撕下来不会影响其他部分的内容。

第一部分

基金资助工作基础 I

资助者实用指南

作者：芭芭拉 · D. 基比 | 弗雷德 · 塞特伯格 | 柯尔邦 · S. 威尔伯

包括简 · 玛绍卡所著《数字和感觉：学习如何看非营利组织财务》一章

致 谢

《基金资助工作基础指导大全：资助者实用指南》是密切合作的产物，反映了资助界诸多人士的视角。我们特别感谢托马斯·C. 雷顿和保罗·伊尔维萨克，他们激励了我们并且是我们资助工作中的榜样。

在准备手稿时，我们依靠对全国各地资深资助工作者的大量采访，并向基金会协会设立的审查小组提交了一系列草稿。在这个过程中，同行们慷慨分享他们的看法，我们从他们的经验中受益匪浅，无法衡量。我们特别感谢这些重要顾问：布洛克·阿德勒，道格·鲍尔，戴夫·伯格霍尔兹，哈丽特·格里克曼，桑夏恩·扬达·奥维尔坎普，莉莎·帕克，辛迪·拉布，莫莉·斯特恩斯，以及布鲁斯·西弗斯和汤姆·大卫。

我们还要衷心并真诚地感谢那些不懈帮助我们准备、制作和出版《基金资助工作基础指导大全》的人士，特别是帕梅拉·劳伦斯，以及格温·福斯特、理查德·格林、金佰莉·谢、菲利斯·贾斯克、马克·詹森、琳达·莱尔德，温迪－埃伦·莱杰和莱斯莉·韦尔奇。

若本书存在任何误解或怪异信念，当由我们承担责任。

第一章　欢迎开始一周的工作

资助工作者生涯中的角色、职责、障碍和机会

良好的资助工作者逐渐成长适应自己的职责。

这个说法更多地反映了资助工作的特点，而非资助官员本身。基金会工作与大多数职业不同。一些经验丰富的资助工作者甚至认为，这不是一种职业，而更像一个行业、一份感召、一种嗜好，或是机敏热情并坚守公益的人们在职业上的一次另辟蹊径。

不管怎样，让我们暂时假设基金会的工作不同于你以往职业生涯中所遇到的任何情形。

现如今，几乎所有基金会业界人员都是从其他领域开始的。通常，基金会更彻底地从精通慈善受助端业务的从业者中选拔人才。他们来自社区机构、服务提供方、智库、高等院校以及其他致力于改善世界的机构：他们是寻找资助的，而不是提供资助的。企业捐赠计划通常由经理负责，他们来自该公司的公关或市场部门。在非营利组织管理方面的研究生级或证书型学习项目越来越多（其中一小部分有关慈善），但很少有应届毕业生能得到基金会或企业捐赠官员的职位。事实上，基金资助是我们社会中少有的重要职业，却隐藏在公众的视线之外，直到最近这些年才慢慢又出现在大众视野中。慈善领域很多富有经验且成果丰硕的从业人员，在被问及上岗初期的感受时，都表示自己对新的角色感到惊讶。

专业的资助工作者所组成的群体并不大。虽然在 21 世纪 80 年代和 90 年代涌现出相当多的新基金会，但并没有增加很多工作岗位。在美国大约 5 万家基金会中，很多是没有专职人员的。即便是有专职人员的基金会，一般也都是在一个不起眼的小办公室里有一两个人而已。

虽然基金会专业人员的阵营看起来单薄、模糊，我们却不可小觑自身角色的影响力和重要性。

每年，基金会和企业捐赠计划会拨赠数以亿计的美元资助。这些资金用在世界各地支持改善民生并保护世界本身及其所有珍贵的生态系统。

可是，决定这些钱的去向的那些人，并不是职业政治家、终身公务员或是受过训练的慈善家。他们中的大部分像你一样：有能力、负责任、有热忱、有渴望、有其他领域的经验。几乎没有人在进入基金资助工作之前，受过正规训练。

幸运的是，业内有很强健并不断生长的全国性网络，该网络由地区性的基金资助工作者协会和捐赠方相关团体组成，它们能够把全国甚至世界各地在相似领域里工作的同行们联系起

来。[①] 不过，对大多数人而言，要了解这份工作或提高技能最好还是在本职工作中。

做好工作需要哪些条件？

成功的资助工作者有何技能和素养？

慈善基金会特别的文化和维度已让人难以应付，而基金资助的另一个层面则会让你的角色更加复杂。这个难题就是：你要负责做到明智及时地把资金发放给能产出结果且运营良好的非营利组织，以确保公共利益。不幸的是，非营利部门的成果是出了名的难以衡量。

不同于工商企业，非营利部门很少会提供一个切实可靠的结果来证明所投入的资金、时间、希望和精力成功与否。要评估一个项目提案获得预期效益的可能性，很难；预测结果，更难。然而，人们将千百次地期望你提供这样的判断。

评判提案、项目或组织机构的潜力是一个复杂的过程，要想有连贯性，（基金会）项目官员必须培养五种基本技能。

1. 能够认清你们理事会想要支持什么

你的整体工作应该基于对所在基金会的价值观和使命清晰的理解。你的理事会想资助卫生健康、教育和福利方面的项目，还是青睐那些支持科研和环境方面的项目？理事们是倾向于提供种子资金培育初创项目，还是向获得公认的组织机构提供长期支持？重点是放在扩展知识、影响政策还是提供直接服务上？主体资金是投放在地方、地区、全国还是国际范围？在运营支持、永久基金、储备资金和建筑资本募款上有哪些政策？

你们基金会的愿景越清晰，目标越明确——理事会成员表达自身资助倾向的能力越强——你的工作就越容易做。财富无法解决选择的困境。无论你们基金会积聚了多少钱，潜在的资助机会总是在数量上超过你们的财务资源。如果没有理事会指引方向，你会发现要在这些五花八门的机会中理出头绪来真是扑朔迷离。

2. 具有关于所在基金会资助领域的知识

在你的职业生涯中，他人可能要求你判断各类事物的价值，从艺术品到动物园无所不有。别想着成为所有这些领域的专家，没人能做到。但是，随着时间的推移，你应该能够培养出对基金会所属资助领域的基本常识，以便能在已有经验的基础上参与讨论、评阅大部分提案书、提供明智的分析并做出合理的决定。

的确，在你和越来越多的非营利组织合作者一起工作的过程中，你的知识面会相应地扩展。

---

① 见第一章附录，有地区性的基金资助工作者协会和捐赠者相关团体的联络信息，以及有关基金会协会的业务计划和所提供服务的具体信息。

你会洞若观火并且对背景问题有更深的理解。在你看第一百份有关土地使用管理的提案书时，会远比看第一份时更敏锐，更有想象力。你会达到这样的境界：本能地（并且在认知层面上）分辨出有前途的组织机构与从长远看有问题的组织，适当的计划和纸上谈兵的良好意愿。

成功的基金会官员有这些倾向：聪明、勤奋、直觉敏锐、有分析力。他们坦然面对自己的无知。没人期望你对有关议题如同你们基金会所资助的组织里的专家一样知道得那么多。不过，人们期望你聆听、学习、不断地学习。好的基金会官员诚邀申请机构一起推动对资助工作者的教育，在此过程中又不增加机构的负担。这样的官员向外部专家和领先的从业者寻求帮助。他们大量阅读，思考所读的内容并尽可能与同事讨论这些想法。简言之，他们喜欢不断获取知识。他们渴望学到更多。他们练习、培育并珍视自身的好奇心。

3. 能够把握你们资助策略中的背景因素

除了筛除风险高的投注、分辨出有前途的项目和组织，你还必须把握一点，即所提议的项目如何与你们所有的资助项目相吻合。你必须问自己，一个项目是否与已经在资助的类似项目相匹配。它符合你们基金会的长期资助目标吗？它是采用一种确实有前途的创新方法，还是依托某种经过证实并与记录良好的最佳做法相吻合的方法论？它会在你不知不觉中重复已有的结果，还是会在项目内容和地域分布上丰富现有的项目？对于你所要服务的目标人群已经得到明确印证的需要，该项目能有所作为吗？

在一些基金会和企业的捐赠计划里，理事会可能要讨论每一项资助，试图持续地理解把握背景因素。在另一些基金会和企业的捐赠计划里，理事会建立一些宽泛的资助指导原则，依靠员工的鉴别力来考量每一个申请项目的合理性。在所有情况下，背景因素都至关重要。事实上，完全有可能发生这样的事，即项目官员认清了理事会的优先资助重点并了解所资助的领域，但如果他们没有认识到项目的背景因素，还是会做出糟糕的资助决定。

让我们看一个例子。想象一下，过去十年你一直在资助旧金山湾区的公共卫生项目，现在你们理事会决定把业务拓展到科罗拉多州丹佛市。你能正确感知基金会的优先资助重点，你对公共卫生也所学甚多，但是你对丹佛市有何了解呢？

在这个例子中，背景因素成了你的第一重点。你必须了解在丹佛市运营的公共卫生组织和项目。你需要识别当地的问题、领导者、资源和机会——发现同盟和对手。你还得知道正在进行的各种努力有哪些历史以及以前的资助模式。这些关键的背景问题，将使你具有提出良好资助建议的能力。

4. 能够综合大量信息并向理事会提供信息精华

在你的工作过程中，你必须能寻找并梳理大量复杂信息，加以消化并加工成短小有效的书面分析材料，合理解释你的资助建议。理事会阅读这些分析，然后决定是接受还是否决。

这种把握全局的能力，与我们已经提到的其他技能是连在一起的。前提是你能够正确地计算一个项目与你们基金会的匹配度，了解相关领域，并能识别其背景因素。而且你还要有能力处理大量的提案并有效地管理好你的时间，特别是当你是唯一的员工时。

5. 沟通能力

你的判断是否清晰，你的建议质量如何，都取决于你的沟通能力。良好的沟通始于良好的聆听。随着时间的推移，你会需要提高能力，对寻求资助者、理事会成员和该领域的专家，给予敏锐和耐心的关注。如果没有强大的聆听能力，你自己的言辞很快会退化成自大的声明。你会忽视紧要的学习机会，陷入墨守成规的僵局。

技能之外

除了这五种核心技能，还有哪些是成功的基金会专业人士或志愿者应该具备的素质?

在个性方面，成功的资助工作者往往是乐观的。他们相信自己努力工作会让世界有所改变，这是他们每天来上班的原因。时间长了，他们对所在基金会的业绩和自己在推进基金会使命中所起的作用会有清晰的看法，由此强化着这种固有的乐观。

这并不是说项目官员应该完全自信。一点怀疑能让所有人健康地约束各种膨胀的期望。(你偶尔可能以某些重要的方式帮助改变世界，但不会造就世界的全面变革)。仅仅把钱给出去并不是关键所在，你要看到对结果的证实。

好的项目官员还展现出驱动力。他们不像机器里的齿轮那样机械地工作，而是呈现出活跃的力量，驱动基金会迈向自身目标。(把自己当成火花塞、发动机和方向盘的合成体，就显得不谦虚了。)在基金会界，要有效，就要有自信，但不是自大。好的资助工作者偶尔会督促、推进理事会质疑关于自身的假设(并愿意接受这样的现实，即他们的推荐可能不被采纳)。他们愿意为了更大的福祉而承受一定程度的不适——牡蛎肚里的折腾孕育了珍珠。时间长了，他们会知道何时可以超出对日常资助工作实用性的考虑，为更长远的可能性进行争辩。

成长机会

很多项目官员是在教育、儿童发展、社会福利、环境或其他领域从事多年直接服务之后，才进入基金会行业的。他们为资助工作带来让人羡慕的业内优势，即对他们现在负责评审的资助申请项目很熟悉。作为曾经的服务提供者，他们与申请者说着同样的语言，他们之间容易建立信任。他们的存在，对那些由于缺乏在非营利领域的工作经验而可能会表现出冷漠或傲慢的资助工作者，起到了对冲作用。

不过，他们要想成熟地做好项目官员，就可能需要在实际经验的基础上，增强理论知识。

他们可能需要熟悉所负责领域的历史、争议和潜藏的机会。也许他们需要了解组织结构理论和非营利组织管理，包括规划、预算和评估。

其他资助工作者恰恰因其理论功力而受雇。他们可能曾经是政策制定者、研究者或大学教授。他们的任务是用实地体验来深化其理论知识，实地走访一些组织机构，直接向一线员工学习。

换句话说，没有人是带着他们所需要知道的全部知识开始这份工作的。项目官员总是被要求去拓展自己，灵活的弹性是入门要求。确实，这份工作最令人欣喜的好处之一就是终身学习的机会。

趋势：大致上

基金会中心出版的《提案书写作指南》，采访了一些资助者。当问及基金资助的近来趋势时，他们提到几点，简述如下：

- 对每一美元的竞争都更加激烈了，部分原因是政府减少了所提供的资金。
- 对评估和“知道如何看清成绩”更加重视了。
- 申请书的数量更多了，而且更为复杂。
- 资助工作者对衡量一家组织稳定性的指标看得更细——在领导力、规划、财务等方面。
- 受资助方之间有更多合并和合作。
- 直接服务型的项目更多了，政策／倡导型的更少了。
- 提供多年资助的更少了。
- (固定)资本募款申请更多了。
- 将资助用于雇用资金发展人员的申请更多了。
- 管理协助方面的资助更多了。
- 计算机协助方面的申请更多了：硬件、软件、培训等。

《书写提案书的不成文规定》

作者：简·C. 吉福

出版物:《基金会新闻和评论》1997 年 3/4 月期，30 ～ 34 页。

简·C. 吉福是专业募款人。原文摘录得到基金会中心的许可。

大多数情况下，个人的专业发展有两种来源。

研究。某些项目官员会需要经历一个自我引导式的认真学习过程，让自己熟悉其基金会相关领域在理论和组织方面的内容。他们会对不同领域的社区领导者、学者和从业者进行信息采访。资助工作的新手还应该努力了解慈善的历史；他们应该学习在其基金会主要资助领域里资助的实施过程。

关系。项目官员也会从与同行不断发展的专业关系中受益。对大多数作为唯一办公人员的资助工作者来说，一开始需要努力去培养这些关系。他们需要向外寻找潜在的“同事”，这些人也许在其他基金会或是在企业捐赠计划、联合劝募及政府资助机构里工作。工作地点位于大城区郊外的基金会员工，可能需要更努力地去寻找同行——在大型会议上，通过基金会协会，在各区域协会，在所参加或创建的关联团体里。项目官员可能还会培养与学者、独立研究者和记者的专业关系，与他们就社区的需要和资产保持不断的对话。

职业危险

会让你跌倒的难题（如果你不注意）

即便是最让人有成就感的职业，也有负面性。在基金会行业，你自己的一系列职业危险不会比其他职业危险更严重。然而，如果你没有预见这些问题的存在并在随后的工作中为了应付它们而殚精竭虑，那么它们就可能会让人恼火、困扰甚至造成破坏。

职业危险一：你走到哪儿，钱就跟到哪儿

人们常说，一旦做了项目官员，你将处处春风得意。人们会过度甚至无耻地迁就你。他们的逻辑是，毕竟你确实貌似手攥着钱袋。（配合你说的笑话，附和你的意见，满足你的虚荣心，为什么不呢？）即使在（与他人）最开明诚实的关系中，钱也一直黏着你——成为所有谈话中沉默的伙伴。

钱还是一个非正式的保镖。无论你喜欢与否，都让你免受更尖锐的批评，其中一些批评可能会激发（或促动）你们基金会改变方法和你个人改善自己的工作业绩。人们可能抱怨没有得到某项资助，但他们不太可能细致地列出你的慈善工作过失。这太危险了。这就意味着通过自我批评进行改善的职责直接并唯一地落在你身上。这会是一个很重的负担。

你会发现谁成了你的朋友。（提示：他们可能是在以前的工作中和你打过照面的人，而现在似乎非常愿意和你在一起吃午餐和聊天了。）忽然间，所有人都想从你这里得到什么，他们想要钱。这种经历可能让你震惊，甚至受伤。你可能发现自己对是否去某些公共场合要一再思量。（如果我去看周六音乐会，这会导致我不想看到的资助提案书周一早晨出现在我的办公桌上吗？）你要忍受洪水般涌来的社会活动邀请，它们其实只是为了业务上的接触。

试着别把这些放在心上。认清这不过是一份工作。专注于你的家庭和值得信赖的朋友们。对自己坦承：你突然受到巨大欢迎，很大程度上是因为你靠近潜在的财富。提醒自己，资助寻找者的期望，往往与他们建设美好世界的愿景连在一起——这是你们共享的东西。面对他们的

希望、恐惧和迫切感，努力保持善意。坚定并尽可能正常地从事专业工作。

你自大吗？

一位很受敬重的学者，也是一家独立智库的负责人，花了将近20分钟的时间生气地向我描述与另一家基金会的项目官员们的经历。这位寻资者和其他员工花了一年多的时间与那家基金会对话，回复基金会的评语和提问，改写提案书以适合基金会的要求。结果当天早晨被告知“不会给予资助，因为基金会的方针在变”。这家组织的员工在提案书上花了时间和钱，用于回复基金会的要求、递交新草稿、承担拜访基金会的交通费，更别说在期望值上的感情投入。正如这位非营利组织管理者所解释的，如果那家基金会从一开始就说“不行”反而更好。

《你自大吗？》
作者：格里·曼尼昂
出版物：《基金会新闻和评论》1997年7/8月期，24页。
格里·曼尼昂是位于纽约市的卡内基基金会的“特殊项目”官员。

职业危险二：权力

通向金钱的管道让你举步维艰，但也带给你相当大的权力，这无法避免。对于所有关于“伙伴关系”和“合作”的谈话——你应该真诚地为此努力——但最后必须承认，每一次与资助寻找者打交道，你总是占据上风。这种状况本质上并没有错，这就是生活。问题出现在你未能或拒不承认权力上的差异，这种差异把你和向你寻求支持的人们分开。

一些基金会人员被权力毒化。他们放纵自己的自大行为，而其他人必然会察觉他们的粗野、麻木和荒谬。（我们最近听说一名项目官员骄傲地宣称，她的习惯是扔掉任何拼错她名字的提案书。如果这种鲁莽自大不就此止步，那一定会积重难返。）谨防那些向别人炫耀自己，用高标准苛待他人，不容忍、没耐心和不可理喻的同事。

还要记住：这不是你的钱。不要过度界定你的专业角色。你只是在看管你们基金会的财富，直到找到其他合适的人最好地使用这些财富。

还有另一种自大，更不起眼，可能更隐秘，那就是提供免费建议。这种诱惑可能很大。寻资者会一直礼貌地聆听并同意你，即便他们怀疑你是否知道自己在谈什么。（更糟糕的情况是，寻资者遵从了你的建议，因为他们假设你有这方面的专长，其实你没有。）如果提建议的话，尽量严谨、简要。并且，如果你真的提供建议，要很确定你有坚实的知识基础再说。

职业危险三：他人的期望值

对很多非营利组织来说，基金会做决定的方式方法，即便不是极其神秘，也显得摸不着边。在这种困惑中，再加上对基金资助的残酷竞争，一些组织为了符合你的意愿会把他们的目标和项目弄得缺乏逻辑性。如果你的指导方针松散单薄、有所暗示又不精准，那么必然会有大量的非营利组织按这种方式扭曲地改变自己。

你能批准或否决基金申请的自主范围也可能是一个棘手的问题。有时，你可能有权做最终决定，不过通常是在不给资助上。更常见的是，你处于寻资者和决策者中间——这本身就是一个危险的局势。你必须在不同当事人之间传递信息，让你的理事会了解这家非营利组织的计划和成绩，同时向申请方转发你们理事会的意图。在最好的情况下，你是重要信息的中介。最坏时，你就是被卡在中间的人。要清楚地与寻资方沟通决策过程。让他们知道，谁做最终决定，什么时候会知晓决定。

非营利组织在递交提案书之后和得到你的最后答复之前，其期望值会随着等待时间而提高。这并不意味着你对放到办公桌上的每一份提案书都要立即做出决定。但别等上几个星期再让申请者知道你的整个内部评审过程何时可以结束。频繁的接触也会提高申请者的期望值，无论每次接触是增强了还是降低了你的兴趣。考虑一下申请者的困境，他们的希望取决于你对其命运的决定。要迅速、准时、考虑周到，还要频繁查看你的指导方针，听取申请者的改进建议。

职业危险四：与世隔绝

经年累月，你在工作上获得经验和专长，你会越来越成为基金会界的一员，越来越不像非营利服务部门塑造出来的了。结果是，同类信息不再和你有直接关联，许多非营利项目、地点和人物等背景音乐从你的耳朵中消退。住在金钱和权力的稀有地域，你可能发现自己渴望新鲜的见解、视角和现场感。你能够得到你所需要的东西，但你得足够自律——从舒适的办公室里走出来，走进非营利行动的现实中。走访新项目；与以前的（非营利）同事谈话；阅读书籍、文章，了解研究成果以便在你们基金会感兴趣的领域紧跟最新进展。很认真地对待你的职责，别变成一只慈善恐龙。

时间长了，你可能还会感到世界正离你而去，或者至少你会注意到，出现在你门前的新面孔多得吓人。这是因为非营利行业的用人情况极不稳定。根据最近几次问卷调查，非营利组织管理者的任期一直在稳定下降。现在，我们可以预估一名非营利组织执行主管平均在岗3年。[①]这种全行业范围的不稳定性会影响你的工作。最直接的影响就是你会发现自己频繁地向新来的执行主管介绍基金会的目标和政策。这样一来，你会变得没耐心、沮丧且无聊。要意识到这种

① 吉姆·托马斯:《太多鳄鱼》，非营利管理支持中心出版，1997年10月。
蒂莫西·威尔弗雷德:《丢失的领导层：关于执行主管任期和经验的研究》，非营利管理支持中心出版，1998年3月。

危险，努力把你与新的寻资人的接触变成新的交流机会。总是试着从中学到一些东西，关于他们的历史、他们的组织及其所在领域。要寻找与出资群体中的同行进行交流的机会。从他们的经验中学习，探寻他们对你所应对的议题的视角。你可能会吃惊地发现一堆丰富多样的方法，为你提供样板。你甚至可能找到一位伙伴，共同探索。

职业危险五：可以把你淹没的工作量

从定义上看，你的工作支撑着压倒性的负荷。每个人都想从你这里得到些什么，他们愿意为此花时间，只要你也愿意。通常，你会感到被你们理事会和你的资助接受方两边没完没了的要求拉来拉去。让情况更加复杂的是，你越是认真安排你的工作，就会有更多的机会出现换取更大的成绩，这一循环永无止境。（总是有更多的项目要去了解，更多的需求变化要再加以评估，更多的规划、会议或背景阅读需要完成。）简言之，你的工作没有终点和结束。没有哪一天，你能举手向着天堂高呼：“嘿，我们做到了，工作完成了。”

你需要接受这样的严峻现实，即基金会工作（像其他领域或职业中的工作一样），永远做不完。这并不意味着你应该早早为自己挖掘坟墓或是认为常态的沮丧并非病态。一个应对这种危险的办法是，培养优秀的时间管理技能。阅读这方面的最佳读物，参加培训。为了既严谨又热情地服务好各类服务对象，你必须能够设定好优先重点，在无数任务之间跳跃，从而让自己在工作上感到理智、安全和满足。

有策略地使用你的时间。设定优先重点，只要可能，就把它们写下来。鼓励寻资者努力精确地对准你们的愿景、策略、系统和工作任务。不要总是纠结于那些吱吱作响的车轮。培养自己做艰难决定的能力。积极寻求同行、专家和寻资者的建议。

职业危险六：事与愿违的魔咒

人们频繁地要求资助工作者对复杂系统进行干预，如公共教育、医疗保健服务的送达或各种（环境、资源）保护型事业。他们可能由此帮助解决了一个问题，但却加剧或造成了其他问题。例如，思考一下建立在良好的意愿之上的美国20世纪60年代公共住房计划是如何失败的，其逻辑是假设新的高层建筑可以维持城镇地区。人们根本没有预见到大规模的公共住房实际上摧毁了（邻里）社区，代之以充满犯罪和暴力的地盘，无法居住：公共政策的失败现实。

进行系统性改变的基金资助工作，是对“慈善救助”这一传统定义（一度用来表明“慈善”）的决定性突破。追求改变的资助，要求最终结局明晰，并且有可以信服的证据表明今天有远见的改善不会在未来成为与住房项目一样的巨大失败。在考虑累积的破坏和好处会有哪些潜在可能时，我们可能要牢记：在复杂组织体系中的干预，很可能产生没有预想到的结果，除非对系统有着彻底的了解。因此，我们应该谨慎地推进任何在复杂系统群里将会有所调整的远见型项目。简言之，我们必须坚守“不伤害”哲学，谨慎地接受任何可能无法逆转的改变。我们干预的结果，无论成败，都可能会在几年甚至几十年后才浮现出来。

特别机会

为了避免让你的工作听上去像带着阵痛和危险的无尽路途，请牢记它的独特优势。

最初，你会发现你现在的接触权限得以广泛地拓宽。金钱和权利对于专业接触而言，既造成个体之间的障碍，也成就非凡的机会。社区里的关键人物和机构现在把你看成同辈了。在较大型、更有地位的基金会里工作的人员也会把你看作同人。市长办公室，甚至市长本人，都会快捷地回复你的电话。你进门讲清楚事由的能力，被一个巨大的因素放大了。

当然，随着时间的推移，你们基金会的表现和你的专业声誉会决定着这些门是否还会一直敞开。但在一开始，你会享受到很多人的善意，他们真诚地想要让你这个资助工作者获得进一步的发展。

除了接触他人的权限和影响力，你会发现你的新角色也会有助于你的学习。如果你需要了解某个特定领域、组织或人物，见多识广的人们现在会高兴地帮助你得到信息。保持好奇心和学习心，这会保证你几乎从不至于无知地工作。

在基金会工作的另一个很大的福利是杠杆效应。作为一名资助工作者，你现在有能力让强有力的人物和组织坐在一起，通过合作来努力解决重要问题。这能够通过一些不同的方式做到。

一开始，你对某个项目的财务支持可以用来吸引其他资助方参与：你给另一家基金会的同人打一个电话，可能立即有结果，而一家非营利组织交给那个人的请求，可能得不到理会。（你的资助本身，已经向其他资助方做了清楚的说明。）确实，如果你的基金会是一家公共形象好、受尊敬的机构，那么你的出现不可能被忽视。你甚至可能在企业、政府和非营利界搭建合作关系，而不需要从你们基金会的资助预算中动用一分钱。精明的社区领导者能认清你们基金会或企业的捐赠计划是要长期做事的。

当然，你不是唯一有杠杆力量的人。你的同人也会试着对你使用杠杆效应。请记住：杠杆效应不是洗牌式地交换个人恩惠。而是一种集中适当资源的手段，是解决重要问题和激发为可信计划提供关键和坚实支持的催化剂。时间长了，你会轻松地在取予之间游走。

设定个人航线

人人皆需遵循的准则

所有基金会和企业的捐赠计划都需要对其项目指南进行论证、制定、发布和传播。如果他们忘记做了，员工即你，就会承担后果——不停地收到无关的、浪费时间的提案书。

指南让资助申请者知道你们基金会的目标。它们清晰地诠释你期冀协助的项目、提案和组织，并且反过来也指明哪些超出了你们的兴趣。它们从实用角度阐述了创办者的意图和理事会的各项政策。

为什么有必要做这种公告？因为它节约所有人的时间和努力。

如果你们基金会只关注儿童福利项目，但没能对这一事实广而告之，那你肯定会经常收到各种申请，如博物馆藏品收购、老年住房实业、巴西雨林生态研究以及其他非营利项目。你要做的事已经够多的了，不需要在研读和拒绝上增加另外一层毫无产出的循环。同样的，非营利组织应该把他们的精力用在真正有可能获得结果的机会上。

通过澄清你们基金会的目标和优先重点，你还会发现更容易区分需要更细阅读的提案书和可以立即否决的提案书。甚至有可能把一些提案书退回递交者，附上建议找另一家资助方——其指南与申请者的方案更匹配。

在非营利组织聚焦思考其资金目标时，指南也是他们的工具。指南建立了合理的期望值，有助于申请者切实地估计其募款机会。还有，重要的是好的指南记录了你们（基金会）的兴趣变化，并就项目重点提供了尽可能多的具体信息。例如，它们应该让青少年服务领域的申请者能够区分基金会是专注于直接服务、研究还是组织发展。

当然，所有这些陈述都基于这样的期望，即你们的指南创作清晰并且得到理事会的遵循。许多非营利组织的申请者会告诉你，不是所有的基金会都能把指南写得清晰具体。

一些基金会选择这个著名的说法，“致力于普遍的福利”。在实用的层面上，这真不是指南。这是在声明理事会拒绝抓住其使命，不愿意设立目标和优先重点。不过，这样的泛泛陈述，对你们基金会而言，可能是一个必要的起点，甚至也许只要把你们的地域定义得窄些、集中些，就够了。但一般而言，好的指南要花大量时间，通过做艰巨的工作对草案进行反复斟酌。在斟酌更为具体的指南的过程中，你们理事会可能要面对潜伏在基金会运营表面之下几十年的紧张和矛盾。确实，制定指南多半应该激发出热烈的辩论。

你们的指南应该包括什么？

- 目的陈述，用广泛的术语宣布你们的资助目的。
- 用大家熟悉的一般性术语来指明你们基金会的兴趣领域，如住房、艺术、教育、环境等。
- 你们会考虑资助的地理范围，从而指出你们是只审阅来自你们城市、郡县、地区、州、全国，还是世界范围的提案书。
- 关于你们决策过程的简要描述，包括递交和审阅提案书的日期。
- 任何你们明确不会资助的内容，如建筑施工、永久基金或外州项目。
- 列举你们以前授予的资助。
- 在目的陈述中没有提到的任何特殊兴趣或重点。
- 你们的资助通常所在的金额范围。
- 如何进行申请：申请中应该包括什么，不包括什么。
- 负责审阅提案书的人员姓名和联络方式。

- 指南的发布日期。一旦理事会通过了指南，你的工作还没完。你必须决定如何让资助寻找者找到并容易获得指南。很多渠道都可行，也有多种明智的方式：网站，印刷册子，甚至与潜在申请者面对面地讨论。至少每年你应该审阅指南，扪心自问它们是否诚实地反映了你们理事会近来的资助史。如果你一直接到大量不在你们兴趣范围内的提案书，那你就应该查查看，是否你们的指南在发送错误的信息。或者，如果你一贯授予的资助超出了你们所声称的目的，那么，你和你们理事会就应该努力弥补指南和实际做法之间的差异。

这需要时间

逐渐适应工作

你很快会学到你的工作岗位对你有什么要求。你会拾取新的技能。你会为自己设定目标，并取得进展以实现这些目标。跟时间在一起，你的工作会在方方面面变得日益有效。

时间：时间加上努力，这是让你逐渐适应工作所需要的。

在你上岗的最初几个月里，你可能借机与受助方见面。你可以向他们提问，可能是你自己难以回答的问题，并在这个过程中打开沟通渠道。

- 我需要对你的组织、你的领域、非营利行业有何了解？
- 在我们的指南中有什么地方不清楚，应该包括什么？不应该包括什么？
- 就你的经验看，一次成功的实地走访由什么构成？一个好的资助提案书由什么构成？一家非营利组织和一家基金会之间的有效合作由什么构成？
- 从你的视角看，在未来几年，资助工作者和资助寻找者要面对的主要问题和挑战有哪些？

时间长了，你可能想实验各种资助策略。常规的响应方式是等着提案书涌进办公室，然后采取行动，你可能想采用一种主动又切合实际的做法，与之进行对比。你和你们理事会决定你们最想资助哪类项目，然后你对非营利行业进行梳理去找到它们。

你可能想要把你的资助基金按群分类，在同一时间审阅针对某个单项议题的所有提案书，或是来自某个特定地域的提案书，或是针对你们基金会特殊兴趣的某个领域的提案书。

渐渐地，你会在多得超出想象的议题方面变成小专家。你将会了解一个真正良好的组织什么样——其内部运作有哪些奇声怪响。你将会了解一份好的提案书有哪些构成，找到对非营利部门的感觉。你将了解在基金会界，成大事从来就不只一条路。你会目睹同事的成就及其起步时的失误。你也会以他们为榜样，加以借鉴。

你自己的旅程才刚刚开始。这将会非常有趣，并以你从未经历过的方式回报你，既在宏大的规模上，也在个人层面的深处，让你欣喜。这一切都取决于你是否坚守承诺并愿意随着时间适应自己的工作。

第二章　淘金

如何审阅资助提案书

在你的职业生涯中，你会读到成百上千的资助提案书。你的资助计划能否成功地实现自身使命并帮助非营利部门用任何能想到的方式造福社会，明显取决于你所具有的技能。

当然，没有人一进入基金资助界就能灵活审慎地评阅资助提案书。只有随着时间的推移并通过浏览、研究、分析、质疑、总结及消化大量提案书的启蒙式体验（或许偶尔让你精疲力竭），才能获得这种能力。毫无疑问，提案书良莠不齐，有的让人昏昏欲睡，有的让人叹为观止。

不过，还是让我们从头说起。

什么是资助提案书？我们为什么用它？可以把一份资助提案书看成某个投资机会的招股说明书。在本文的语境中，你所寻求的投资回报不是金钱利润，而是公共利益。

一份实用的提案书详细描述了社会上存在的某种需要或问题。它概述了解决该问题的组织策略并说明其方法的合理性。提案书指明每一项重要任务会由何人处理，在什么时间段，成本是多少等。就像一份创业招股说明书，资助提案书必须让你相信这家组织可靠，并且项目方案很可能会实现预想的目标。

假设该提案书符合你们基金会的指南，你的工作就是判断这个有风险的尝试是否有相当高的成功率，同样重要的是，它是否属于你们基金会在公共领域所进行的多样化投资的范围。

给每个人机会

为什么提案书行得通

对资助工作者而言，提案书这一形式有几个明显的好处。它强化了你们基金会必须明确在资助目标上的要求。你没有能力接收来自世界各个角落、致力于各类事业的组织所发送的提案书。如果你想试试，提案书将如洪水袭来，让基金会员工无暇应答。反之，你和理事会必须通过设立资助工作指南来坦诚地面对这种局限性，表明你们会考虑哪类提案，而非其他。从而让你们基金会或捐赠计划自身具有清晰的定义和定位。

提案书除了收紧你自身的业务工作外，还为你提供了最有效的途径来快速了解潜在受助者的现有项目、未来计划和以往业绩。此类介绍信息丰富，可以由此开启进一步的讨论、实地走访和更深入的调研——进而可能通向合作。事实上，提案书通常意味着资助和受助双方关系的开始，而不是高潮。

不过，资助方并不是唯一在提案书过程中受益的一方。当寻求基金资助的组织用心准备提案书时，撰写提案书的艰辛努力也能为他们带来大量好处。

撰写提案书能让申请组织严格审视他们的项目和目标。在这个过程中把模糊的想法变成引起共鸣的文字，阐明在组织层面上的基本假设。它能迫使员工和理事会安排好重点工作、将计划方案具体化，并且在组织内部或与其他机构之间建立新的工作联盟。它甚至有可能促成对组织使命的阐明——这是一个极为健康的过程，但往往因日常忙碌的工作而被忽略。最后，随着创作精良的提案书不断积累，它们所记录的计划方案、项目以及思考代表着多年的努力，成为组织记忆的一部分。

当然，我们这里讨论的是理想状态，即申请组织提交的提案书经过了勤勉规划和认真审阅且编撰精良。不幸的是，并非所有作者都能做好提案书。最糟的情况是，他们会提交不成熟的想法和不连贯的摘要，或者搞钓鱼工程——把各种闪亮但不合理的项目在你面前晃来晃去，只是企图吸引资金。这些缺乏诚意的企图会浪费大家的时间。最终，这些组织两面受挫：你不会资助他们，他们在这个过程中也没学到什么。

大部分提案书介于这两种极端情况之间。它们所介绍的组织让人感兴趣，并用多种可行方式致力于一项合理的事业。但问题是：这一具体项目适合你的基金会吗？

阅读申请书

尽量注意一下，一份好的提案书，并不自动意味着你发现了完美合适的项目。而一份写得很差的提案书，也不一定意味着不能资助这家组织。否则的话，资助审阅过程就太容易了。事实上，对提案书的评估，充满着矛盾和复杂性。

不过，如果满足了下面三个条件的话，你会发现初始工作要相对容易些：

- 你的基金会或捐赠计划有明确的业务重点，并且你提供了实用的指南来帮助申请者最好地展示他们的情况。
- 申请者研究并遵从了这些指南。
- 你已经安排出足够长并不受干扰的安静时间来阅读提案书。

很明显，第一个条件是你和你的理事会共同承担的责任。如果你们都忽略了这项工作，你真的会在不相关的提案书上浪费几天、几周甚至几个月的宝贵时间。即便你果断地安排好业务重点并精心准备好指南，你还是会不时地收到不合适的提案书。一位资助寻找者会请你资助他们的新办公建筑，而你的基金会在指南中明确写到不资助建筑项目；或者一家位于佛罗里达州的组织来寻求资助，而你的基金会只资助密歇根州的项目。要点是在数量上限制“走错门”的申请书，节约大家的时间和精力。

除了在资助目标和要求上向资助寻找者提供清晰的方向以外，你无法确保好的提案书得以递交，这在很大程度上依赖申请方主动应对挑战——这是第二个条件。

第三个条件，看起来简单但很容易产生误导，反而是最频繁地让项目官员头疼的事。有经验的资助工作者，见惯了这样的常态，即很难拿出足够的自由时间对提案书给予应有的关注。不过，面对这种在时间上的不断挣扎，你必须取胜。阅读提案书是要求严格的工作：要一直努力全神贯注地阅读它。

浏览的重要功效

不过，你不必给所有的提案书同等的关注——至少在初读时不需要。

先看看申请组织的名字和写介绍信的人名。试着决定这份提案书送到你这里的原因。是某个同事引荐过来的吗？这份申请是在跟进与你讨论过的内容吗？有什么原因让你必须立即采取行动吗？

如果这个请求很紧迫，你可能要坐下来，立即阅读提案书，给出你的资助意见。如果提案书明显不适合基金会指南，你可以立即写拒绝信，不再费心。

你的总体目标是建造一个快速进出箱，以便永远不会让提案书堆积如山。清理掉紧急的和不相关的，你就能有更多的时间去研究那些大部分都是介于两者之间的提案书。

说“不”并且感觉（有点）不错

本书讲述的是资助工作，即为实用可行的方法链接资源，让我们的世界变得更好。讲述关于资助工作者的工作步骤和阶段，使他们能够说出所有寻资者都希望听到的话：“我们很高兴为 ______ 提供支持。”

但是，我们必须面对资助工作的现实，拒绝很多有价值的请求也是工作的一部分。事实上，我们中的大多数人所拒绝的资助请求要远远多于我们有能力推荐予以资助的。那么，你如何能够负责任并建设性地说“不”呢？

指南之外

最容易拒绝的是那些明显不符合你们基金会现有指南或资助重点的请求。如果一家企业的捐赠计划只支持艺术领域，那么就很容易答复一家老年中心所提交的有价值的请求。这种情况下，资助工作者的工作是快速回复，不让申请者的期望值不必要地膨胀。你的基金会不能提供所寻求的支持，越快传递这个消息越好。它让申请方把时间用于寻找其他有可能提供支持的资金源。

如果你被该提案书打动或产生兴趣，可以给申请者联系一个更有可能支持该请求的出资方。

许多不错的提案书

更困难但还是很直截了当的情况是，所提的请求在技术层面符合指南，但是资助筛选过程的竞争性不允许所有申请都通过。在指南里，很重要的一点是，你作为资助工作者，要清楚列出是决定给予还是拒绝资助的判断准则。你是在寻找有创新性的方法和创业类的项目，还是致力于支持少量示范性组织所做的已有实证支持的项目？让申请者知道他们获胜的概率是多少，也能有帮助。如果你只能支持十分之一的请求，那么（申请方）听到坏消息时会比较容易接受，而且不至于把它看作是个人的失败。

很棒的主意，但是……

你面对的另一个困境是当你遇到一份提案书，无法按照所写的内容给予资助，但有迹象表明这个提案可能很有前景，需要进一步挖掘。这种情况下，你必须决定要投入多少时间来辅导该寻资者，以便他们下次会递交一份更有竞争力的提案书。寻资者希望你具体说明提案书被拒的所有理由。他们觉得这会让他们有机会更正误解，用不同方法来阐述，提供其他信息，或至少知道错在哪里、为什么失败。要记住，几乎每一次你与寻资者的沟通，都会提高他们的期望。在邀请寻资者重新撰写提案书时，要明智、具体，还要诚实相告，如果他或她投入所需的额外精力再递交一份新的申请，其成功的可能性有多大。

不行就是不行

最后，总有特别执着的寻资者，永远不会接受“不”。一位寻资者要求你解释拒绝其请求的原因。他要求你重新考虑；恳求你就重新递交申请提供建议和指导。你同情他们，但是你知道这位寻资者不可能提出更有竞争力的提案。在这种情况下，必须果断扼要地回复。千万不要发送混淆的信息，如冗长的对话或帮助寻资者重新修改提案书。记住：如果你想在工作中取得成功，你必须把大部分（如果不是全部）时间投向那些有潜力成为受助者的寻资者身上。

留心阅读

如果你每年只处理 10 份提案书，那么，审阅资助申请书的工作就容易多了。但是，大部分项目官员每年都能收到几十甚至数以百计的提案书。单是审阅量，就让你的工作沉重很多。确实，能够优雅平衡地运用判断、直觉、好奇心、热忱和一点健康剂量的怀疑来迎接这一挑战，将是你的首要成就。

在大多数基金会，资助工作涵盖的领域之广让人头晕。教育、环境、福利改革、城镇再开发、人权、动物权利、司法系统——没人有可能成为所有领域的专家。当然，随着时间的推移，你至少要在你们基金会所考虑资助的所有领域对得上话。这些提案书告诉你众多领域里的背景情况、争议、问题和最佳做法，在某种重要程度上，你的继续教育始于阅读和重读资助提案书，并在你的职业生涯中持续进步。

说到这里，有几种方法可以让你的进步更舒适、更有成果。

首先，当轮到你坐下来研究那些值得认真考虑的提案书时，要再次确认一下你已经安排出足够的时间来不间断地工作。设定电话转接模式，把会议安排到其他工作日。然后开始慢慢阅读，全神贯注于文件，仿佛它们是合同书，其条款和规定将严重影响到你的未来（确实，可能真是这样）。

其次，当你阅读时，在提案书的页边空白处或记事本上写下笔记。如果想到什么问题，也速记下来。一些提问可能在后续篇幅中得到回答。如果没有，把它们转到一个会继续使用的清单上，以便后续跟进。

在你的整个阅读过程中，你应该寻找有这些特征的信息：

可信度。提案书会以大量方式表明该组织是否是可靠的潜在受助方。问自己：这家组织知道它想取得什么成就吗？哪些证据表明该组织正在取得这些成就？它在自己的社区和更大范围内享有什么样的声誉？

能力。你的基金会不只是要支持好主意；你还要向那些把这些主意转变成现实的人投资，向拥有实现这一目标所需的结构和系统的组织投资。该组织的员工和理事具有哪些技能可用于此项目？这些技能与该项目的目标相关吗？该组织在与提案项目规模类似的项目上是否取得过成功？简言之，你想要发现，申请组织的员工和理事会能否有效执行该项目或该计划。（一些基金会将附件材料视为可信度和能力的证明，如新闻简报和员工传记。）

可行性。你会努力断定该提案书是否以一个好主意为缘起，推进了某个有价值的项目，并且能够由发起组织成功落实。可行性这一问题，自然涉及可信度和能力这两方面。一个不可信、没能力的组织作为示范性工作的源头，这不合逻辑。但是，你还必须对项目本身的条件而不是发起组织加以考虑。简单地说：这事能做到吗？你会需要参考预算，以确定该组织已经配置了足够的资源来执行提案书中所描述的各项工作和策略。（见第四章。）

重要性。除了考虑一个项目是否能够完成，你还需要问自己：这事应该做吗？这个项目重大吗？有证据表明该提案书会引发其社区想要的行动和任务吗？在它意图援助的社区会造成改变或解决所要解决的问题吗？考虑你的其他资助机会，这是此时正确的选择吗？

阅读申请书时要提的问题

曾在 W.K. 凯洛格基金会工作过的乔尔·欧罗斯很明智，他观察到，其实只有四种提案书[①]：

◉ 好主意，好提案

◉ 好主意，差提案

◉ 差主意，好提案

◉ 差主意，差提案

第一类和第四类容易处理（直接拒绝后者；认真考虑前者）。另外两类不完美但又有前景的申请实际上是最麻烦且数量最多的。

要想完全把握任何一份提案书的优缺点并就可信度、能力、可行性和重要性做出精确判断，请专注地思考第二章附录中的问题，这会对你有所帮助。每一个问题都是问着容易，答起来难，对提案作者和审阅者都是如此。

如果不能从阅读一份提案书中抽取对所有这些问题的满意答案，也不意味着你立即否决这些申请。信息不足可能反而指出你需要看看其他源头。（见第三章。）另外，不是所有问题都适用于每一份提案。

查找弊病

申请书常见弊病

连贯、清晰是优秀提案书的标记。最好的情况是你遇到这样的提案书：针对真实的需要，以切实的预期和富有想象的主意构建其项目。理事会理解并支持该组织的整体目标，该组织的工作人员都有能力，他们承诺做好项目并得到了理事会的支持。管理者会安排出足够的时间、资金和人员来完成项目的可预见目标。他们将规划项目的持续进展，对项目的完成情况提供清晰、坦诚的评估。

不幸的是，大多数提案书达不到这种理想状态。正是这类不完美提案书让你的工作最费力。

你会发现，由于撰写提案书的经验不足或缺乏讲究，常常使寻资者因疏忽而犯错。

财务信息　有遗漏、不完整，或是递交的信息不足，包括项目预算、潜在收入来源、组织年度总预算或审计报告等。

理事会名单　没能提供相关单位、专业能力或联系方式。

评估方案　太简略，或有缺漏。

---

① 乔尔·欧罗斯，《提案书：如何分开好的、差的、丑的——12 条原则》，1995 年密歇根州基金会协会第 23 届年会上的讲话，W.K. 凯洛格基金会。

员工简介　没能把以往的经验与完成该项目所需的技能联系起来。

有关最优做法的知识　在叙述部分不明显，因此没能表明员工掌握了该领域的情况或所在组织的经验。

预算支出　不合理，意味着申请者可能在试图填补该组织漏洞百出的运营预算。

员工急剧流动　或许是领导层近期变动未解释清楚，让人对组织的连续性、发展方向和士气产生疑问。

没有讨论　对于将会影响成功变数的外部趋势或组织机构层面上存在的内部挑战，没有加以讨论。

请记住，申请者会努力展示他们最好的一面。别指望他们强调有哪些迈向成功的障碍或是他们无法化解的组织层面的困难。先不要怀疑他们，向他们要你可能需要的额外信息，以便做出明智的决定。

示范性提案书的八大特征

1. 活力。提案书表现出热情、紧迫感和激情。它展现着一群热情难抑想要开始工作的人们。作为读者，你会发现自己被他们的计划方案所激励并兴奋起来。

2. 专长。提案书的作者知道他们在讲什么。他们的计划方案反映了他们对要解决的问题有深度的理解。他们意识到过去已经有过哪些类似的工作。他们的理论知识与他们在该领域经过时间检验的经验结合在一起。他们用健全的理论指导实践并在日常工作的重压下仍然继续自身的专业发展。

3. 承诺。提案书反映了该组织真实的工作重点，而不是他们手忙脚乱地应对的众多项目之一。寻资者展现出他们愿意为此项目投入自身的非限定性资金。该组织承诺持续专注于该项目，而不是在不远的未来转向新业务。

4. 明晰。对该组织想要做什么事、这件事为什么重要以及如何落实和评估，提案书上讲得一清二楚。

5. 合作。寻资者已经与其他组织形成联盟，来推进共同目标。提议项目所服务的人群也参与了规划过程。所有参与方都意在取得成果而不是纸上谈兵。

6. 效益。该组织更关心改善社会而非自身需要。毫无异议，该项目的目标值得为之努力，并且目标人群适当。

7. 全面性。该问题的复杂性与所提议的解决方案的复杂度相匹配。寻资者的思考反映了一个全面的策略，而不是零碎的方法。

8. 有效性。设计良好的持续评估反映了这群人志在取得结果。如果将来能够在别处得以复制的话，该项目有潜力造成更广泛的影响。

表相背后

超越言辞表面

当你确实遇到一份有意思的提案书，推介的主意很有价值，别以为你的工作快完成了。实际上，这只是开始。

咱们现在假设，你已经审阅了由一家长期得到认可的组织所递交的提案书，提案书洋溢着承诺和热忱，并且带着激情确认了一项重要需求，这个需求能够用该项目合理概述出来的策略加以解决。你现在必须问：这些特征是代表了整个组织，还是反映了高超的提案书撰写技巧甚至是出自资助申请方面的专业写手？

阅读提案书时可能犯的错误

- **追求完美。**所有提案书都不够好。你感到焦躁和困顿。（为什么申请者不能想得和写得更好些呢？为什么你总是要受累于不够好的努力结果？）但是，我们并没有生活在一个完美的世界；为什么你应该期望遇到的总是完美的提案书呢？停止阅读，做点别的事情。当你的脑子处于一个更能设身处地、更现实的状态时，再回来接着审阅提案书。
- **轻信。**无论什么原因——疲倦、无知、渴望让你的疑虑暂停一刻——你对这份提案书全盘照收了。如果你正在审阅的是一家与你的基金会在以往合作中不存在问题的组织，这可能还可以理解。不过，保留你的怀疑心。适度的怀疑，会有助于你。
- **个人魅力。**你真心喜欢申请方：他们聪慧努力、非常用心。该领域领导力稀缺，他们值得加以培养。他们的提案书很糟，不过你还是想要给予资助。这种（想要建立）亲密关系的诱惑足以让人失败。也许主管的长期声誉给你留下的印象太深。退一步，记着：最好的寻资者不会试着向他们的资助者推销差的项目。考虑与他们一起努力。告诉他们提案书中欠缺什么，请他们再试。
- **机构权重。**你倾向于支持某个机构，因为它以前的表现很好。但是，组织在变，并不总是变得更好。你需要对每一群人都保持连贯的审阅标准，无论大小和知名度。
- **仓促与疲劳。**要完成的工作太多了。你快速审阅提案书，却没有完全消化其内容和含义。你一次阅读的提案书太多，把自己的精力消磨殆尽。你相信别人的意见，觉得如果他／她已经探究了这个项目，你不应该再为此花时间了。你的核心能力已经打蔫了：你需要休息一下。

此外，当你阅读一家草根组织或创业新手杂乱的提案书时——他们不可能雇用专业的开发人员或募款顾问——你可能需要反向来看问题。问你自己：这是一项有价值的努力吗？——只是因为该组织缺乏口舌伶俐的推销者而推介得不到位？一个手法不够复杂的组织机构图、财务报告和预算反映的是无能，还是创业早期有价值的尝试？

审阅提案书不同于评判参赛的作文。无论提案书是充满雄辩的技巧还是不够连贯，你都需要在字面下深挖，去真实理解该组织的现状。永远不要完全相信你在纸面上发现的东西。提案书是关于一家组织的目标、计划和成就的重要指针，但它从来不会讲出完整的故事。

如果你正在审阅的机构与你们基金会有长期的关系往来，你可能要从挖掘自家的文档开始深度检测其组织脉络。查看他们的最新报告，判定该组织是否确实完成了以前的承诺。刷新你对基金会与该组织之间以往关系的记忆，并问（自己）这种关系是否应该继续重复。

如果你以前没有与这群人打过交道，你可以向其他与之打过交道的资助者征询。请他们坦率地分享经验。对这项工作要做到就像你在为基金会内部某个重要岗位查询工作申请者的推荐人时一样严格。事实是，你正在开始一种伙伴关系，它要求你对潜在受助者的长处和短处做出敏锐的鉴定。

外聘帮助

外部审阅人和顾问

有时，你可能发现自己需要别人帮助评估一份提案书。协助可以有几种形式：你们基金会里的同事，在其他基金会或资助机构工作的同行，或是慈善领域之外的专家，如社区领袖或学者。

如果你没有同行间的联系方式，那么寻找帮助是建立联系的良好起步。

假设你们基金会或企业的捐赠计划已经决定专注于儿童发展，而这是你以前没做过的领域。时间久了以后，你会需要让自己熟悉该领域的关键问题以及你们基金会的资助历史。但当下更重要的是，你必须与叠放在桌上的申请书战斗。这是把一部分提案书打包寄给外部专家的绝妙时机。

当然，你从专家身上要得到的远多于简单的同意或拒绝。你能从专家的评价中受益最多：首先，通读他们对每一份提案书的报告，然后与他们诚恳对话，了解决策过程。下一次再有一批类似的提案书到来时，你会做更好的准备，自己来做评估。

你应该在外部专家身上寻找哪些特质？

- 对你正在审阅的类似项目，有亲身的运营或设计经验。
- 有能力分析复杂情况并清晰简洁地写出结果。
- 在该领域有决策者的眼光或适当的教育资质，并对该领域有持久的学术兴趣。
- 有足够的时间来审阅申请书并在你需要的时间给你反馈。

无论选了谁，你都要避免任何可能的利益冲突。避开与寻找资助的组织有直接关系的人。即便他们能有效地胜任这项工作，你也可能会面对不正当情况的出现，而且可能比事情原本的麻烦更有破坏力。

当你与某个申请者有个人关系时，情况可能还要更麻烦。在这样的情况下，考虑让外部审阅人作为你自己阅读的补充。资助工作者地区级协会（RAGs）是转介信息的良好渠道。（见第一章附录。）

交谈不容易

在审阅过程中与申请者沟通

寻资者和资助工作者不可能共享同样的观点看法。寻资者关注自己的组织。他们的注意力聚焦在他们发到你们基金会的那份提案书上。此外，很多资助工作者每个月要看几百份提案书。他们的眼界必须更广但未必同样深入。

这种不可避免的差异有时让沟通变得复杂。即便当你告诉寻资者为什么不可能资助他们的项目时，他们也渴望从你的语调中听到一丝鼓励性的暗示。他们可能把你给的建议看作一种与未来资助有关联的表示。他们可能完全没有听你在说什么，他们的耳朵里塞满了你对资助其项目表示同意或拒绝的各种言外之意。

努力与寻资者保持对话：

- **实用性。**让他们知道你是否需要更多信息，或是请他们就其提案书的任何部分加以澄清。
- **资讯型。**申请者在递交提案书后最多的共同问题是：我们什么时候会听到你做出的决定？向申请者告知你的审阅时间表以及任何异常的延迟，这样才公平。另外，清楚告知审阅过程的步骤和阶段，对寻资者和资助工作者双方都有益。
- **不带承诺。**别做你无法信守的承诺。除非你能保证你的资助建议会被通过，否则等到理事会决定之后再把消息转告寻资者。如果你不得不撤回资助承诺，这会让你的基金会显得优柔寡断，也让你看起来更无能。甚至更糟糕，这意味着你和你的理事会在资助重点上看法相左。寻资者找不到别的出口，对你和你的理事会都会失去信心。要记住，一般情况下，你没有批准资助的权力，你只有拒绝的权力，因为你的负面反应最有可能让某份申请打住，甚至到不了理事会面前。所以需要努力让你和寻资者的关系诚实、透明。

日臻完善

如何提高提案书审阅技能

尽管存在所有这些挑战，随着你的职业向前发展，你必然会打磨提高你的提案书审阅技能。你必须有韧性、耐力和弹性去用心并专心地阅读提案书，这是让你适合本职工作的过程。不过，如果你愿意多努力一些，你可以加速拓展你的审阅技能。

一开始，试着把审阅过程变得尽可能具有互动性。不要只是浏览纸上的文字。向每一份提案书回话；尝试与自己对话，指出提案书中的优缺点。除了对适合资助与否进行判断之外，就像你培养视觉艺术或音乐方面的审美能力那样，你会形成自己对优秀提案书的评判标准。重要的是，把提案书审阅变成一项意识深刻的行为。

注意变换你所审阅的提案书种类。留意不同种类的组织在写作提案书过程中所采用的不同手法。艺术家和科学家在构想他们的项目时所用的方法是相反的还是互补的？教育工作者、环保主义者和参与国际发展事务的群体所递交的提案书，是基于何种价值观和先入之见？各种选民和组织惯用的行话到底是什么意思？

依靠你的同行，征询他们的意见。询问其他基金会的员工，请他们转发其示范性提案书的实例。注意与你自己不断发展成熟的标准相比有何差异。与同行所赞扬的价值观加以对照。与其他基金会专业人员及你的非营利组织合作者一起不断讨论一份好的提案书的构成。对他人的想法持包容态度；不断阅读。

第三章　实地走访和面谈

项目官员指南

在基金会界，像实地走访那样既有趣又有收获并令人振奋的任务很少。

实地走访毫不含糊地提醒你为什么自己选择来基金会工作，让你精神振奋，让你的一天充满活力。这些走访让你对计划与成果、理想与现实、可以资助的与切实可行的项目等加以比较。与基金申请者面对面谈话、考察其业务，你由此可以收集关键信息，为自己的资助建议增加深度和脉络，培养你的专业技能并扩展你对极为繁杂的非营利界的认识。

尽管实地走访有着潜力巨大的好处，但也有令人生畏的挑战。首先，你如何决定走访哪些申请者？这一切都得从提案书开始。

什么时候去

在大多数情况下，提案书将是你所依赖的主要手段，帮助你确定哪些组织和项目有足够的潜力值得进行一次面对面的深入走访和面谈。

在安排任何实地走访之前，你应该仔细审阅提案书，问自己六个基本问题：

1. 所提议的项目是否符合我们基金会的指导方针？

2. 所描述的计划或项目是否看起来现实可行、结构合理？

3. 该组织的管理人员是否在行、执着、可靠？

4. 项目的成功真会让世界有所改变吗？

5. 你对此项目还有任何重要的问题尚未在提案书中得到回答吗？

6. 你对该组织及其管理人员和所提议的行动是否足够了解，从而不需要进行实地走访就可以给出建议？

当然，这些问题并不能成为确定组织实力或项目潜力的详尽标准。只能作为指导原则，来建议你什么时候应该考虑走进门去做更多的了解。

简言之，这些问题会告诉你，对一家组织及其计划、方案和人员进行更长久、更严格和更直接的查看，是否有可能让你们基金会受益。

什么时候待在家里

当然，还有大量的好理由别去花时间进行实地走访。最不经推敲的动机有：

1. 你或申请者想要“聊”个把小时。
2. 你渴望分享你的见解，提供“专家”建议。
3. 你还没机会阅读该组织的提案书；改成顺便走访，听听口头讲述吧。
4. 该组织理事会里有一位老朋友，如果你能简短造访，老朋友会不胜感激。
5. 你今天有空；为什么不离开办公室休息一下，尽管真没什么要看要了解的？

如果出于上述任何站不住脚的理由，基金会代表最好还是待在家里。实地走访可不是一件小事，它是进行重要研究的基本工具。实地走访提高了寻资方的期望值，并且让他们花相当多的时间做准备。一个有价值的申请方和一个负责任的基金会为了使世界更美好而联合起来共同努力，合理的实地走访，代表着联合过程中的关键一步。不合理的实地走访浪费资助者和寻资者的时间。

实地走访的好处

一旦你明智地选择了一家组织去走访，你期望从走访中得到哪些益处？

会见其人员

首先，同时也可能是最重要的，你将会见重要员工和理事会成员。他们负责落实项目，而你只是在纸面上读过这个项目。这些人已经通过提案书请求你作为合作方加入其中，第一步是先熟悉起来。在最好的情况下，你的第一次实地走访将标志着一个长久并富有成效的工作关系开始了。在最坏的情况下，它可以防止你把基金会的钱和声誉搭进一次迈向灾难的冒险中。

除了与执行主管和项目经理交谈，你还应该设法与至少一位起作用的理事会成员见面，特别是在比较小的非营利组织里。毕竟，你的资助款将直接进入这家组织的保险箱。你应该与在法律、财务和道德层面负责监督和治理的人员沟通，了解该群体在长期承诺、持久状况和财政健康等方面的情况。

如果有任何可能，与服务客户的一线员工会面。这样，你可以确定该组织究竟是有必要的技能、知识和动机来实现项目所做的承诺，还是要由执行主管用超负荷的双肩来平衡兼顾项目的命运。

更多地了解该组织及其项目

最好的项目会提问。你仔细阅读提案书就会迸发出问题，其中一些可以由该组织中的百事通快速回答。其他事项可能还需要研究，进行某些考量或者以后再召开一次电话会议。

在任何情况下，实地访问都是一次机会，让你学到的内容远比阅读提案书时所能知道的丰富得多。

在实地走访中，你可以要求工作人员和理事会具体阐述其计划、目标和愿景。运气好的话，再加上你在面谈中对自己进行适当的管理，他们很快就会跨越标准分界线，从愉快的泛泛而谈转而探讨更有生气和活力的议题，正是这些议题让他们的工作重要并有趣。你将从内部熟知该领域所特有的运作细节和哲学原则。你会摸出一些纹络和瑕疵，透露着该组织及其项目和使命的深刻真相。

看到申请书以外的东西

幸运的组织，雇有员工写手，可以制作流畅、有说服力的提案书；另外一些组织雇用合同工写手。无论是哪种情况，你必须学会区分辞令和现实、许诺和真实潜力。

这是因为事实上，在大多数组织中编写基金资助提案书的人并不是实施项目的人。因此，信息误传可能会渗透在规划过程中。提案书可能会受夸张式散文风格的影响，引起人们对其可信度的质疑。事实上，这些情形很常见，我们可能不应该将它们称之为“问题”，这是非营利组织的现实。过度忧虑的项目计划者在追逐基金资助的过程中，经常自觉被迫地提出过多的许诺。你可以用实地走访来负责任地将对话转向更现实的目标，并避免因批准一项达不到要求的基金资助而造成合约双方的摩擦。小幅度循序渐进才是常态。

此外，一些优秀的组织，特别是业界新人，在坐着书写自己要做的努力时，才发现难以说清。实地走访可以帮助你了解项目所特有的品质，这在一份凌乱或论据单薄的提案书中可能看不出来。

请记住，走访本身也成了你所见所闻的一部分。你不仅仅是一个参观者，你是演员，而且是主角。

还请记住，你拜访的目的不是简单地收集信息，而是作为一种标志来代表你们基金会的关注和尊重，无论是否给予基金资助。为了让你的实地走访成功，除了最罕有的情况，结果都应该是让接待方感到你赞赏、理解他们的工作并为之骄傲。

托马斯·C. 雷顿

华莱士·A. 戈博德基金会总裁

感觉其氛围

你也应该敞开心扉找到对这家组织及其人员的“感觉”。我们指的是直觉反应，也包括其他方面。看一看周围：办公空间够大吗？是井井有条还是文件乱放？觉得使用方便吗？如果你细想一下，往往是一些蛛丝马迹触发了我们对人和地方的“直觉”。如果你觉得正在走访的这家组织相当“空闲”或“缓慢”，可能是因为你一上午也没有听到电话铃声或者没有任何客户进门。（“什么时间这里会忙起来？”你可能想用最不刺耳的方式问一下。）另一方面，如果你所见的组织在忙着有意义的活动，充满热情、快乐和果断，那也值得记下来。

促进专业发展

实地走访也能大大帮助你在你们基金会的所有资助领域里拓展相关学习。

作为基金会管理者或者是项目官员，想在青少年司法、社区经济发展、艺术、教育和环境等方面跟上所有前沿进展，其实不可能。这对任何人来说都是过高的要求。但是你可以利用职务之便，坚持自觉地从每天应对这些议题的专家那里寻找信息：这些非营利组织的领导者努力要从你这里得到支持。向他们学习；向他们提问。

你看到哪些趋势正在来临？我们基金会现在应该往哪看？在你的领域里预期会有哪些改变？人们通常会对你们的议题、你们的客户、你们的机构有误解吗？以什么形式？你是怎么克服其他机构正在面临的挑战的？还有哪些人在你这个领域做得也很好？我应该特别注意学习什么？

和聪明并见多识广的非营利组织的管理者、工作者和理事会成员讨论他们所擅长的领域以及他们个人所做的项目。从中借鉴他们的整体经验，来审慎地丰富自己的视角。最后，这种自觉的持续学习会使你成为一名更有效的基金会代表，从而会让所有人受益。

断定实际需要

一次实地走访可能还会告诉你这家组织是否真正需要你的资金。但是要小心：这种判断可能自相矛盾。一个活跃有序、管理得当的机构可能是一个很好的资助目标，但也可能已经有足够的资金去实现其目标。

要超越用简单计算来决定提供还是拒绝资助。实地走访能为你提供基准，来判断一家组织是否需要他所要的那么多钱，或者是他们可能忽略的组织结构问题所需要的技术帮助。

提供有用的建议

偶尔，你可能会碰上提供有用建议的机会。也许这家组织正在尝试发起一个项目，你已经在别的地方看到过失败的先例。可能你觉得项目的预算太少、目标太泛或是人员不足，无法应对运营需要。

要保守地提建议。你进行实地走访的首要原因是学，而不是教。能帮则帮，但是不要将自己的角色复杂化，变成不请自来对谁都提建议的人。（下文会在这个问题上有更多的讨论。）

你的家庭作业

在你走访一家组织或者邀请他们的代表来你办公室之前，你要先完成一些家庭作业。成功的会见需要进行准备。实地走访或与寻资方进行面谈不同于偶遇；这是一种有计划、有目的、用于沟通重要信息的方式。“即兴发挥”损害所有参与者，并透露出你本人的傲慢。

在离开办公室之前，请确定你已经完成以下任务：

◉ **仔细阅读提案书** 并且分析优缺点，记下你想在这次走访中涵盖的要点。

要记住，你会见的所有人都会认为你把他们的提案书熟记于心。难道你还会有其他的走访原因吗？如果你一无所知参加会议，期待在现场吸收所有相关的意见，几乎可以肯定的是你会错过核心问题，让员工为你毫无歉意的无知而困惑，并且传递出败坏人心的信息，即你们基金会没有严谨对待自己的慈善角色。

即使你已经提前几周认真阅读了提案书、做好了笔记并且对自己的理解有信心，你还是要在走访之前再次阅读。很少有人能记住无数的候选项目而不搞混细节。请让你对要走访的提案书记忆如新。

◉ **写下你想提的问题** 别幻想你会记住所有提问，没人做得到。而且，理出问题清单的过程也会很好地推动你的思考，提示你可能遗忘的相关议题，还会提醒你哪些是你已经知道的，因此不必在有限的指定时间内再去费心探究。最后，你的提问清单会明确呈现你们的严谨态度。保证你已经为走访做好准备，并且期待对方也会如此。

◉ **对该领域有足够的学习了解** 从而可以明智地会谈。如果你要去拜访一家儿童看护中心，之前从未去过这类机构，你对该领域一无所知，而且你可能分不清全国典范与混乱不堪的区别，那么你就不可能会成为一个高效的观察者。在这种情况下，你需要先恶补一些知识：阅读相关的文章和书籍，询问专家和同行，私下拜访一些类似的机构。作为基金会的高级管理者或项目官员的最大优待之一就是对社会上最重要的议题和机构有不断学习的机会。这份工作的首要责任之一就是一定要让自己的无知——虽然可以得到原谅——只是暂时的。任何组织都不应该因你懒于学习而受累。

◉ **此时才联系该组织安排走访日程** 安排在对双方都方便的日子和时间。如果他们的管理人员需要时间去整理办公室、重构计划，那你就要做相应的调整。如果想要走访尽可能高效，就别想着出其不意。

一定要告诉该组织的主管你想待多久。第一次走访，两个小时比较常见。在某些情况下，可能要一整天。预留足够的时间以处理你所有的问题并能灵活调整，这样如果出现某些让人感兴趣的事情，你可以顺势而为。

告诉执行主管你究竟期待了解什么。（这应该很简单，因为你已经研究过提案并且构思好了一系列问题。）说完之后，问一下是否还有其他要点要讨论、其他地方要走访或其他人要会见。

最后，明确要求你想见哪些人。你必定想要和执行主管、项目经理或许理事会成员谈一谈。在某些情况下，你可能也想要和该组织的客户或权益人见面，特别是当你在该机构提供有效服务的能力方面有一些问题时。如果是这种情况，和他们另外见面可能会更合适。

尽职调查

一家基金会如何判断在员工的薪水和花费上的支出是否合理？答案只有一个：尽职调查。

尽职调查是我们身为基金会员工的本分。这个词出自金融学，是指将来自多个源头的研究汇集合成用以指导投资决策。就像一位精明的投资者不止会看"底线"来做决定一样，我们的定义要比成本/收益计算更广泛。在我们的计算公式里为关爱留出了空间，但这不意味着我们对其需求、诉求或项目效益全盘照收。

从最明智的意义上看，尽职调查是用一种"世俗智慧"的手段来从事慈善事业。我们寻求能透过表面或呈递的现实（像在提案书中反映出来的那样）看本质。通常情况下，表里如一。大多数机构诚信运营，用不着愤世嫉俗。但是不加批判地全盘接受也不是应有的立场。

我们如何得知真相呢？首先，你需要对真相持开放心态，即使它跟你的初始印象或之前的认知不一致。你可能需要"用第三只耳朵倾听"来捕捉那些随口而出的评论或是非语言线索，这暗示着还有更多的事情你需要知道。但是，如果你用行为表明你的主意已定或是你认为自己更高明，那么没有人会向你传送这些微妙的线索。

尽职调查更多是一种对待工作的态度和导向，而不只是可以用清单汇总的"技术活"。既往历史总是必要的。事实上，尽职调查的源泉来自你在所资助的领域里所建立的关系。当你对一个领域或一门宗教的相关历史了解得越多，你就可以提出更敏锐的问题并且进行知根知底的观察，从而将你和你的信息来源方更深地连接起来。通过微妙地表达出你理解说话人的体验和观点，你会得到信任。建立关系网是这份工作的另一个要务。真正的尽职调查是去搜集和整理多方意见和看法。对其他资助方正在做什么以及该领域在研究、文献和政策上的发展要保持了解，这也是很重要的。

汤姆·大卫

加州身心健康基金会执行副总裁

不过请记住，大多数客户在组织哲学、管理、运营或财务方面所知甚少。他们在这些事上就是不会有机构员工那样的兴趣和动力去细想。如果他们得到过服务，哪怕极少的服务，他们可能也会表达非常满意。反之，如果他们没有得到想象中应该得到的，他们可能会陷入不明就里的愤怒中。大多数情况下，你可以肯定人们会有起码的礼貌，不会当着员工的面抱怨。

◉ **更深地挖掘** 找到其他了解真相的视角。这次实地走访不应该只是你的信息之旅。在离开办公室之前，你可能已经和该组织的同行、合作者及竞争者交谈过。你可能和其他资助方或政府机构讨论过他们的业绩。要记住你前来拜访是为了聆听他们的看法，而不是去发表看法。事实上，如果人们感觉你在传播一个机构的坏消息，无论你是否见过他们，你都很容易造成恶劣的局面，且不说诽谤了。所有谈话都必须保密。

布置实地走访

实地走访往往会让所有人处于紧张状态，至少在一开始时是这样。如果你刚担任项目官员，你可能会有些不自然。（我凭什么可以评判这些努力工作的人？我说傻话怎么办？我怎么才能比得上以前来过的更有经验的项目官员？）自我怀疑和不确定感是很自然的。事实上，每次会议都应该有点紧张的火花，哪怕只是用来激发你的努力。关键是管理好双方的紧张心理，让交谈保持清晰的思路，顺利完成议程。时间久了，随着面谈和实地走访做得多了，你便能如鱼得水。

信任在维持长久的人际关系中是一个重要因素。失去信任不仅会破坏社交关系，而且也会影响在慈善事业中的合作关系。基金会项目官员需要记住，申请者会在提案书上投入个人感情并且相信他们的项目很重要，是原创，值得资助——这可能是对的，也可能是错的。粗鲁或傲慢地对待寻资者是无法原谅的。基金会应该承认申请者的重要性，并建立行为守则，以诚实和尊重的态度对待他们。诚实，就是对项目直接提问题，讲清提案书是如何审阅的，坦率做出评估，不糊弄也不回避；诚实，是预先告诉申请者他们的提案书得到资助的机会不是很大，并清楚说明提案书被拒的原因。尊重，是指将这些申请者视为伙伴，而不是为了钱来跪拜你的人们；尊重，是及时回复他们并努力叙述做出资金决定的理由，即使这让不合格做评判的人对基金会的逻辑指手画脚。

《基金会是如何运作的：寻资方对慈善多面性所需要知道的事》

作者：丹尼斯·麦克林奈

出版方：乔西－巴斯出版社

出版时间：1998 年

如果你现在还不能完全放松，想象一下申请者的心情。一次实地走访让希望翻几倍。表明你对该组织的资助提案书感兴趣。最终，你的到访会形成推荐结果：给予或拒绝资助。所以一些组织很难避开这样的事实：在跟你相处时，钱是无处不在的潜台词。这一点令人不快，但却是不争的事实。只有最有经验的非营利组织经理人才会觉得你可以在其他方面帮助他们，比如重新思考项目策略、结交其他提供服务的同行等。

最糟糕的情况是，这可能导致互相对抗。这家组织想要得到资助，而你在寻找理由拒绝。

这样只会削弱并贬低你们之间的关系。你不应该为了罗列批评意见或是不给支持而进行实地走访。你不是为了成为路障。相反地，你应该总是在寻找非常有潜力的合作者，跟他们一起行动，你可以帮助改善这个世界的一些问题，放大美好。你们基金会的财富只有交给有效的组织来使用才能发挥价值。

地点、地点、地点

这是考虑舒适对话的基本点。如果你将在该组织所在地进行面谈，要确保你已经订好了一个安静私密的地方。如果其执行主管坚持占用充满嘈杂的电话铃声和繁忙脚步的忙碌地点，请要求换地方，并向对方保证你想要全身心投入这次面谈，并暗示你希望对方也能如此。

如果这次面谈在你的办公室进行，要意识到你们基金会以各种形式、往往无意识地彰显自身的财富和权力。即使你没有华丽的办公室，资助提供方和资助寻找方之间的差距也在微妙地提醒着来访者，让他们心生畏惧、分神甚至恼怒。

实地走访议程举例

1. 介绍
2. 审阅议程；制定时间表
3. 参观场地设施
4. 寻资方对提案书的简要演讲
5. 讨论；问答
6. 审阅和批准过程
7. 时间进度 / 后续步骤

你无法让这种差距消失。但你能把它减到可以容忍的程度。记着：

1. 用握手和一个温暖惬意的微笑化解初次见面的拘谨。
2. 从办公桌后走出来迎接客人。
3. 座位摆放示意着平等交流。

4. 提供咖啡、茶、果汁或水，也许还有零食。

5. 再次微笑，放松并享受你们的会谈，因为如果你不舒服，对方就真会局促不安了。

6. 最重要的是：准备好聆听。

保持正轨

好的资助工作者对会议加以管理。为了完成这项任务，你必须做好三方面的工作：

时间。在会议一开始要告诉所有人会议的时限。如果你安排了两小时的走访，要向申请者适当提醒你的时间安排。清晰的时间安排、明确的时间约束帮助所有人保持适当步伐，而不会让应该长达两小时的重要交谈和观察挤到最后的二十分钟里。

目标。和负责人一起审阅议程安排：我想要在走访中完成这五件事。第一，我想在你们的场地走一圈，看看你们的作业情况；第二，我想要见见几名一线员工；第三，我想和执行主管谈谈财务；第四，我想要和理事会成员谈论你们的未来计划；第五，我想预留足够的时间给你，和我谈谈你脑子里想到的任何事情。最后，我想回答你对本基金会如何运作可能有的任何问题。

专注。想从这次走访中学到东西，你需要清除杂念。如果你在想着午饭、下一场面谈或者那些放在你的办公桌上一动未动的工作，那么你最好还是别去实地走访。事实上，只有让自己投入其中、充满活力地聆听——这种专注会让你在一天下来精疲力竭，你才能在对话可能偏离时使它保持在正轨上。当然了，保持头脑清醒，说起来容易做起来难多了。集中注意力是作为项目官员要长期培养的能力之一：这是反复练习、增强自信和严以自律的结果。

你怎么知道这一次实地走访很差？

实地走访各式各样，尤其是新上任的项目官员，可能很难判断这一次走访是否成功，因为成功也是有各种各样的。

不过，当实地走访正在分崩离析并将让你一无所获时，更容易让人判断此次走访是否成功。报警信号有：

- **没有人能回答你的问题。**这意味着什么？也许这群人在隐藏什么，或者他们可能真的不知道答案。的确，也可能从来没人提出过你的这些问题。或者你的问题太模糊、太复杂抑或很难回答。
- **关键人物未能现身，尽管你一再明确地要求。**这类缺席更令人不安：记账员或财务官、理事会成员、项目经理或者执行主管。如果没人能回答你的问题，这次走访就没有意义。
- **你对该组织的大体感觉不好。**有什么事情看着、听着或感觉上不对劲吗？你对真实发生的运营情况感到困惑吗？真正的作业好像并不在此？你会庆幸自己不是这家组织的客户吗？有时候你需要相信自己的直觉，然后问自己：出了什么问题？

到处转转的实地走访

在某些情况下，你会需要实际观看该组织的工作状态，从而让你和执行主管或理事会成员的谈话内容更加充实具体。事实上，如果可行，这几乎总是值得花时间做的事。花一个小时和员工或者部分服务对象在一起，可以让你瞥见该组织真实的一面，这往往在正式面谈中体现不出来。在最基本的层面上，你会想发现这群人是否言行一致：儿童看护中心是否给儿童提供了一个温暖、安全、干净的环境？诊所的员工在源源不断地为穷人提供健康方面的服务吗？艺术机构在开办音乐课和举办音乐会吗？

除了（固然）粗略的检查之外，你有机会和提供服务的员工交谈，询问他们是什么让他们的工作有价值，他们怎么把握进展，是什么阻碍了他们的努力，他们为什么投身到这个领域，又为何选择了这家机构。

在许多机构中，行政人员和服务提供人员之间分界明显。这未必是个问题，但意味着如果你把全部时间用在行政部门，那就只会了解局部。

和你就是不喜欢的人会面

偶尔，你会遇见让你不舒服的员工或者理事会成员，这难以避免，即便头脑最开通的人也不能让所有人满意。就像人生中大多数让人不舒服的时刻一样，机会和危险会一同出现。

别因为讨厌一个让你不愉快的人而让他的组织失去得到资助的公平机会，你必须问自己：到底为什么我想要躲远点？可能只是因为这个人让我想起了霸道的哥哥、自私的妯娌或者从不打扫庭院的邻居。如果是这类原因，你就很容易消除心中的憎恶。看清楚自己在这次不愉快的会面中扮演的角色，跨越你的冲动倾向，变得更通融，让面谈继续下去。

拜访理事会

理事会保证了组织的稳定性、项目的远景，并且将监管你最终可能给予的基金资助。这也是你想要和一名理事会代表谈话的原因。如果理事会正常运行，你可以与之讨论机构的愿景和理念；如果理事会的使命和目标不明确，这也有必要了解。

然而，你也应细心注意不要让你的来访无意中造成员工和理事会的隔阂，不要私下和理事会成员事先见面，除非有极为特殊的原因，比如这家组织处于艰难的领导层变更阵痛期，这样你就没有选择，必须和理事会成员工作。如果理事会成员强烈要求私下会见，你可能应该尊重他们的感情，同时确保你的出现不会导致组织的管理机构和员工之间的冲突。如果你对这家组织的管理层有顾虑，你可能需要和理事会核心成员用心交流。

另外，如果这个人的傲慢、虚张声势或缺乏幽默感等品性似乎妨碍了其管理职责，那么你可能陷入一个更加进退两难的困境。极其惹人讨厌的人很难成为好领导。如果你遇到的强大组织有着健全的计划和良好的声誉，但其一把手极为难相处，那你就需要深入调查其组织动态，看看是否内部有什么人事上不好的变动。在这样的情况下，正视你的感觉非常重要，只有这样才能进行公正透彻的调查。

挖掘信息

一旦你到达走访地点，你应该注意看什么？最简单地，你可以聚焦于五个基本问题：

1. 正在发生的真实情况是什么？

2. 如何发生的？

3. 涉及了谁？

4. 场所的造型装饰表明了什么？

5. 他们的努力产生了哪些公众利益？

形成能回答这些问题的信息，毫无疑问是一项很复杂的任务。因此，你需要有策略地运用好奇心来引导直接观察和交谈，并加以综合考虑。

当然，此时值得说一句的是，你会遇到那些运转得很好的组织。你不需要费力检查他们的情况，也不用在路途上担心在面谈时会发现什么。相反，你会很快认识到提案书明智合理、组织管理良好、信誉看上去可靠，项目效果也不证自明。在这种情况下，真的没什么可挖掘的。你的任务就是建立良好的关系并打下长期合作的基础。这是一份让人快乐的职责。

提出正确（和错误）的问题

不过，许多实地走访都需要更多细致的思考和提问。尽管我们不可能具体列出你通常应该提出哪些问题，但可以建议所提问题要有哪些品质才能达到最好的问询效果。

类别。在整个走访过程中，提各种各样的问题。既有具体型问题（“明年将会服务多少客户”）、开放型问题（“给我讲讲你们的募款运动”），也有直截了当的反思型问题（“工作中的哪些时刻让你知道行进方向是正确的”）。

顺序。按逻辑顺序展开提问。如果你在人事方面有五个问题，就连续问出来。如果你跳来跳去，会把所有人搞晕，让本来就复杂的会面变得更糟，没人喜欢这样。

准许。有时，你需要使用一些技巧来得知这家机构日常工作中不愉快的部分。比如，如果你怀疑理事会和职工之间最近发生了矛盾，那么“你们理事会和员工的关系如何”这样一般性的问题可能就不够了。毫无疑问你几乎总是会听到“关系挺好的”。这么问要好一些：“很多组织都会存在理事会和员工之间关系紧张的情况，非营利组织的结构决定了这样的本质。你们组织中有哪些冲突点？”这样，你让他们的问题带有普遍性，减轻他们的压力，让他们坦诚说出真相，不会害怕你误解。

诚意。想出真正的问题，对方的回答会启发你理解这家组织及其使命。避免有丝毫的讽刺、刻薄或者自以为是的义愤。别设置陷阱。一名资助工作者既不是私家侦探也不是公共检察官。

不惜一切代价，避免十种面谈风格

可能更容易按类别列出作为一个面谈者不该有怎样的举止，在任何情况下，忍住别做这样的人：

1. 健谈家。你喜欢自己的声音。你认为自己有传道授业的大智慧，毫不拘束地加以实践。你高兴地一味讲述自己的学说、意见和发现，而面谈对象提供了很少的细节，重复着你的成见并回避表达个人想法。

2. 飞快的预测师。你好像一名全知全能的上帝，在别人说出答案之前你就知道了。在面谈结束之后，你只留下了一堆错误的想法，朦胧的回忆和部分事实。

3. 无精打采的聆听者。你感到无聊。你早已多次听过这些答案。你发现自己在想着午餐或者在还没听到答案前就在构思下一个问题了。

4. 检察官。你的语气好像在与证人对质。你使受访者保持警惕。你无情地拷问，并压制不同见解的公开表达。

5. 亲善大使。你不喜欢询问难以对付或者敏感的问题。躲开可能的不愉快。你痛恨触犯他人；你想要交朋友。

6. 挑剔的分类师。你有福长了天眼，能够用直觉判断人们隐藏的动机。你按自己的喜好将他人分类。你骄傲地成了自身偏见的受害者。

7. 并行处理机。在你的办公室进行面谈时，你们办公室好像只有你一个人：接电话、信件签名、给员工安排任务、明确职责。你实在太忙而无法全身心投入这次面谈。

8. 不当提问的制造者。你会提导向性问题，发送你想听到的答案。你询问一般性问题，只会产生一般性答案。你用模糊不连贯的问题刨一下，然后在得到答案之前就打断并提出新的同样令人困惑的问题。

9. 复杂难懂的提问人。你会构想一些由多个部分组成的出奇复杂的问题，让人难以回答，无法跟踪。一个典型的例子是：“告诉我你们项目的一切，如何为此筹钱，如何做评估。”

10. 不得体的战术家。你喜欢问私人问题，比如当着其他员工的面询问工资问题。你的提问用词粗糙、无礼和俗气。你从未想过其他人可能觉得被冒犯了。

最后最重要的问题

在要结束这次面谈时，别忘了提以下问题：

◉ 还有什么是我没有问到但应该知道的吗？

◉ 你担心我可能有哪些误解吗？

◉ 我们有任何遗漏吗？

这些问题直达你的任务核心：让你自己以最透彻和恰当的可能方式得知这家组织的信息。这也印证了另一个重要的真相：你不是专家；你到这里来是向他们学习的。

避免推诿

总有一些人很会回避问题。一位基金会同事讲述了这样一个实地走访的故事：

这位项目官员在那家组织新办公室的建筑工地和其执行主管会合。随后的两个小时里，他们参观了施工现场，与建筑承包商、建筑师和一些工人交谈。这两个人一步没停，也没有坐下来休息。没安排时间交换信息、讨论甚至是做一点笔记。那位执行主管既有魅力又风趣，充满活力，但是却回避所有关于财务的问题。参观结束时，这位主管滔滔不绝地赞美与项目官员美好的会面机会，握手告别并消失在雾中。整个走访给人感觉就是处心积虑的安排，实在差强人意。项目官员看到的大坑就是新楼房要建起的地方，但是她一点也没有了解到这家组织的项目和实力、其他资金的来源、现有预算以及未来愿景。这位项目官员看上去被行家修理了。

那么我们怎么避免被糊弄呢？首先，就像我们前面讨论过的，你得做足功课。有了清楚的目的、相关问题的清单和一个安排合理的时间表，你就会发现自己能正当拒绝各种干扰，果断地尽职调查，直达核心内容。当接待者想用含糊其辞和无关话题避开时，你将更充分地做好准备去驾驭他们。

有时候，你就是不得不坚持己见。如果执行主管想让你看现场之外的事情，你要确保这种意外的机会不会妨碍你的主要目的。提醒负责人在两小时的走访过程中你必须学习了解的五件事。

然而，如果一家组织铁了心要回避你的问题，你就无法从他们身上挤出信息。这种情况下，你回到办公室之后可能需要把所有走访时没回答的问题列成一个清单，然后立即给他们的理事会和员工写信，要求他们用书面形式提供这些额外信息。

当你面对彻头彻尾的谎言时，该怎么做？首先，你必须考虑谁在说谎。说话人是在掩盖自己的无知吗？对一知半解一再重复，时间长了在该组织内部会被接受吗？试图保护别人？按命令行事？（“不管她怎么问你，别告诉她今年预算有缺口。”）陷入习惯性的夸大其词？省略不讨人喜欢的内容？他们是在径直大胆地谎报真相吗？

在任何情况下，你都可能需要面对推诿者。考虑到诽谤的风险、否认的心理以及你可能感受到的不适，最好是礼貌推进。（“你的回答让我吃惊。我对这个情况的了解一直不是这样的。你能进一步解释一下吗？”或者“是我信息有误吗？为什么我的印象是情况真的复杂多了？”）

观察的艺术

除了提问题，你还会想要留意观察。你在寻找的是什么？你应该同样注意有形和无形的东西。

假设你正在参观社区诊所。你自然会想看看它是否真如其管理者所言在提供医疗服务。但你也应该注意到其他方面的问题。有很多人在用它的服务吗？在预约吗？受益于它的存在吗？员工是否愉快、忙碌、合作、投入？诊疗室是什么样子的？装饰、灯光和音响传达了什么信息？现场图景告诉你该组织有什么样的自我形象和对待客户的态度？

当你穿过行政办公室时，你可能从一些看上去（显然）很不重要的事情上有所洞察，比如电话。它们是不停响起还是沉寂得可怕，让人沮丧？

如果你去走访的组织拥有多处地址，例如一家有五个诊所的健康服务中心，那么你必然会被送到最好的那个，你需要面对这一现实。坚持去看看不同的东西：位于城镇另一头的诊所，新员工所在的诊所，运营还“在发展中”的诊所等。再说一次，你的目的不是给接待你的人设局或出难题，而是追求了解一个全面完整的组织面貌。

关于提建议的最后忠告

提建议总是很难。但如前所述，有的场合很有必要提建议，只要这两个条件成立：

◉ 你拥有可能对该组织真正有益的信息、视角、经验或告诫之词。

◉ 组织的掌权人准备好聆听、考虑并使用你的建议。

即便是很重要的建议，你也要用优雅和敏感的方式提出。确保对方明白他们可以拒绝你所说的话。

你使用的语言会突出你的意图。如果你的用词大致相当于“现在让我告诉你怎么做”，那么这家组织就会把你的建议解释为指令。相反，你可能会用战术性的谦逊切入进来：“我见过在你们这种情况下别的组织用了各种办法……”你可以要求他们自己把零碎的信息拼好，以此来回应他们对某个具体问题的解释。（“是的，那是个有趣的问题。你认为正在发生什么情况？你需要什么来解决这个情况？”）有时，你能给予的最好帮助就是扮演苏格拉底式的角色，坚持要求该组织自己定义怎么样是“成功”，同时把你刚刚听到的话转化为精密调协的版本加以回应。

你也必须意识到有的群体会在他们并不需要建议的时候询问你的建议。他们是在奉承你，希望你会感觉你是他们组织的一部分。还有一些人会把你的问题当建议。你问道：“你有没有想过与镇上一家志同道合的组织合并？”他们就会听成“如果想要我们的钱，你最好合并”。在这些场合，确保该组织知道有时问题真的就是问题。（“是的，我真的在想：合并有意义吗？我不知道。你是专家，告诉我你怎么想。”）

请注意，当你提出建议时，无论是否合理，大多数组织都会觉得不得不非常严肃地对待，特别是小型和中型组织。（当一个大型机构，如大学，面对项目官员的糟糕建议时，他的主管通常会和善地微笑，假装做笔记其实只是随便画画，然后和你握手道别，心里奇怪这家基金会为什么聘用了你这样的人。）比较小型的、没钱的和缺乏经验的群体更容易受影响。他们会觉得你刚刚给他们一项提议，哪怕很糟糕，他们也无法拒绝。要有真正的品格才能说出：“好，谢谢，但不必，谢谢。这对某些团体可能是好建议，但并不是我们感兴趣的东西。”别让任何人受到这样的约束。

关注结果

最后，回顾一下在基金会和非营利组织的正常关系中一个简单但容易忘却的真相，这可以使你的实地走访保持正轨。这不是关于你，也不是关于他们。你的首要关注点应该集中在你们力图服务的人身上。

最终，你的注意力应该放在你们基金会的焦点上——贫困儿童、工薪家庭、文艺工作者、病人和临终者、学生、倡导生态系统和动物权益的人士，无论是什么。

当然，你希望与那些寻求你们支持的组织建立有成效并且也许是更加长期的关系。自然而然，你希望你们的个人关系是亲切、诚实、让人振奋和满意的。但最重要的是——无论怎么强调都不过分，你要确定你们基金会的钱会用在最有产出的做法上。为了实现这一目标，你必须站出来，为潜在的合作伙伴们牵线搭桥，促成他们之间的适当合作，让更多的人生活得丰富、公正、健康、快乐和富有成效。

好的结束

你怎么知道实地走访该结束了？简单地说，当你了解到足够的信息时，就该离开了。但是，多少才算够呢？

一个有企业家精神的资助工作者总能在延长的走访过程中发现新东西，总可以注意到组织日常运作中一些不可预测的危险或偏航信号。但是，那并不是你的正当角色。你要做的是集中精力获取足够的知识，以便回到办公室写出一个明智且信息全面的资助建议。

你该离开的标志常常是：

- 你的所有问题都得到了令人信服的答案。
- 你对该组织的员工、理事会和工作场所找到了“感觉”。

◉ 你看到连贯性——和你谈话的人重申着相同的基本信息。

◉ 你对该组织提案书中产生的关键问题，没有再想知道的内容了。

说再见

当你意识到很快就该离开时，就应该向执行主管和理事指明你准备要离开了。然后花点时间总结一下你亲眼看到的以及你们一起讨论的东西。提醒员工有哪些遗留问题需要跟进。记下需要准备的事项，比如财务报告、意见书、理事会成员名单或保险单。别忘记询问机构人员还有什么问题，这种实地走访是资助寻找者了解基金会的机会，就像你了解他们的组织一样。

最后，向申请人解释一下你们基金会做决定的过程。放心吧：对申请组织来说，没有什么比随后的若干步骤更重要了。他们总是盯着你们基金会的举动对批准或拒绝他们的资助申请有何影响。所以，为了公平起见，该组织的员工和理事会应该知道如下内容：

◉ 你们基金会评阅和批准基金资助的方法。

◉ 你们基金会的员工和理事会在这一过程中分别扮演什么角色。

◉ 将决定通知该组织的时间表。

◉ 能获得基金资助的粗略概率（可以用你收到的提案书数量和批准的基金资助所占的百分比来表示）。

公益组织也有可能从你们基金会的目的和秉承的哲学理论中获益。总结一下你以往资助过的项目类别、现在的工作重点以及未来的计划。如果你的年终总结可以很好地反映出你们现在的运营情况，那么就给该组织留下一份。目的不是宣传你们的健全政策和以往的推荐，而是努力揭示你们基金会做慈善的方式，从而最大限度地减少该组织让人可以理解的对未来的焦虑。

一句忠告：不要做出任何给予他们基金资助的承诺。这样的承诺完全不合适。即使你感到无比狂热或是极其负面，也不该透露出你的推荐意图，这超越了你的角色。事实上，项目官员在实地走访时能做的最坏的事情之一，就是误导申请组织认为决定已经做出。到最后，你们基金会的理事会将批准或拒绝该组织的提案书。你是决策过程中的一个重要组成部分，但你很少是最后的仲裁者。任何与此不同的表示都是不诚实、不负责甚至残酷的。

你离开后

当实地走访结束之后，你还有一项最后的任务：你必须花时间做个自我汇报。最好把这个过程正规化。花上 20 ～ 30 分钟不受打扰的时间坐在办公桌前，回忆你的体验并消化你的主意、预感、情绪和犹豫。写笔记。问你自己：

◉ 我打算从这次实地走访中学到什么？

◉ 我学到了什么？

◉ 为了对他们的基金资助申请做出正确决定，我还需要对该组织有何了解？

在完成了对该组织的走访后，花几分钟来评估一下你自己的表现。问你自己：

◉ 如果我明天重做一次实地走访，我会做得有何不同？

◉ 我会问哪些新问题？

◉ 我可能会检查其他哪些地方？我应该会见其他什么人？

◉ 我今天的行为是促进还是阻碍了信息的流动？

◉ 我是否说了我现在希望没说过的任何话？

◉ 我遗漏了任何重要的信息吗？

如果你对自己诚实，你可能会得出这样的结论，即你在实地走访中的表现不是十全十美。这些不足，表明你和大家一样都是凡人。不要因为错误和疏忽妄自菲薄，而要从中学习。坚持借鉴自己的经验并随着时间不断改善你的技能。这个建议不只适用于你上岗的最初几个月，而且会影响你的整个职业生涯。

资助工作者无法在几周甚至几个月里掌握行业技巧。如果你认真寻求长进，你的知识和能力就会长年持续提高。

事实上，不断的专业发展应该成为一个不变的个人重点。为了自己，也为了你们基金会，你有责任这么做。最重要的是，为了今后长久岁月里无数将要前来依靠你的判断、正直和技能的非营利组织，你有责任这么做。

第四章　数字和感觉

学习如何看非营利组织财务

让我们先谈一些非常规的说法。

你并不需要会计技能、微积分或是华尔街的工作背景来评估一家非营利组织的财务状况。远没有那么难。

从专业技术的角度看，你只需要运用基本数学能力——简单的加减乘除——不过，你可能想带上计算器。

这不是说财务分析不重要。而是说真正的挑战，正如我们将会看到的，并不在数学层面。最终，审阅受助方的财务，需要的是你在阅读提案书和实地走访中所用的很多技能和态度。理想的状况是，那些数字会与文字描述吻合；它们讲述着同样的要点。

你的任务，仍然是学习如何倾听，以及同样重要的，提出正确的问题。

我们这群人的数学恐惧症

如果一想到审阅申请方的财务信息就会让你感到焦虑的话，事实是你并不孤单，这可能会让你感到舒服一些。很多基金资助专业人员都容易有数学恐惧症。

考虑到大多数基金会项目官员的个人背景，这种恐惧几乎难以避免。基金会通常从公益界的项目业务方面招募专业人员，几乎从来没有出自财务办公室的。看看你的同行。你会找到以前做过执行主管、项目管理者、社会工作者、教育工作者、评估员或顾问等职位的专业资助工作者，但他们绝少做过财务官、记账员或财务经理等。

在基金会行业里项目人员与财务人员按常规分开办公，这就更加棘手了。大型基金会通常雇用很有才干和经验的专业人员监管财务，但是，项目人员在评估一家资助申请方的财务健康状况时，很少去问他们。小型基金会则通常将财务记账工作外包给会计师，这减少了在单位内部向数学能力更强的人获取指点的机会。

考虑到这种行业背景和专业化环境，你怎么可能会自信地与大量数字打交道呢？

非营利组织财务的怪异之处

非营利领域的财务特点也让情况变得更加复杂。

谨记：非营利组织绝不是亏损的营利企业。非营利组织有一套不同的财务要求——其中一些要求，对习惯于私营部门的人（如你们的理事）来说，可能让人困惑甚至是矛盾的。非营利组织在创办时通常依靠志愿者，但这一资源的价值并未出现在财务状况表的精确计算中。非营利组织所依靠的资助来源各种各样、变化不定，而且经营收入和捐赠的比例也经常剧烈波动。在非营利领域，财务保障几乎永远是一个主要挑战，甚至是无法完成的挑战。

由于这些特质，你可能会认为管理一家非营利企业，需要有一套复杂烦琐的财务规程。事实恰恰相反。

一些资助工作者会先看一下财务报告，让自己感受一下运营规模、组织稳定性和收入流之间的平衡等。不过，没有任何基金会官员宣称过“我对他们的项目印象真不怎么样，但他们的财会工作看上去这么好，我决定无论如何都要推荐给予资助”。

财务报告的合理目标

从资助申请方的财务信息中，你能期望了解到什么呢？事实上，你只需要考虑很少量的根本问题。你几乎总是要问如下问题：

- 该组织的财务状况在一个合理的时间段是否一直无亏损？（他们是否收支平衡甚至有盈余？）
- 该组织最后一次出现赤字是什么时候？（他们是否仍在赔钱？赔了多长时间、多少钱？）
- 他们的债务是否超过了可用现金？（该组织的财务像是即将破产吗？）
- 他们为所提议的项目做了足够的预算吗？（或者相反，他们加入无关的费用，虚报了预算？）
- 这方面有什么不寻常的事情值得讨论吗？（如：向理事会成员借来的贷款，账目负债上有未付工资，有大量短期债务而资产主要都是建筑物和设备等。）

在资助工作者的脑海中，顺着这些思路提的问题总是占有很大的权重，因为它们直指我们心中三个最大的却常常无法言说的恐惧：

- 把资助发给一家即将破产的组织。
- 资助的群体随后因侵占、挪用捐赠款或别的财务丑闻而受到公众关注。
- 在一家组织并不真正需要这份资助时给予资助。

请注意，对项目失败的恐惧一般而言无法与财务失败带来的窘境相提并论。或许，这是因为资助工作者的经验让他们在展望项目的最终结果时更现实；我们明白某种程度的失败是一种常态，甚至无法避免。（甚至可以这么辩称：如果你支持的每一个项目都可以称得上没有瑕疵的成功，那么你在资助工作上就没有冒足够的风险。）而财务失败，可能让人在心理上更受伤，因为这太显眼了，让人蒙羞。（即将来临的破产或财务丑闻可能伴有很难堪的公开曝光。）此外，非营利项目上的失败绝少是具体的，也不易量化。

当然，没有任何负责任的资助工作者想把资助推荐给带有浪费或非法侵占倾向的组织。但是，资助方这种对财务实力、可靠性和诚实性的期望虽然完全合理，却也促使他们向受助方施加超负荷的财务报告要求。要抵制这种诱惑。

今天，很多非营利组织承担着硬性规定的财务报告这一巨大负担，而这些报告对资助方和受助组织的好处让人怀疑。不要增加这种不必要的负担。让你的要求保持顺畅、实用。换一种说法：别让书面报告挡住你了解实情的真正机会。

这种机会是什么？就是在财务上进行直截了当、广泛并持续的会话。

谈的不只是数字

谈话是理解财务的钥匙

大多数资助工作者在财务方面提的问题少得让人吃惊。

他们可能跟申请方就项目目标和策略谈上几个小时；他们可以在人员安排和评估方面进行透彻的问询。但是，当话题转到财务上，咱们大多数人常常过于沉默。

或许，这是缘于恐惧，惴惴不安地觉得财务分析不是自己的领域。当我们怀疑答案可能就在眼皮底下、在白纸黑字的复合运算中盯着你时，我们可能羞于提问去澄清困惑。也许，这是因为很多资助寻找方和资助工作者在谈到财务时同样觉得不舒服。我们共同构建了心照不宣的沉默。

无论何种原因，这都会削弱我们理解非营利企业真实状况的能力，并把我们与寻资方的关系没有必要地模糊起来。不过，这种困境应该不会让任何人感到奇怪。

诚实地披露金钱信息，即使在朋友和家人之间都困难。（我们对资助方和受助方的期待可以多得多吗？）窍门是承认这一困难，然后继续前行。坦诚的讨论代表了尊重，表明你愿意分享存在不确定性的那一刻，在解决问题时有所取舍。讨论财务是为了从最根本的层面上了解彼此。

你们的谈话应该围绕哪些类型的议题呢？作为起步，与执行主管，可能还有一名理事坐下来聊聊并把讨论引向下述一般性话题——你能从中对该组织有很多了解：

- 你如何评估你们目前的财务状况？
- 在财务方面你有哪些担心？
- 财务方面的考虑如何影响你们的日常决定？
- 你想让我对预算或财务报告中的哪些内容加以注意？
- 当所希望的资助基金用完时会发生什么情况？

在你的办公室独自一人盯着档案记录和报告，回答不了这些问题。你必须与非营利组织的员工进行诚实、随和的谈话，以此来了解：

- 鉴于目前的财务状况，该组织正在走向何方？
- 在实现目标的路途上，该组织有哪些障碍？
- 作为资助工作者，你怎样才能最有力地协助该组织实现其任务目标、运营稳定、让影响最大化并扩展其所触及的范围？

你提出这些类型问题这一事实本身，就会显著改变你的非营利伙伴的思维，甚至可能改变他们的行为。执行主管的工资为什么这么低？如何积累储备资金？或是下一年的资金可能从哪里来？当你对此出声表示惊奇时，你可能会把那些在组织表象之下潜伏多年的问题提升到意识层面。

当然，在某些角落，你也会遇到阻力。非营利组织的管理者明白大多数资助方不想听到他们在财务上的焦虑。他们有很好的理由相信，资助方更愿意别人确保让他们放心，他们的基金款不会被浪费。非营利组织担心：他们的各种担忧只会让你更担心。

要努力迎头面对这些合理的恐惧。用你开放和好奇的提问作为样板来展示你渴望理解申请方，而不是反复询问、质询或讨伐他们。

承认你自己对财务的恐惧，大胆地说出来：我真的在这方面知道得不多；请教育我。

通常与资助提案书一起递交的六种财务报告

文档	你可以学到什么
1. 项目预算	· 该组织想要尝试做什么？ · 将会如何构建、配备人员和管理此项目？ · 根据你对类似项目的了解，该项目费用合理吗？ · 收入计划切实可行吗？ · 费用和收入与书面描述的项目内容一致吗？ · 预算是否能反映现金流？
2. 组织总预算	· 所提的项目预算在整个组织的总预算中适当吗？是否与总成本和总收入成正比？ · 该组织从整体上有适当的收入流和切实可行的预算足以支付核心运营成本吗？ · 预算是如何构成的？它与预期现金流对得上账吗？暂时限定性基金是怎么处理的？ · 该组织如何监控预算与实际发生额？
3. 审计报告	· 该组织需要年度审计吗？有吗？ · 审计者有没有签署一份“无保留意见”，表明该组织的财务报表得以公正呈现？ · 经审计的资产负债表是否显示有足够稳定的财务状况以取得项目的成功？
4. 近期财务报表	· 该组织能按时签发内部财务报表吗？ · 有任何方面明显不同于组织的总预算或以往财务活动吗？如果有，意味着什么？
5. 联邦 990 表（报税表）	· 该组织填报联邦 990 表了吗？ · 你对项目费用、管理和一般费用以及筹款成本的比例感到自在吗？
6. 990 表所附明细表 A	· 薪酬最高的员工所得工资合乎情理且数额适当吗？ · 主要捐赠人名单，如果有的话，与你对该组织的了解一致吗？

在追求拓展你对财务事宜的理解和澄清资助申请方的财政状况的过程中，不应该只和寻资方谈话来加以拓展了解，你还应该请教你们单位内部的专家和同事。如果你们基金会足够大，雇用了一名财务官员的话，请此人提供协助，解读财务报告和预算。提出问题，诸如："在这份提案书中，财务方面有我应该注意的任何情况吗？""你能帮我理解这份财务报表吗？"

要敢于表达自己也没有把握，再加上愿意学习，你可以逐渐把握非营利组织财务——这种改变会让所有相关人员受益。

关于基本文件的根本问题

如何谈论非营利组织财务的要点

财务报告和记录把非营利组织的计划及历史翻译成数字。它们被看成财务领域的 X 光扫描。提案书的推理毫无瑕疵，该组织对其以往成绩的描写用词优美、内容丰富，但在表面文字之下，你会遇到这件事的真骨头：成本和收入来源。它们让计划和声誉要么一起持续下去，要么一起摔到地面上。

不幸的是，很多非营利组织管理者搞不清楚财务记录在资助工作过程中的角色。典型的，他们向募款顾问或更有经验的同行提这样的问题：

- 我们应该如何写组织总预算，是显示我们亏损、挣钱还是持平？
- 在所提议项目的运营费用中，我们应该列出所有参与人员的费用还是我们认为资助方可能感兴趣支持的部分？
- 在基金会的资助用完后，我们会承担项目或运营费用——我们应该做这样的承诺吗？

这类问题显示申请方完全是为了满足在他们想象中资助方的需求和偏好而编制财务资料。这种不由自主的冲动可以理解，申请方最想得到的是你资助他们的项目。但是，通过揣摩你的愿望，而不是对财务历史和真实的预测成本进行认真分析，这使寻资方把我们引向危险之路。

对资助工作者而言，最常出现的难题是当一些重要事项被忽略时，如何解读财务资料。想象一下在你收到提案书时出现下述情况，你会多困惑：

- 申请方撰写了一份有说服力的辩述，要上演新季度的话剧演出，可是预算里没有剧场租赁的费用栏目。
- 执行主管在预算里把自己的一半时间用于此项目，尽管这只是该组织正在开展的十几项活动之一。
- 总费用与你以前看到的类似组织相比差别不少。

这些让人困惑的情形可能都有其逻辑。或许演出场地是捐赠的；新项目太复杂了，主管必须在启动阶段投入超常规的时间；项目成本差别大是因为这两种项目情况之间或组织架构上区别巨大，没有可比性。面对财务资料和提案书叙述相矛盾的同样或类似情况，唯一的办法是提问。那么，提什么样的问题呢？

这完全取决于你正在审阅的文件。让我们先逐一看看你可能从寻资方收到的六种主要文件，可能会出现哪些问题。

项目预算

项目预算是提案书中最重要的财务内容。它应该显示与项目有关的收入和支出。有的项目预算只列支出，这种情况下，询问项目有哪些预期收入，如果有的话。

项目预算	
收入	
基金会甲	100 000 美元
基金会乙	75 000 美元
公司丙	5 000 美元
服务收费	60 000 美元
总收入	240 000 美元
支出	
项目经理，100%	45 000 美元
执行主管，10%	7 500 美元
一线服务员工，100%	75 000 美元
行政助理，50%	14 000 美元
员工福利，（占工资额）20%	35 375 美元
项目费用	25 000 美元
间接成本，（占总直接费用）15%	30 281 美元
总支出	232 156 美元
净收入	7 844 美元

分析项目预算

给自己的问题	项目预算		给申请方的问题
	收入		
这是你们的基金会。你对按此比例资助该项目感到舒服吗？	基金会甲	100 000 美元	
	基金会乙	75 000 美元	你们问过这家基金会吗？他们做出承诺了吗？
	公司丙	5 000 美元	这家公司做出承诺了吗？在获得公司资助方面你们有何经验？

（续表）

给自己的问题	项目预算		给申请方的问题
	收入		
如果这是项目的第一年，这个预估数额合理吗？	服务收费	60 000 美元	
总之，这个收入总额对提案书中所描述的项目显得合理吗？	总收入	240 000 美元	这个收入大概代表了多少参与者？你是怎么得出这个数目的？
	支出		
对于具有提案书所描述的资历的人选，这样的工资看起来有足够的吸引力吗？	项目经理，100%	45 000 美元	你心目中是否已有人选？给我讲讲他 / 她的情况。
	执行主管，10%	7 500 美元	
	一线服务人员，100%	75 000 美元	这里有哪些人是现有员工？
	行政助理，50%	14 000 美元	这是兼职雇员还是与另一个项目“分摊”的？
有具体的栏目细项是你期望看到但没有看到的吗？	员工福利，（占工资额）20%	35 375 美元	这个比例与其他受资助方相比显得低了。
这个数额对所描述的项目规模来说合理吗？	项目费用	25 000 美元	再跟我讲讲这些支出。我发现不同的组织用这个词表达不同的意思。你在这一项中包括了什么？比如，租金是否包括在内？会计的工作时间呢？
就项目总预算的大小来说，这个数额合理吗？	间接成本，（占总直接费用）15%	30 281 美元	我注意到没有为这 3 ～ 4 名新雇员所列的房租一栏。你需要租用新场地吗？如果不用的话，在“间接成本”一栏中包括分摊房租吗？
就项目总预算的大小来说，这个数额合理吗？	总支出	232 156 美元	对于本项目将会完成的结果，你觉得这一数额合理吗？
	净收入	7 844 美元	任何剩余的资助会用在下一年的项目中吗？ 你们的核心成本是由其他资助支持的吗？这一资助从哪来？ 这一轮资助结束后，下一年的资助从哪儿来？

组织整体预算

如果该组织的预算是按项目分开的，这会帮你评估下述内容：

◉ 所提议的计划与该组织的其他计划相比成比例吗？

◉ 该组织的工作重点在各种项目的活动安排中反映出来了吗？

审计

审计评估财务报表的公允性。（美国）联邦政府只要求当年获得 30 万美元及以上联邦资金的组织要由独立的注册会计师（CPA）进行审计。[①] 一些州政府对审计有额外要求。但因为很多小的营利组织没有年度审计，所以没有审计未必是一个问题。

这里对审计报告的构成做一个介绍：

独立审计者报告 我们审计了后附的 XYZ 非营利组织 1999 年 12 月 31 日的财务状况表，以及资助表、财务活动表、资金余额变动表、财务状况变动表和当年的业务费用表。 我们按照公认审计准则的规定执行了审计工作。这些准则要求…… 我们认为，XYZ 非营利组织财务报表在所有重大方面按照公认会计准则的规定编制，公允地列出了贵组织 1999 年 12 月 31 日的财务状况以及 1999 年的年度经营活动和现金流量…… 签字，独立 CPA	这是审计报告的附函。查找“公允列报”这样的词语，让你知道这是一份“无保留意见”，也就是审计者毫无保留地相信该意见所指的财务报表公允地反映了该组织的财务状况。 记住：无保留意见不是对该组织财务情况的“健康保票”。它只是向你确认该意见所指的财务报表公允地描述了该组织的财务情况，或好或坏。
财务状况表（以前叫“资产负债表”） 1999 年 12 月 31 日	财务状况表显示该组织在财政年终的资产、负债和净值（净值的其他用语有“净资产”和 / 或“资金余额”）。 该组织的基本财务实力在财务状况表中最好地识别出来。例如，如果该组织的即期债务多于所有的现金，就会难以支付债权人。
财务活动表	以前被称为收入和支出表或收入表。
净现金流动表	这是最近才要求非营利组织制作的报表。名字虽然如此，但这不是现金流预测。而是显示用于支付账单的现金是否会到账，如来自运营收入、房地产出售或得到贷款。类似地，它显示在运营费用、投资、提供贷款或其他活动上是否动用了“额外的”现金。
财务报表附注	附注是审计报告中最有趣的部分之一。在这里查看对该组织非营利状态的认定、某些大数额明细项的更多细节（如承诺今后给予资助的基金会名单）和该组织会计实务的信息（如设备折旧的年数）。
致管理层的信 在计划和执行审计工作时，我们考虑了组织的内部控制结构，以决定审计程序……我们注意到一些与内部控制和运营有关的问题，根据美国注册会计师协会制定的准则，我们认为属于需要报告的情形…… 美国联邦资助受到“（联邦）管理和预算办公室”A-133 通告中审计要求的约束，该组织尚无有关政策和程序来对这类联邦资助进行及时辨认…… 我们建议该组织开发并实施一项计划，来完成 2000 年在保持守法方面的各项工作……	在某些情况下，审计者会发现“需要报告的情形”，如未能核对现金账户。这些要点会在致管理层的信中列出，这封信是在审计报告之外的单独文件。 即使没有需要报告的情形，审计者也可能会选择写这样一封信来发表意见，例如关于千禧年计算机问题或是审计者对该组织正面临破产的顾虑。致管理层的信不是每一次审计报告时都会签发的；而且对可以写哪些内容有相当的伸缩余地。 当你要求提交财务报表时应该要求这封致管理层的信，因为其中如果有负面意见的话，可能就不会程序性地递交给基金会。

① 对（在任何年度）联邦资金（包括通过州和地方政府机构提供的联邦资金）总支出达到或超过 30 万美元的组织，要求有特别审计。这类审计，也是由注册会计师进行，见（联邦）管理和预算办公室 A-133 通告（OMB Circular A-133）中的叙述，通常称为 A-133 审计。

这意味着什么，如果……

项目预算显示赤字？ 询问申请者。这可能意味着该组织打算用非限定性资金来帮助支付项目支出，也可能意味着该组织尚未完成对项目存活力的规划。

项目预算显示很大的盈余？ 这可能意味着该组织想要在今年募集到足够的资金，让项目运营到下一年度某个阶段。或者它可能意味着该组织随意乐观地放进收入推测值，那样实际的收入总会足够支付项目的支出。

最近的财务报表

因为审计每年只进行一次（如果有的话），审计中的财务信息可能是数月之前甚至超过一年的。因此，很多基金会都要求得到最近的财务报表，这让他们看到该组织在财务上最新的情况。

无论在财务报表中还是审计报表中，你都会获得信息来进行更细致的财务分析。

财务活动表，与预算对照，年初至今（六个月）			
	预算 年初至今 （美元）	实际发生 年初至今 （美元）	给申请者的问题
收入			
基金会资助	100 000	40 000	你们的基金会资助通常是在财政年度的下半年到账吗？还是此处也包括所开发的其他资助？
企业资助	15 000	60 000	在企业支持方面比预想的更成功，你认为有哪些原因？
服务收费	10 000	25 000	在服务收费方面，你们的竞争者有谁？你与他们在方法上有什么不同？
利息收入	6 000	4 800	你们的资金是如何投资的？你们有投资政策吗？理事会有投资委员会来监管这些投资吗？
出版物销售	80 000	40 000	你们有哪些新出版物？如何分销？
总收入[①]	3 000 000	3 200 000	你们的收入比预期的更高，有哪些主要原因？
支出			
工资	1 450 000	1 800 000	你们组织现在大概有多少全职和兼职员工？工资支出似乎增长很多。主要是因为雇用了新人还是涨工资了？
员工福利	365 000	450 000	

① 译者注：收入明细栏没有全部列出，此为示意表。

（续表）

财务活动表，与预算对照，年初至今（六个月）			
	预算 年初至今 （美元）	实际发生 年初至今 （美元）	给申请者的问题
支出			
房租	275 000	290 000	
办公成本	90 000	100 000	
印刷	120 000	120 000	
设备购买	70 000	50 000	
杂项	150 000	160 000	这是最大的开支之一，但“杂项”没提供具体信息。这里指哪些明细，你觉得这么大一个无所不包的支出栏好用吗？
顾问	300 000	320 000	这些顾问是给你们组织自身做咨询，还是付费给他们，让他们为客户做咨询？
总支出	2 820 000	3 200 000①	

990 表逐页说明

我们希望，这里对 990 税表的粗略概述会让你看到这份文件的价值，这是申请组织每年准备并向国税局递交的文件。基金会要求 990 税表，不会增加该组织的额外负担，并能受益于其中的标准明细栏和各种表格。你可以从 www.irs.gov 下载一份 990 税表。国税局偶尔会重新设计此表，所以要确保用最新的版本。

① 译者注：应为 3 290 000，此处为 3 200 000，是为了表示收支平衡。

Form **990**

Department of the Treasury
Internal Revenue Service

Return of Organization Exempt From Income Tax

Under section 501(c), 527, or 4947(a)(1) of the Internal Revenue Code (except black lung benefit trust or private foundation)

▶ The organization may have to use a copy of this return to satisfy state reporting requirements.

OMB No. 1545-0047

2007

Open to Public Inspection

A For the 2007 calendar year, or tax year beginning , 2007, and ending , 20

B Check if applicable:
☐ Address change
☐ Name change
☐ Initial return
☐ Termination
☐ Amended return
☐ Application pending

Please use IRS label or print or type. See Specific Instructions.

C Name of organization

Number and street (or P.O. box if mail is not delivered to street address) | Room/suite

City or town, state or country, and ZIP + 4

D Employer identification number

E Telephone number
(　　)

F Accounting method: ☐ Cash ☐ Accrual ☐ Other (specify) ▶

• **Section 501(c)(3) organizations and 4947(a)(1) nonexempt charitable trusts must attach a completed Schedule A (Form 990 or 990-EZ).**

H and I are not applicable to section 527 organizations.
H(a) Is this a group return for affiliates? ☐ Yes ☐ No
H(b) If "Yes," enter number of affiliates ▶
H(c) Are all affiliates included? ☐ Yes ☐ No
(If "No," attach a list. See instructions.)
H(d) Is this a separate return filed by an organization covered by a group ruling? ☐ Yes ☐ No
I Group Exemption Number ▶
M Check ▶ ☐ if the organization is **not** required to attach Sch. B (Form 990, 990-EZ, or 990-PF).

G Website: ▶

J Organization type (check only one) ▶ ☐ 501(c) (　) ◀ (insert no.) ☐ 4947(a)(1) or ☐ 527

K Check here ▶ ☐ if the organization is not a 509(a)(3) supporting organization **and** its gross receipts are normally **not** more than $25,000. A return is not required, but if the organization chooses to file a return, be sure to file a complete return.

L Gross receipts: Add lines 6b, 8b, 9b, and 10b to line 12 ▶

Part I　Revenue, Expenses, and Changes in Net Assets or Fund Balances *(See the instructions.)*

Revenue

1 Contributions, gifts, grants, and similar amounts received:
a Contributions to donor advised funds 1a
b Direct public support (not included on line 1a) 1b
c Indirect public support (not included on line 1a) 1c
d Government contributions (grants) (not included on line 1a) 1d
e **Total** (add lines 1a through 1d) (cash $＿＿＿ noncash $＿＿＿) . 1e
2 Program service revenue including government fees and contracts (from Part VII, line 93) 2
3 Membership dues and assessments 3
4 Interest on savings and temporary cash investments 4
5 Dividends and interest from securities 5
6a Gross rents 6a
b Less: rental expenses 6b
c Net rental income or (loss). Subtract line 6b from line 6a 6c
7 Other investment income (describe ▶) 7
8a Gross amount from sales of assets other than inventory . . . . (A) Securities | (B) Other 8a
b Less: cost or other basis and sales expenses. 8b
c Gain or (loss) (attach schedule) . . . 8c
d Net gain or (loss). Combine line 8c, columns (A) and (B) 8d
9 Special events and activities (attach schedule). If any amount is from **gaming,** check here ▶ ☐
a Gross revenue (not including $＿＿＿ of contributions reported on line 1b) 9a
b Less: direct expenses other than fundraising expenses . 9b
c Net income or (loss) from special events. Subtract line 9b from line 9a 9c
10a Gross sales of inventory, less returns and allowances . . 10a
b Less: cost of goods sold 10b
c Gross profit or (loss) from sales of inventory (attach schedule). Subtract line 10b from line 10a . 10c
11 Other revenue (from Part VII, line 103) 11
12 **Total revenue.** Add lines 1e, 2, 3, 4, 5, 6c, 7, 8d, 9c, 10c, and 11 12

Expenses

13 Program services (from line 44, column (B)) 13
14 Management and general (from line 44, column (C)) 14
15 Fundraising (from line 44, column (D)) 15
16 Payments to affiliates (attach schedule) 16
17 **Total expenses.** Add lines 16 and 44, column (A) 17

Net Assets

18 Excess or (deficit) for the year. Subtract line 17 from line 12 18
19 Net assets or fund balances at beginning of year (from line 73, column (A)) 19
20 Other changes in net assets or fund balances (attach explanation) 20
21 Net assets or fund balances at end of year. Combine lines 18, 19, and 20 21

For Privacy Act and Paperwork Reduction Act Notice, see the separate instructions.　Cat. No. 11282Y　Form **990** (2007)

990税表第1页上，你会看到该组织的收入和支出的简短版本。用990税表做事的一个关键优势是所有非营利组织都用同样的明细项。

例如，第9c行，显示特殊活动的净收入或净支出，第18行显示当年净收入。

Form 990 (2007) Page 2

Part II Statement of Functional Expenses All organizations must complete column (A). Columns (B), (C), and (D) are required for section 501(c)(3) and (4) organizations and section 4947(a)(1) nonexempt charitable trusts but optional for others. *(See the instructions.)*

Do not include amounts reported on line 6b, 8b, 9b, 10b, or 16 of Part I.		(A) Total	(B) Program services	(C) Management and general	(D) Fundraising
22a Grants paid from donor advised funds (attach schedule) (cash $ ____ noncash $ ____) If this amount includes foreign grants, check here ▶ ☐	22a				
22b Other grants and allocations (attach schedule) (cash $ ____ noncash $ ____) If this amount includes foreign grants, check here ▶ ☐	22b				
23 Specific assistance to individuals (attach schedule)	23				
24 Benefits paid to or for members (attach schedule)	24				
25a Compensation of current officers, directors, key employees, etc. listed in Part V-A	25a				
b Compensation of former officers, directors, key employees, etc. listed in Part V-B	25b				
c Compensation and other distributions, not included above, to disqualified persons (as defined under section 4958(f)(1)) and persons described in section 4958(c)(3)(B)	25c				
26 Salaries and wages of employees not included on lines 25a, b, and c	26				
27 Pension plan contributions not included on lines 25a, b, and c	27				
28 Employee benefits not included on lines 25a – 27	28				
29 Payroll taxes	29				
30 Professional fundraising fees	30				
31 Accounting fees	31				
32 Legal fees	32				
33 Supplies	33				
34 Telephone	34				
35 Postage and shipping	35				
36 Occupancy	36				
37 Equipment rental and maintenance	37				
38 Printing and publications	38				
39 Travel	39				
40 Conferences, conventions, and meetings	40				
41 Interest	41				
42 Depreciation, depletion, etc. (attach schedule)	42				
43 Other expenses not covered above (itemize):					
a	43a				
b	43b				
c	43c				
d	43d				
e	43e				
f	43f				
g	43g				
44 **Total functional expenses.** Add lines 22a through 43g. (Organizations completing columns (B)–(D), carry these totals to lines 13–15)	44				

Joint Costs. Check ▶ ☐ if you are following SOP 98-2.
Are any joint costs from a combined educational campaign and fundraising solicitation reported in **(B)** Program services? ▶ ☐ **Yes** ☐ **No**
If "Yes," enter **(i)** the aggregate amount of these joint costs $ ____; **(ii)** the amount allocated to Program services $ ____; **(iii)** the amount allocated to Management and general $ ____; and **(iv)** the amount allocated to Fundraising $ ____

Form **990** (2007)

第2页把费用分解得更细致。所有费用都按业务服务类、管理和一般类、募款类分开。如果该组织在费用分类上连续一致，第2页会让你对资金在每个分类上的百分比看得一清二楚。

Form 990 (2007) Page 3

Part III Statement of Program Service Accomplishments *(See the instructions.)*

Form 990 is available for public inspection and, for some people, serves as the primary or sole source of information about a particular organization. How the public perceives an organization in such cases may be determined by the information presented on its return. Therefore, please make sure the return is complete and accurate and fully describes, in Part III, the organization's programs and accomplishments.

	Program Service Expenses (Required for 501(c)(3) and (4) orgs., and 4947(a)(1) trusts; but optional for others.)
What is the organization's primary exempt purpose? ▶ .... All organizations must describe their exempt purpose achievements in a clear and concise manner. State the number of clients served, publications issued, etc. Discuss achievements that are not measurable. (Section 501(c)(3) and (4) organizations and 4947(a)(1) nonexempt charitable trusts must also enter the amount of grants and allocations to others.)	
a .... (Grants and allocations $) If this amount includes foreign grants, check here ▶ ☐	
b .... (Grants and allocations $) If this amount includes foreign grants, check here ▶ ☐	
c .... (Grants and allocations $) If this amount includes foreign grants, check here ▶ ☐	
d .... (Grants and allocations $) If this amount includes foreign grants, check here ▶ ☐	
e Other program services (attach schedule) (Grants and allocations $) If this amount includes foreign grants, check here ▶ ☐	
f **Total of Program Service Expenses** (should equal line 44, column (B), Program services). . . . . ▶	

Form **990** (2007)

第3页是“业务服务成果报表”，该组织必须在此处列出业务活动，包括所服务的客户人数、发表的出版物以及无法衡量的成绩。这部分还显示了在每一项活动上所花费的钱数。

Form 990 (2007) Page **4**

Part IV **Balance Sheets** *(See the instructions.)*

				(A) Beginning of year		(B) End of year
	Note:	*Where required, attached schedules and amounts within the description column should be for end-of-year amounts only.*				
Assets	45	Cash—non-interest-bearing			45	
	46	Savings and temporary cash investments			46	
	47a	Accounts receivable	47a			
	b	Less: allowance for doubtful accounts	47b		47c	
	48a	Pledges receivable	48a			
	b	Less: allowance for doubtful accounts	48b		48c	
	49	Grants receivable			49	
	50a	Receivables from current and former officers, directors, trustees, and key employees (attach schedule)			50a	
	b	Receivables from other disqualified persons (as defined under section 4958(f)(1)) and persons described in section 4958(c)(3)(B) (attach schedule)			50b	
	51a	Other notes and loans receivable (attach schedule)	51a			
	b	Less: allowance for doubtful accounts	51b		51c	
	52	Inventories for sale or use			52	
	53	Prepaid expenses and deferred charges			53	
	54a	Investments—publicly-traded securities ▶ ☐ Cost ☐ FMV			54a	
	b	Investments—other securities (attach schedule) ▶ ☐ Cost ☐ FMV			54b	
	55a	Investments—land, buildings, and equipment: basis	55a			
	b	Less: accumulated depreciation (attach schedule)	55b		55c	
	56	Investments—other (attach schedule)			56	
	57a	Land, buildings, and equipment: basis	57a			
	b	Less: accumulated depreciation (attach schedule)	57b		57c	
	58	Other assets, including program-related investments (describe ▶)			58	
	59	**Total assets** (must equal line 74). Add lines 45 through 58			59	
Liabilities	60	Accounts payable and accrued expenses			60	
	61	Grants payable			61	
	62	Deferred revenue			62	
	63	Loans from officers, directors, trustees, and key employees (attach schedule)			63	
	64a	Tax-exempt bond liabilities (attach schedule)			64a	
	b	Mortgages and other notes payable (attach schedule)			64b	
	65	Other liabilities (describe ▶)			65	
	66	**Total liabilities.** Add lines 60 through 65			66	
Net Assets or Fund Balances		**Organizations that follow SFAS 117, check here** ▶ ☐ and complete lines 67 through 69 and lines 73 and 74.				
	67	Unrestricted			67	
	68	Temporarily restricted			68	
	69	Permanently restricted			69	
		Organizations that do not follow SFAS 117, check here ▶ ☐ and complete lines 70 through 74.				
	70	Capital stock, trust principal, or current funds			70	
	71	Paid-in or capital surplus, or land, building, and equipment fund			71	
	72	Retained earnings, endowment, accumulated income, or other funds			72	
	73	**Total net assets or fund balances.** Add lines 67 through 69 **or** lines 70 through 72. (Column (A) **must** equal line 19 and column (B) **must** equal line 21)			73	
	74	**Total liabilities and net assets/fund balances.** Add lines 66 and 73			74	

Form **990** (2007)

第4页有该组织的“资产负债表”，包括财政年度年初和年底的数额。例如，在第45行，你能看到该组织在年初和年底分别有多少现金。

在68～69行，你可以看到该组织暂时限定性收入和永久限定性收入是什么比例。

Form 990 (2007) Page **5**

Part IV-A **Reconciliation of Revenue per Audited Financial Statements With Revenue per Return** *(See the instructions.)*

a	Total revenue, gains, and other support per audited financial statements			**a**	
b	Amounts included on line **a** but not on Part I, line 12:				
1	Net unrealized gains on investments	**b1**			
2	Donated services and use of facilities	**b2**			
3	Recoveries of prior year grants	**b3**			
4	Other (specify):	**b4**			
	Add lines **b1** through **b4**			**b**	
c	Subtract line **b** from line **a**			**c**	
d	Amounts included on Part I, line 12, but not on line **a:**				
1	Investment expenses not included on Part I, line 6b	**d1**			
2	Other (specify):	**d2**			
	Add lines **d1** and **d2**			**d**	
e	**Total revenue** (Part I, line 12). Add lines **c** and **d** ▶			**e**	

Part IV-B **Reconciliation of Expenses per Audited Financial Statements With Expenses per Return**

a	Total expenses and losses per audited financial statements			**a**	
b	Amounts included on line **a** but not on Part I, line 17:				
1	Donated services and use of facilities	**b1**			
2	Prior year adjustments reported on Part I, line 20	**b2**			
3	Losses reported on Part I, line 20	**b3**			
4	Other (specify):	**b4**			
	Add lines **b1** through **b4**			**b**	
c	Subtract line **b** from line **a**			**c**	
d	Amounts included on Part I, line 17, but not on line **a:**				
1	Investment expenses not included on Part I, line 6b	**d1**			
2	Other (specify):	**d2**			
	Add lines **d1** and **d2**			**d**	
e	**Total expenses** (Part I, line 17). Add lines **c** and **d** ▶			**e**	

Part V-A **Current Officers, Directors, Trustees, and Key Employees** (List each person who was an officer, director, trustee, or key employee at any time during the year even if they were not compensated.) *(See the instructions.)*

(A) Name and address	**(B)** Title and average hours per week devoted to position	**(C)** Compensation **(If not paid, enter -0-.)**	**(D)** Contributions to employee benefit plans & deferred compensation plans	**(E)** Expense account and other allowances

Form **990** (2007)

因为990税表的财务准则和审计用的财务准则在某些方面有所不同，故990税表第5页前半部分统一了这些差别。

第5页后半部分列出理事会成员和关键员工的名单，包括他们的报酬。

Form 990 (2007) Page **6**

Part V-A Current Officers, Directors, Trustees, and Key Employees *(continued)*

			Yes	No
75a	Enter the total number of officers, directors, and trustees permitted to vote on organization business at board meetings . . . . ▶			
b	Are any officers, directors, trustees, or key employees listed in Form 990, Part V-A, or highest compensated employees listed in Schedule A, Part I, or highest compensated professional and other independent contractors listed in Schedule A, Part II-A or II-B, related to each other through family or business relationships? If "Yes," attach a statement that identifies the individuals and explains the relationship(s) . .	**75b**		
c	Do any officers, directors, trustees, or key employees listed in Form 990, Part V-A, or highest compensated employees listed in Schedule A, Part I, or highest compensated professional and other independent contractors listed in Schedule A, Part II-A or II-B, receive compensation from any other organizations, whether tax exempt or taxable, that are related to the organization? See the instructions for the definition of "related organization.". ▶	**75c**		
	If "Yes," attach a statement that includes the information described in the instructions.			
d	Does the organization have a written conflict of interest policy?	**75d**		

Part V-B Former Officers, Directors, Trustees, and Key Employees That Received Compensation or Other Benefits (If any former officer, director, trustee, or key employee received compensation or other benefits (described below) during the year, list that person below and enter the amount of compensation or other benefits in the appropriate column. See the instructions.)

(A) Name and address	**(B)** Loans and Advances	**(C)** Compensation (if not paid, enter -0-)	**(D)** Contributions to employee benefit plans & deferred compensation plans	**(E)** Expense account and other allowances

Part VI Other Information *(See the instructions.)*

			Yes	No
76	Did the organization make a change in its activities or methods of conducting activities? If "Yes," attach a detailed statement of each change	**76**		
77	Were any changes made in the organizing or governing documents but not reported to the IRS? . . . . If "Yes," attach a conformed copy of the changes.	**77**		
78a	Did the organization have unrelated business gross income of $1,000 or more during the year covered by this return?	**78a**		
b	If "Yes," has it filed a tax return on **Form 990-T** for this year?	**78b**		
79	Was there a liquidation, dissolution, termination, or substantial contraction during the year? If "Yes," attach a statement	**79**		
80a	Is the organization related (other than by association with a statewide or nationwide organization) through common membership, governing bodies, trustees, officers, etc., to any other exempt or nonexempt organization?	**80a**		
b	If "Yes," enter the name of the organization ▶ ______ and check whether it is ☐ exempt **or** ☐ nonexempt			
81a	Enter direct and indirect political expenditures. (See line 81 instructions.) . . **81a**			
b	Did the organization file **Form 1120-POL** for this year?	**81b**		

Form **990** (2007)

990税表的第6、7、8页，有大量“其他信息”，如第82b行中实物（非现金）捐赠的价值额，和第85d行中游说或政治上的支出。

990税表第8页有“产生收入的活动分析”，包括从业务服务收费、政府合同购买、房租收入等。

这一页的其他部分解释了产生收入的活动如何与该组织的目的联系在一起，并提供该组织可能运营的任何应征税的子公司。

Form 990 (2007) Page 7

Part VI Other Information *(continued)*

			Yes	No
82a	Did the organization receive donated services or the use of materials, equipment, or facilities at no charge or at substantially less than fair rental value?	**82a**		
b	If "Yes," you may indicate the value of these items here. Do not include this amount as revenue in Part I or as an expense in Part II. (See instructions in Part III.) **82b**			
83a	Did the organization comply with the public inspection requirements for returns and exemption applications?	**83a**		
b	Did the organization comply with the disclosure requirements relating to *quid pro quo* contributions?	**83b**		
84a	Did the organization solicit any contributions or gifts that were not tax deductible?	**84a**		
b	If "Yes," did the organization include with every solicitation an express statement that such contributions or gifts were not tax deductible?	**84b**		
85a	*501(c)(4), (5), or (6).* Were substantially all dues nondeductible by members?	**85a**		
b	Did the organization make only in-house lobbying expenditures of $2,000 or less?	**85b**		
	If "Yes" was answered to either 85a or 85b, **do not** complete 85c through 85h below unless the organization received a waiver for proxy tax owed for the prior year.			
c	Dues, assessments, and similar amounts from members **85c**			
d	Section 162(e) lobbying and political expenditures **85d**			
e	Aggregate nondeductible amount of section 6033(e)(1)(A) dues notices **85e**			
f	Taxable amount of lobbying and political expenditures (line 85d less 85e) **85f**			
g	Does the organization elect to pay the section 6033(e) tax on the amount on line 85f?	**85g**		
h	If section 6033(e)(1)(A) dues notices were sent, does the organization agree to add the amount on line 85f to its reasonable estimate of dues allocable to nondeductible lobbying and political expenditures for the following tax year?	**85h**		
86	*501(c)(7) orgs.* Enter: **a** Initiation fees and capital contributions included on line 12 **86a**			
b	Gross receipts, included on line 12, for public use of club facilities **86b**			
87	*501(c)(12) orgs.* Enter: **a** Gross income from members or shareholders **87a**			
b	Gross income from other sources. (Do not net amounts due or paid to other sources against amounts due or received from them.) **87b**			
88a	At any time during the year, did the organization own a 50% or greater interest in a taxable corporation or partnership, or an entity disregarded as separate from the organization under Regulations sections 301.7701-2 and 301.7701-3? If "Yes," complete Part IX	**88a**		
b	At any time during the year, did the organization, directly or indirectly, own a controlled entity within the meaning of section 512(b)(13)? If "Yes," complete Part XI ▶	**88b**		
89a	*501(c)(3) organizations.* Enter: Amount of tax imposed on the organization during the year under: section 4911 ▶ ______ ; section 4912 ▶ ______ ; section 4955 ▶ ______			
b	*501(c)(3) and 501(c)(4) orgs.* Did the organization engage in any section 4958 excess benefit transaction during the year or did it become aware of an excess benefit transaction from a prior year? If "Yes," attach a statement explaining each transaction	**89b**		
c	Enter: Amount of tax imposed on the organization managers or disqualified persons during the year under sections 4912, 4955, and 4958 ▶ ______			
d	Enter: Amount of tax on line 89c, above, reimbursed by the organization ▶ ______			
e	*All organizations.* At any time during the tax year, was the organization a party to a prohibited tax shelter transaction?	**89e**		
f	*All organizations.* Did the organization acquire a direct or indirect interest in any applicable insurance contract?	**89f**		
g	*For supporting organizations and sponsoring organizations maintaining donor advised funds.* Did the supporting organization, or a fund maintained by a sponsoring organization, have excess business holdings at any time during the year?	**89g**		

90a List the states with which a copy of this return is filed ▶ ______

b Number of employees employed in the pay period that includes March 12, 2007 (See instructions.) **90b** ______

91a The books are in care of ▶ ______ Telephone no. ▶ ( ) ______

Located at ▶ ______ ZIP + 4 ▶ ______

			Yes	No
b	At any time during the calendar year, did the organization have an interest in or a signature or other authority over a financial account in a foreign country (such as a bank account, securities account, or other financial account)?	**91b**		
	If "Yes," enter the name of the foreign country ▶ ______ See the instructions for exceptions and filing requirements for **Form TD F 90-22.1,** Report of Foreign Bank and Financial Accounts.			

Form **990** (2007)

Form 990 (2007) Page **8**

Part VI Other Information *(continued)* | Yes | No

c At any time during the calendar year, did the organization maintain an office outside of the United States? **91c**
If "Yes," enter the name of the foreign country ▶ ....

92 *Section 4947(a)(1) nonexempt charitable trusts filing Form 990 in lieu of* ***Form 1041***—Check here . . . . ▶ ☐
and enter the amount of tax-exempt interest received or accrued during the tax year . . ▶ | 92 |

Part VII Analysis of Income-Producing Activities *(See the instructions.)*

Note: *Enter gross amounts unless otherwise indicated.*

	Unrelated business income		Excluded by section 512, 513, or 514		(E) Related or exempt function income
	(A) Business code	(B) Amount	(C) Exclusion code	(D) Amount	
93 Program service revenue:					
a					
b					
c					
d					
e					
f Medicare/Medicaid payments					
g Fees and contracts from government agencies					
94 Membership dues and assessments . . .					
95 Interest on savings and temporary cash investments					
96 Dividends and interest from securities . .					
97 Net rental income or (loss) from real estate:					
a debt-financed property					
b not debt-financed property					
98 Net rental income or (loss) from personal property					
99 Other investment income					
100 Gain or (loss) from sales of assets other than inventory					
101 Net income or (loss) from special events .					
102 Gross profit or (loss) from sales of inventory					
103 Other revenue: a					
b					
c					
d					
e					
104 Subtotal (add columns (B), (D), and (E)) .					

105 **Total** (add line 104, columns (B), (D), and (E)) . . . . ▶ ______

Note: *Line 105 plus line 1e, Part I, should equal the amount on line 12, Part I.*

Part VIII Relationship of Activities to the Accomplishment of Exempt Purposes *(See the instructions.)*

Line No. ▼	Explain how each activity for which income is reported in column (E) of Part VII contributed importantly to the accomplishment of the organization's exempt purposes (other than by providing funds for such purposes).

Part IX Information Regarding Taxable Subsidiaries and Disregarded Entities *(See the instructions.)*

(A) Name, address, and EIN of corporation, partnership, or disregarded entity	(B) Percentage of ownership interest	(C) Nature of activities	(D) Total income	(E) End-of-year assets
	%			
	%			
	%			
	%			

Part X Information Regarding Transfers Associated with Personal Benefit Contracts *(See the instructions.)*

(a) Did the organization, during the year, receive any funds, directly or indirectly, to pay premiums on a personal benefit contract? . ☐ **Yes** ☐ **No**
(b) Did the organization, during the year, pay premiums, directly or indirectly, on a personal benefit contract? ☐ **Yes** ☐ **No**
Note: *If "Yes" to* ***(b)****, file Form 8870* ***and*** *Form 4720 (see instructions).*

Form **990** (2007)

Form 990 (2007) Page **9**

Part XI **Information Regarding Transfers To and From Controlled Entities.** *Complete only if the organization is a controlling organization as defined in section 512(b)(13).*

		Yes	No
106	Did the reporting organization **make** any transfers **to** a controlled entity as defined in section 512(b)(13) of the Code? If "Yes," complete the schedule below for each controlled entity.		

	(A) Name, address, of each controlled entity	(B) Employer Identification Number	(C) Description of transfer	(D) Amount of transfer
a				
b				
c				
Totals				

		Yes	No
107	Did the reporting organization **receive** any transfers **from** a controlled entity as defined in section 512(b)(13) of the Code? If "Yes," complete the schedule below for each controlled entity.		

	(A) Name, address, of each controlled entity	(B) Employer Identification Number	(C) Description of transfer	(D) Amount of transfer
a				
b				
c				
Totals				

		Yes	No
108	Did the organization have a binding written contract in effect on August 17, 2006, covering the interest, rents, royalties, and annuities described in question 107 above?		

Please Sign Here

Under penalties of perjury, I declare that I have examined this return, including accompanying schedules and statements, and to the best of my knowledge and belief, it is true, correct, and complete. Declaration of preparer (other than officer) is based on all information of which preparer has any knowledge.

Signature of officer　　Date

Type or print name and title

Paid Preparer's Use Only

Preparer's signature	Date	Check if self-employed ▶ ☐	Preparer's SSN or PTIN (See Gen. Inst. X)
Firm's name (or yours if self-employed), address, and ZIP + 4		EIN ▶	
		Phone no. ▶ ( )	

Form **990** (2007)

第9页有关于与该组织控制的实体之间的任何转账往来，包括转账数额和描述。

谈论数字

大多数时间，你的机会仅限于与申请组织的执行主管就财务事宜进行有用的谈话。执行主管尽管在该组织的所有方面和它的资助申请书方面最有话可谈，却未必是财务方面的常驻专家或是值得谈话的唯一人员。

如果你选择进行实地走访，请教该组织的会计或财务官，可能会极大地扩展你对申请方财务情况的了解。这个人会吃惊地来见你。这是慈善领域很奇怪的一点：对一家非营利组织财务最了解的人，很少参与跟资助方的谈话。不变的是，你会从此人的独特视角和专长中受益。毕竟你在与本地专家交谈。敞开提问题吧。

除了对财务基本文件加以询问，你可能还要找财务官来得到更一般性的引导介绍。试着按照以下思路展开会话：

◉ 你知道，我不太熟悉你们的财务记录。我应该注意看什么？

◉ 如果你是我，你会对财务状况提哪些问题？

◉ 你认为我有可能忽视或误解的是什么？

◉ 资助者对你们的财务状况常常有何误解？

当你觉得大家沟通得很好并且已经建立了一些信任关系，才可以提下述问题：

◉ 你在财务上有哪些担心？

◉ 在财务增长或（资金）发展方面，有被关键人物忽视的机会吗？

◉ 员工或理事会成员是否需要掌握一些他们所忽视的不愉快或是有前景的财务现实？

在实地走访中，理事会成员还可以为财务问题提供高见。除了回答关于财务的过去和现在等基本问题，你可以让他们猜想未来的可能情景。

◉ 理事会看到近期会出现哪种财务问题或机会？

◉ 在该组织财务方面有什么是理事会不太理解的吗？

◉ 理事会收到哪种财务报告，对他们有什么用？

最后一个问题

成本效益如何？

仍然存在最后的问题。提议的项目性价比高吗？

查阅（财务）文件无法回答这个问题。预算和财务报告很少点出该组织消费逻辑的明显矛盾。提案书的叙述部分也不会对性价比进行阐述。

再说一次，你必须提出打开话题的问题。到了一定时候，你需要向合适的人提下述问题：

◉ 你能用更少的费用取得同样的结果吗？

◉ 是否有其他办法可以让你有效构建此项目的募款结构？

对这些问题的回答可能让你吃惊。你可能了解到，成本效益更好的策略对你的受助机构所服务的人群不起作用。你可能了解到该计划的短期高费用远低于不作为的长期代价。（比较一下预防青少年犯罪与建造和维持更多的监狱。）你可能突然认识到你在与有远见的初创组织一起工作，只是他们改变世界的努力尚未与成本控制这种更为日常的工作结合起来发展。（你现在必须明智地考虑此时是否应该提出这个问题。）简而言之，成本控制不是全部内容，但几乎总是值得一谈。

你的财务谈话不能以国税局为模板。你的目标不是挑毛病、节俭甚或吝啬。你只是想要知道还有其他办法取得好结果吗？这样的安排实际吗？是为了谁？在什么时候？你想提出运用财务常识这个话题，在适当的时候，在与非营利组织合作者的未来规划中，制定成本效益程序并推动其连贯执行。

你想要确保你们基金会投向一家非营利组织的每一分钱，都在改变世界的过程中起到最大的作用。

第五章　在你和理事会之间

决定、建议和沟通的艺术

你已经看过提案书、研究过预算并完成实地走访了。你发现漏了一份重要材料，诸如去年的财务报表、国税局签发的免税资质证明或是未来资金计划。你联系了相关人员，他们提交了最后的文件。你觉得申请者的说法（纸质或口述）模糊、残缺或者难以理解，请他们做了澄清。在提案书的评估上，你已经完成了任务。

现在终于到了大家一直期待的时刻了。你必须要做出资助与否的决定，然后向你们理事会递交资助建议，以便他们行动起来。或者换一个说法：你已经进入了另一个复杂、关键的领域，它最终决定着你的资助成效。

投资公益

正如我们在整本书里强调的，一个有成效的资助工作者必须担当超级中介的角色。你是投资顾问、交易商，能把所有的碎片拼在一起，让好事发生。在这个角色中感到快乐和骄傲对你来说很重要。

作为将非营利组织的潜能和关键性资金加以对接的经纪人，你会意识到你所在的资助机构如何作为催化剂，把计划和愿景转变为实际成果。你将在受助方之间牵线搭桥，并在以后的年月里看着他们的关系发展成你最初无法预测的结果。随着时间的流逝，你会发现自己享受着参与几十个项目所带来的理所当然的满足。

总之，你将学会如何构建、管理和强化一系列基金资助，形成符合所有目标和愿望的资助组合。

大局

让我们仔细地看看资助工作者的“资助组合”这一定义。

有创业精神并负责任的资助者不会用一笔笔资助来衡量自己的工作，而是会用长期投资者的眼光对所有资助进行整体评估。正如营利性的投资组合由各式各样处于不同风险等级和潜在收益的股票及债券组成，资助工作者的资助组合也力求做到公益投资的搭配和均衡。总之，这一精心构建的资助组合也会体现你们基金会的目标。

要说明的是，许多基金会并不喜欢冒高风险，而是倾向于稳定可靠的像国库券一类的非营利投资，这通常保证了必要的服务得以持续。然而近些年，更多的资助者意识到了新需求，即在传统资助之外添加一点更大胆的资助，以期在某个社区或某个领域带来更明显和积极的转变。这种在平淡的必需品和诱人的不确定性之间的矛盾，贯穿着你的职业生涯。

资助者也要注意那些可能塑造其资助机会的外部环境。在你资助的社区内发生的明显变化（从自然灾害到人口的缓慢转变）都可能促使你暂时“延伸”一下你的指导方针。偶尔，一些有远见的组织会带着他们的宏大计划和高额预算来找你，向你展示一个意想不到的机会，让你通过果断的资助可以让世界变得更美好一点。这种情况下，十有八九都需要你甄别这些计划，将其优缺点与你现有的资助组合相比较并向理事会提出建议。

资助组合的方法，不仅让你对意外情况做好准备，也让你能够随着时间的推移来调整自己的资助工作，在实现长远目标的过程中取得最大的进步。例如，如果你们理事会承诺要改进面向社区内低收入家庭的青少年项目，在开始时就应该集中资助当地青少年中心。之后，随着取得的进展，你可能会考虑扩展你的资助组合，比如赞助一家体现了领域内最佳做法的模特中心，或是面向青少年项目主管的培训。更久之后，你可能想要去寻找能在该领域对全国性政策产生影响的项目，或是资助关于为什么有些青少年发展项目更有成效的研究。

机会和风险的平衡、远见及多样化：应该用这些特征塑造你的资助组合，并帮助你与理事会成员合作，一起发展你的资助组合。

把你的资助建议带给理事会

所有的资助机构都受其理事会监督。你的理事会成员，监管着基金会的愿景和获赠资金，他们定义并维持基金会的使命：他们对基金会的所有行为拥有最终决定权。最后，他们要决定是否公开发放你私下建议的资助并要对此负责。

基于这种责任，你和理事会必须就如下内容达成共识：一是对每份提案书他们将收到何种信息，二是对每笔潜在资助基金所做分析的深度。但是，别期望理事会的要求会保持不变。随着时间的推移，他们对于细节的要求可能有增有减，新加入的理事可能会激发对额外信息的要求或者去掉传统型的分析模式。保持随机应变，持续的磋商对你们的合作至关重要。

通常，你的书面概要应该有一至两页长，最多三页。偶尔，理事们想要审阅所有的提案书，久而久之，考虑到所需要的时间，这种想法往往会弱化。虽说对于你的概要应该包括多少细节并没有固定的要求，但是你也应努力根据常识加以平衡，既不会用长篇累牍吓到理事会，也不会缺少他们感兴趣的关键内容。最后，理事会必须相信他们从你这里得到了足够的信息去履行职责并做到尽职地调查。

除了篇幅，书面建议也应根据目的、形式和风格有所不同。一些项目官员将每项资助的优缺点一一列出，让理事会不由自主地将潜在收益和预期风险加以对比。另一些项目官员根据经验知道理事会更喜欢你对每一项资助建议给予详尽的口头答辩，由此向理事会说明这些项目如何符合基金会的使命、目标和指导方针，以及所批准的资助如何使现有的资助组合更加完整。

必要时，理事会还会重新审视在基金会或捐赠计划的资助重点上的一些核心问题，哪怕只是作为大家讨论的隐形基础。资助工作者则又一次回到初衷：对自家基金会的使命给予真诚和清晰的说明。当资助工作者在资助目标上含糊其辞时，必然会带来麻烦。

说句公道话，想要不被无尽的可能性所诱惑并果断表明你赞成和反对什么，这真是极其困难的事。此外，基金会的目标能够并应该与时俱进。每隔几年，理事会都应回顾其使命声明并审视其资助重点，正如他们期望受助人要做的那样。

关于理事会审批环节，在结束前我们再说几句。如果在 100 份资助建议中，理事会同意了 99 份，这未必是好事。这可能意味着你向理事会提供的提案书还不足以激发他们超越自身视野的局限。你们基金会可能陷于“安全”的项目中。时不时地，你应该轻轻敦促理事会根据社会、环境、经济和政治的变化，重新思考其资助重点。理事会也应该像你一样仔细审视非营利行业，寻找新机遇。这一角色要求虽高但富有建设性。在只有单个专业人员的小型基金会里，理事会担当好这一角色特别重要。友好的辩论是健康的信号，这说明了关于资助目标、社会问题根源以及慈善愿望的谈话应该永无止境。

完成概要文档

确切地说，理事会成员应该从资助概要里找到什么样的信息呢？让我们从基本内容开始。

无论你们理事会每年召开一次、两次、四次还是更多的会议，他们都必须迅速领悟你的推荐依据。为此，每项资助建议的概要应包括以下内容：

1. 对资助意义的简要描述

解释提案书要解决的问题或议题，以及你们基金会为什么应该对此感兴趣；总结运营策略；注明在服务领域或者组织环境方面有哪些前提条件，这会帮助理事会掌握提案书中更微妙的含义；确切地解释基金会的钱会怎么花、项目的地理范围以及由始至终的时间表。

2. 对赞助组织的切实概述

描述组织的背景，概述何时成立以及成立的原因；讲解其使命及以往成就；对组织的信誉和能力提供说明依据；讲述谁负责组织运营、谁负责具体项目，其能力如何与项目需求相匹配；列出那些在项目中发挥重要作用的关键理事的姓名。

3. 资金的关联性

解释这一资助如何符合你们的项目指导方针；努力将你所做的建议放在你们基金会资助策略的大背景中；为你的建议辩护，如同资助组合整体中的一项投资，不断印证着这一笔笔资助如何构成了一个整体。

4. 财务状况

提供财务数据来证明申请组织的稳定性。你们理事会可能会要求提供现金报表、长期资金计划或按业务计划分列的财务报表。如果他们假设你会在人员费用上尽职调查，他们还可能提交员工分析的完整材料。无论何种情况，该组织的财务健康情况都是理事做出推断的依据，除非你资助的是新创办的组织、草根组织或国际组织。

5. 你对该项资助优缺点的个人见解

除了提案书中的概要材料，你也应该退后一步，提出对每一份资助的个人看法，把你本人快速提高的专业能力、直觉和经验等价值添加进来，帮助理事会成员感受到你是如何进行评审的，让他们通过你的视角看到资助建议的正确性。有可能你还想重新审视一下任何潜在的问题，记录该组织的薄弱环节，指出对资助的批准有可能招致的公众批评。

上述五项内容构成了资助建议概要的筋骨。但是，还有其他信息也是理事会同样希望得到的：

- 理事会将越来越频繁地想要了解评估计划。该组织如何评估过去的工作？他们的评估对后续计划的制订及项目的落实产生了实际影响吗？该组织将怎样评估他们所提议的项目？评估部分需要追加资金吗？
- 有时候，一个雄心勃勃且偏爱分析的理事会甚至会要求大量的支持材料，如期刊文章或新闻报道，以加深他们对某个领域的理解。比如，如果你们理事会最近致力于资助药物滥用方面的项目，其成员可能会钻研相关文献。对传统领域感兴趣的理事会也可能会依赖员工为他们提供材料，由此注意到最近的趋势和发展。
- 提供与潜在受助方的以往关系和已有资助等信息，也很有意义和帮助。

这需要时间

在开会前，理事会成员需要提前多长时间收到他们所需材料？时间既要足够阅读所有的材料，又不能太久而有所遗忘。一般十天比较合适。但是，你还是需要与理事会协商安排。

要记住，员工需要足够的时间去对每一份资助进行尽职调查，然后撰写资助建议。这一工作并没有一定的形式。事实上，理事会和员工之间的沟通质量、你的资助建议是否成熟以及最终的结果，可能取决于是否适时地递交了精心打磨的材料。

讨论概要材料

到目前为止，我们一直在谈论的概要材料，似乎只是累积的书面材料。事实上，书面材料只是一个起点。在理事会会议上，更多地将取决于你选择说什么、怎么说。无论理事会成员多么细致地研究了概要材料，他们印象最深的并且影响他们最终决定的还是你对提案书的优缺点所做的口头汇报。

即使你提供的理由像欧几里得定律一样可靠，你的表达像莎士比亚一样文采飞扬，你仍然需要培养强大的演示能力。这可能意味着，操作最新的计算机辅助视听设备、克服对公开讲话的终身恐惧或者改善你的语言逻辑和表达风格，这样你就能够优雅、充满激情、动人、幽默地传递大量的复杂信息。

做好准备面对坏消息

建议的风险

最终会出现这样的情况：你推荐了一个项目，说服理事会支持你，然而项目失败了。项目失败得明明白白。但是，这并不意味着你做了一个坏建议。

失败的频率往往比大多数人愿意承认的高。然而，在任何组织里，失败都是通往最终成功的必要一步。如果说一家提供重要服务的组织在最终进入正轨之前需要三次尝试，而你仅仅资助了第二次尝试，你还是可以说你在这个过程中起到了重要作用。你可能不会分享成功的荣耀，但完全有理由为你在关键时刻提供了至关重要的支持而感到骄傲。

那么，什么是坏建议呢？坏建议是一个缺乏研究的建议，诸如粗略地阅读有缺陷的提案书、随随便便地浏览网站、跟进工作不到位、视野狭窄等。坏建议是自以为是和疏忽作业的产物。坏建议产生于你选择随波逐流跟着其他资助方的做法而不是考虑一份提案书是否符合你们基金会的使命和需求时。你做了最糟糕的建议本身并不是完全失败，因为你仍然可以从中学习，最糟糕的是资助了那些虚张声势却没有带来什么改变的项目。

坏建议也可能是不可避免的。你不可能总是表现卓越，你不可能看到和知道一切。你会犯错误，你的理事会也是如此。

不会有头版头条的丑闻曝光和陪审团的调查，纠结于偶尔的糟糕表现毫无意义。更重要的是（怎么说也不过分）你的资助组合的总体表现。

长年累月累积下来，你产生的影响是你所期望的吗？这是一个更难回答的问题，要求目标清楚、调查认真、大家在期望值上相互理解并形成共识、有分析、所有当事方坦诚相待。

有风险的业务

比明确的失败更常见的是，你可能遇到有风险的资助。这个风险可能反映了资助结果的潜力，也可能是申请组织的一个不幸的决定性特质。无论如何，你有时会面临一个敏感的决定：你该如何告知理事会这些风险？

如果理事会特别向你问起对缺点有何评价，那么你要拿定主意，向理事会坦白地概述所有可能的责任风险。

其他情况更难以捉摸。如果项目本身可以资助，但你对执行主管监管项目的能力有说不清但又放不下的疑虑，你应该怎么跟理事会说？对于一项由新手启动的复杂项目，你怎么对理事会解释你的支持意见？如果你确信申请人对自身潜力和需求有巨大的误解，需要一个更好的理事会才能长久坚持或是有任何其他令人厌恶又带着可能征兆的疑虑，你如何给予适当披露？

更痛苦的是，当你必须严守一个秘密，诸如很有能力和经验并备受尊敬的执行主管已经决定辞职了，你该怎么办？对向你提供保密信息的人，对申请方，对你们基金会及其理事会，你分别有何义务？

这并没有唯一正确的答案。一些理事会其实并不想听到别人可能告诉你的保密信息。相反，他们的资助决策取决于一些明显的外部因素：该组织的信誉、实力以及你的专业建议。他们希望你权衡利弊，向他们提供你认为潜在益处高于风险的建议。

简而言之，你和理事会是基金会资源的管理者。即使保密问题会造成难解的困境——而且没有任何真实的道德困境能够轻易解决，还是可以通过做一些相当明显的事情，来取得显著进展。你可以在这种事情发生前，先了解理事会成员想要知道什么。通过一系列假想，如让人怀疑的预算或者将要离职的执行主管，向理事会了解他们觉得你在信息披露方面负有哪些责任。你可能时而还是要独自做决定，但是至少你将在一个合理、明智、明显的预期框架内工作。

联系文书

资助授予函和报告

一旦理事会批准了一项资助，就到了联系申请人的时候了。

你的资助授予函不仅仅是通知申请人的好运气，还是对双方在特定时间段进行特定任务合作上达成一致的最终确认。这是关于双方承诺的重申，是关于责任和义务的提醒，是一份合同（参见第五章附录，关于资助协议信的样本）。

最好的资助授予函重申你对资助目标的理解，说明资助是否有所限定。清楚表明，如果你和受资助者在理解上有分歧的话，这正是说话的时机。在双方关系的早期发现分歧确实能激发至关重要的讨论，有助于项目的最终成功。在已经获得资助的情况下，受助方可能会倾向于更加坦诚相对。

受助非营利组织指定的代理人——可能是执行主管或者理事长，应该在资助协议上签字并返回复印件。很明显，可以这样理解：支票会很快出现在邮件中。

汇报：好的、坏的和出乎意料的

资助授予函也应该明确指出你对汇报有何要求，精确地概述在项目进展上你想知道哪些信息以及何时应该提交这些信息。

要注意，汇报要求对于大多数组织而言，都是额外负担——当这种负担过重时，可能让小组织被严重破坏。（通过与其他资助方合作开发并使用通用的汇报格式，可以减轻一些负担。事实上，已经有一些模版了。你们当地的资助工作者地区协会可以指点方向。）如果为了某些正当的理由，你要求有广泛的评估程序及大量的统计数据和详尽分析的话，要确保你为额外成本提供了足够的资金。否则的话，就会破坏该组织成功的概率。

你也别放大你想要研究大量文件、图片、表格、财务报表的愿望。太烦琐的汇报反而达不到真正的目的，引发双方的不满和疲惫。

那么，汇报的真正目的是什么呢？首先，你和理事会必须了解钱是怎么花的。应该清楚地提供了这些信息：每季度或半年一次的财务报表以及一份最终的财务报告。

同样重要的是，你想要知道项目进行得如何：做成了哪些事？面临哪些问题？有哪些结果？如果项目设有一系列具体目标，那么一份简要的叙述（3～5页）应该足以解释所取得的进展。无论你的期望值是什么，在给予资助时就向受资助方讲清楚你的要求，这样他们才能在项目全程收集所需信息。

在各种最好的可能情形下，汇报将为资助方和受助方提供真实的活动描述：胜利、陷阱和沿途发生的其他一切。汇报应该打开资助方和受助方的沟通渠道。当然，这可能只是在建立了相互信任的关系后才会发生。太多的报告像是历史小说，只是为了满足资助方所设想的预期结果而编造的。你要决定受助方的汇报体裁，强调你只想阅读几页书写利落的报告——关于你们基金会已经资助的非营利企业，它能够真正教你一些宝贵的东西。

良好的汇报应该充实你今后的资助实践。努力说服受助方，你会从学习意想不到的结果和所获得的新知识中受益，确实，你依赖于受助方的实地报告，重复相同的老故事不会帮助你在资助工作者的角色中成长。再说一次，这可能让人难以接受，因为很多受助方相信意外的发生会烦扰资助方。但是，在非营利界很少能找到简单、干净的故事。打开耳朵，倾听那些微妙的故事——它们真正反映了我们所做的努力实际上是什么样。

简言之，让受助方知道你总是愿意接受他们每天面临的同样的疑惑、复杂状态和冲突——然后一起合作向前，去解决这些问题。

第二部分

基金资助工作基础 II

资助者实用指南

作者：弗雷德·塞特伯格 | 罗什渥兹·M. 基德尔 | 柯尔邦·S. 威尔伯

致　谢

《资助工作基础 II》的作者得到慈善界许多专业人士的协助。他们提供了慷慨的建议和明智的指导，对此我们特别感谢埃利诺·克莱门特－格拉斯在有关开会议题上的协助；感谢米歇尔·巴特勒和伊丽莎白·格林这两位出色的研究专家，以及斯蒂芬妮·麦考利夫，他们带领我们穿过了上岗培训的复杂领域。芭芭拉·基比以她一贯的谨慎和优雅监督和指导这些章节的研究和写作；感谢全球伦理研究所所长罗什渥兹·基德尔，他研究并撰写了关于伦理道德方面的整个章节；特别感谢大卫－露西儿·派卡德基金会中柯尔邦的助理凯瑟琳·克瑞恩在整个项目过程的帮助。

第六章　不断长进

在职业生涯中培养专业技能

良好的资助工作需要时间来掌握。没有人期望你能够立即拥有优秀的技能和出色的洞察力去胜任你的角色。人们更合理地期望于你的长期发展——增长知识，培养沉着、韧性、分辨能力、远见卓识以及战略智慧。月复一月、年复一年，通过有意识的努力，从你的成功和失败中痛苦地学习，你将会渐入精通的境界。

那么你如何确保在工作中不断发展呢？首先，从微小而持久的努力开始。

仔细看看

近年来，出资者已经正确地强调了进行项目评估的重要性。虽然非营利组织有时可能因这些要求而感到负担沉重，他们的意图更多的不是出于安抚出资者资助资金用得其所，而是非营利组织自身的关键需要——他们感到这是对他们的工作成效所做的真实度量。

与问责制等效的要求也应该适用于资助工作者。毕竟，一家基金会有可能很多年都取得最小的成果而不会破坏其稳定性或修正其资助战术。基金会有永久资金。它们不会倒闭，除非理事会决定关门，但这很罕见。资助工作者异乎寻常地处在与世隔绝的小世界里，太安全了，其实对自己不利。

这意味着，衡量你个人和机构绩效的责任完全取决于你自己的能力。

上路的最好办法之一就是利用自我评估的日常习惯。在第三章中，我们讨论了实地走访后写报告的价值。这样的做法不仅为资助工作新手提供了指导方针，也能刷新经验丰富的老手的视野。但是，实地走访不是进行有益审阅的唯一手段。

每次理事会季度会议结束时，正是另一个提出对自己工作绩效的想法和感受的机会。当理事会成员仔细考虑你的建议，然后提出他们的问题、评论和反对意见时，以前你一个人在办公室中私下完成的工作现在会显露无遗、任人批评甚或痛苦地公开展现。这一脆弱的时刻正是问自己工作上做得如何的最佳时机。

当然，此时很自然的诱惑是，回避自我反省。毕竟，在理事会会议上，成员之间长期存在的冲突可能迸发，飞溅的碎片直接落在你的脚上。然而，理事会成员必须抓住使命和运营的核心，即我们要资助什么，为什么？也正因为如此，你应该能让自己接受这一自我评估的机会。

会议结束后，安排30分钟的个人沉思。回到安静的办公室。拿出铅笔和记事本。深吸一口气，呼出，然后问自己：

◉ 上一季度，我在资助组合中添加了哪些资助？
◉ 还缺什么？
◉ 我的文案总结是否有效地向理事会传达了每笔资助机会的重要性？
◉ 我提供了正确的信息和文件吗？
◉ 怎么样才可能让我的演示更翔实、有趣或有用呢？
◉ 当时可能有办法在理事会成员之间激发出更有建设性的辩论吗？
◉ 我是否有效地向理事会展现了自己？
◉ 我的行动或意图是否在某些重要层面被误解了？
◉ 我是否说了任何我想收回的话？
◉ 我从这次理事会会议中学到了什么？它将如何影响我未来的计划和行动？

如果你不是完全依赖自己的感受和直觉，那么你的自我评估将会最有利。事实上，反省是从硬数据中发酵出来的。

为此，你要花一些时间来建立适当的表格和图表来分析你最近的资助史。尝试用几种不同的方式分解数据：按拨款的规模、服务的领域、援助的类型、地点和成果等。这种冷分析的形式，就像资助申请人定期提交给你的预算材料一样，通过凸显你的资助组合有哪些具体组成并摆脱老旧自满的思维方式，最终可能会刺激你产生更深刻和更具主体性的领悟。

其他时候的其他工具

除了对自身见解的依赖，还有几种成熟的方法用于审评资助工作的有效性，从而最终提高你的工作绩效以及你们基金会或企业捐赠项目的整体绩效。

首先，你可能会考虑采用外部评估。大部分单人办公的资助工作者很少有机会将自己在资助上的程序、决定、目标和行动与同行的加以比较。因此，通常由局外人来承担慈善角色中最罕见的角色：客观的观察者。

如果你发现自己不愿意追求这个过程，请不必惊讶。很少有人主动寻求批评。（我们中有多少人会付钱找人列数自己的缺点呢？）而事实是，围着你们基金会转的大多数人，会低头躲开对你的工作绩效提供坦诚评估的任何机会。所以，你必须主动征求意见。

坦率地说，你所涉及的风险极小。尽管每个人都会注意到你的改进，但没人需要知道你正在寻求专业的帮助来改正你的缺点。事实上，通过请求帮助，你展示出力量和弹性、认真和承诺。把外部评估者视为一种私人教练：一个训练你和你的资助组合有所长进的专家。

一旦你聘请了评估者，一定要安排出足够的时间和接触便利，使工作切实可行。花几个小时一起讨论你的目标、策略和行动，提供一份带有详细注解的资助清单，提供任何你所构建的分析工具。

除了检查资助文档外，外部评估者与你和你的员工进行面谈，并密切观察你的工作风格和内容。外部评估者还可以对受助方进行问卷调查。在最基本的层面上，评估者可以调查客户的满意度：资助寻找者认为你的慈善做法如何起到帮助还是阻碍作用？对此进行剖析。记住，评估者是在与有思想的人交流。如果你不认可他们的工作、价值观或思辨能力，你就不会向他们投资。甚至是一些平常的问题，“你得到及时的电话回复了吗？”——就可能引出有用的反馈，直指你资助工作的核心。

请你的顾问除了对过程加以评估之外，还要进行更加哲理性的探究。让受助方谈谈对于他们的组织、服务领域和慈善事业，你还需要了解什么。询问他们，你们基金会应该考虑做哪些尚未尝试的事情。受助方在你的社区和我们的大社会中，所预见的最大问题、障碍和机遇是什么。在与外部评估者一起工作时最重要的是，努力争取明确的见解。让评估者知道，在这个过程结束时，你想要得到至少三个关于你的资助工作的改进建议。然后，按照你认为可行和明智的建议行动。

顾问团是这种外部评估的一个变体。专家的探测性走访可以激起生动的对话，而且几乎肯定会浮出新主意，这可能引导你发现一个新方法。

对资助工作者的评估（节选）

虽然最近在慈善群体中很多人都在谈论“评估”，这个词通常用来问：对于我们出钱资助的组织和项目，我们可以做些什么来衡量它们的有效性？作为资助工作者，我们也应该问：我们如何检查自身资助工作的有效性？

马拉·E. 博内特和大卫·S. 福特“对资助工作者的评估”，基金会新闻和评论，1996 年 1 月 / 2 月，第 46 页。

马拉·E. 博内特是非营利组织和资助工作者领域的顾问。大卫·S. 福特是位于纽约市的曼哈顿大通银行慈善事业部主任。

基准

勘测自己工作绩效的另一种手段是，把你的成绩与其他资助机构的成就进行比较。首先，找出 6 家在人数和规模上与你们类似的基金会来开始进行比较。在机构的项目和目标之间寻找良好对接以及基本愿望的一致。然后，安排一次走访。了解这些同行的日常运营、用于制定长远目标及测量进展的战略和方法。找出同行改善与受助人关系及促进自身专业发展的办法。换句话说，使用相同的调查和观察技巧，如严格提问和竖耳倾听，这些你已经在过去实地走访中与受助候选人反复练习过了。

当你了解其他基金会如何做出同意或拒绝授予资助的决定时，你无疑会找到值得钦佩和效仿的做法以及应避免的做法。渐渐地，你会意识到相对慈善界其他人而言你所处的位置。正反两方面的例子都可以帮助你衡量自己的绩效。

专业发展的动力

在追求自我提升的过程中，所有这些自我评估的方法都取决于一个共同因素：你愿意打破办公室日常作业，走出你的办公室，学会像别人看你一样看待自己。但这不是结束，而是构建自我提升战略的时机。

在大多数情况下，你要在年度运营预算中为专业发展分配资金。除了聘请外部评估人员的成本外，你可能需要每年留出一些资金来购买书籍和出版物、参加研讨会和课程并聘请顾问，在你现在已经知道需要改进的领域里提高技能。

对于一些资助者来说，如果专业发展是在书面的年度目标下架构起来的，那么可能更容易对此放松钱袋和工作时间。一旦你确定了你有什么薄弱技能，你就可以勾画出必要的步骤来加强它们。只要有可能的话，一定要在日历上为你的行动列出可行的日期。

例如，如果在一月份的第一天，你想在这一年提高你的演讲技巧，那么下决心，在二月份的第一天之前，阅读一本关于这一话题的优秀书籍。如果你对自己掌握的知识还不满意，那么计划在本月中旬安排两天时间向当地专家咨询。当你进行第一季度自我检查时，你应该能够判断你是否正在朝着目标前进。

咨询同行

在当今诸多资助工作的表面之下存在着复杂的背景问题，咨询你的同行是探索这些问题的好方法。除非你只在一个非常同质的社区提供资助，如种族、阶级、文化、来源国和语言单一的地方——否则，你需要熟悉你现在可能无法理解的各种机构、态度、文化传统和历史。这并不是关于政治正确的争论，也不是对陌生事物的屈从。相反地，这只是一个常识性建议，即让自己熟悉所服务的社区，这也是 21 世纪开始时的一个高要求。这就是为什么当你遇到一个既有希望又令人困惑的资助新机会时，你应该咨询更有经验的同行，因为这些在其他基金会工作的人一直在做你所做的事，做的时间更长。

询问：我应该和谁谈谈，从而对我们社区中的新兴力量有更多了解？对其他文化，我应该读些什么书？我应该参加哪些活动？我每周应该翻阅什么期刊？

作为一名资助工作者，你可以按照自身期望值的高低相应地提高自己；这是这份工作的一个巨大的好处，也是一份坚持不懈的责任。专业成长在很大程度上取决于你自己的主动性，这类似于运动员的长期训练，或是有成就的音乐家永不停止地向大师学习。这是你应该追求的德行：充满活力、耐心和有目的的努力，长期致力于专业上的精益求精。

你的终极平衡法

你把球抛向空中，在它落下时接住。这期间，你欢快地吹着一些诙谐的口哨，哼着勃拉姆斯或巴赫的曲子，沿着弯曲的路去赴约面谈。球竟然没有落到地面然后弹到你的脚上。

有些时候，这就是一个资助工作者的感觉。大多数时候，你面带微笑搞定一切，希望既让观众满意，也能在世界上巧妙地做一些不一定会引起注意的事情。

资助工作者如同魔术师：工作具有挑战性又令人兴奋，常常像一次冒险。大部分时候很有乐趣——我们不应该忘记这一点。在成为有效的资助工作者这一历程中虽然充满了汗水和挣扎，但结果使我们觉得这份努力值得。

我们已经通篇概述了你上岗所必需的技能和信息。但最终，并没有哪一条正确的途径让你成为有效的专才。经过长时间的磨炼，你会发展出自己的风格。你会找到帮助美好事物成长的自有方式，甚至可能学会如何用他人从未尝试过的方法来与非营利界中其他取得高成就的人才合作。自然而然地，你就会培养出与你的个性、兴趣和意愿相辅相成的长处及技能。你会从自身努力中提炼出远见，从体验中扩展视野。之后，你会带着你所学到的，把它传给你遇到的下一个人，这位新来者勇敢并充满期望地步入激动人心的资助行业，而你现在已经运用自如了。

第七章　伦理道德

如何做出艰难的决定

在生活的方方面面，我们总会面临艰难的抉择。想想以下情景：

在另一家基金会工作的朋友打电话问你对一家潜在的受助方了解多少。你实在太了解他们了：两年前你资助过那家组织，但它远未达标。你高度怀疑，问题在于执行总裁是个酒鬼，但又无法证实。你会向朋友透露多少呢？

一项带有实验意义的提案书完全在指导方针范围之外，但显然是针对了基金会更广义的使命，你是会推进此项目，还是驳回该提案呢？

一个新近被你们家庭基金会任命的第三代理事已经让三家新的潜在受助组织相信他们将得到资助。你对他们的提案持怀疑态度，但又意识到他们的期望值已经提高了。你会支持什么决定呢？

在慈善界，我们会面临问责制、捐赠人的意图、利益冲突、资源善用、保密性及其他一系列挑战。尤其在公众的关注下，又增加了一种诚信和负责的重担，往往会使得抉择更加艰难。那么我们怎样才能明确又自信地化解这些困境呢？

本章将向你介绍一些方法，如何通过积极的分析和自我反思来着手处理并做出慈善业中的艰难决定。如果你觉得这些概念有趣且实用，可以在 www.foundationethics.org 或者全球伦理研究所找到更多使用计算机和面对面这两种形式加以深入讨论及培训的机会。现在让我们开始吧。

伦理道德缘何重要？

新技术制衡伦理道德

伦理道德从未比今天更重要。实际上，如今伦理道德对我们的生存可能至关重要。为什么呢？因为科技正在以前所未有的方式放大伦理道德的影响。一百年前，在哪里可以看到，仅仅通过一次非道义的实验，一台机器就可以产生像切尔诺贝利核泄漏一样的巨大破坏？

一个世纪前，怎样的恶作剧行为可能导致像 2000 年 5 月“我爱你”电脑病毒那样数以十亿美元计的损失？

现如今，单个的非道义行为就可能以我们以往不曾看到的方式产生世界级的影响——仅仅是因为现代科技的规模和力量。

我们将有遗憾

伦理道德有时会被定义为服从“非强制性约束”，即在没有现行明确的法律或规定指导时，我们该怎么做。那么，道德缺失可能会以怎样的方式返回来困扰我们呢？当有悖于道德的行为开始泛滥或即将泛滥时，新的法律法规就会作为一种强制性的标准，应运而生。在慈善领域，1969 年颁布执行的法规禁止自我交易并规定基金会支出的最低比率，就是一个很好的例子，说明了在公众对基金会的信任遭到侵蚀时会发生什么。这些法律是当人们察觉基金会理事滥用职权时所做出的反应。

慈善公益部门如何让自身免于过多条例规定的威胁呢？方法之一就是同意并实践我们自己的道德标准。我们可以选择自我调控，也可以从外部施加调控。自我调控的最好方法之一就是营造一个伦理决策的氛围，这会帮助基金会内每一个人理解其组织的共同核心价值观——然后教会他们如何解决以价值观为导向的艰难选择。在全球伦理研究所，我们把为艰难决定做好准备称为“伦理达标”（Ethical Fitness™①）。

切尔诺贝利事故

1986 年，切尔诺贝利核电厂第四号核反应堆的泄漏事故绝非偶然。相反，这次事故是工程师们为了进行一次“未经许可的试验”而蓄意绕开核反应堆安全系统所造成的。结果是：成千的人死亡或受伤，大面积的农田废弃，清理噩梦仍在持续。

没人爱的电脑病毒

众所周知，2000 年 5 月，一位计算机专业的学生从菲律宾发起“我爱你”电脑病毒，造成了数以十亿美元计的损失，并在世界范围使一些机构关闭了多达两天之久。这一行为的初衷是要造成如此巨大的损害吗？应该不是——但是这些损失却又是真真切切的。

价值观是领导力的基石

基金会行业通过强调我们共有的核心价值观，推动先驱者前进。目标、策略、战术，这些都是管理手段，而非领导力。相反，有效的领导力根植于价值观。深入并公开地根据共有的伦理价

① 译者注：TM 是商标（Trade Mark）的缩写，指 Ethical Fitness 一词有商标保护，不能直接使用。

值观来采取行动，可以建立共识，鼓舞他人做正确的事——并且坚持，一贯而行。总而言之，伦理道德之所以重要是因为合乎道义的行动建设着一个更美好的世界——一个你我愿意生活的世界。

女童子军法（修订版）

我将尽全力做到：
诚实
公正
在需要我的地方伸出援手
愉快
友善和周到
做每一位女童子军的姐妹
尊重权威
明智地利用资源
保护并改善我周围的世界
通过一言一行尊重自己及他人

美国女童子军
1996 年于纽约州纽约市

四路检测

我们所思、所言、所为的事情：

1. 真实吗？
2. 对各相关方公平吗？
3. 会建立友善氛围并促进友谊吗？
4. 对各相关方有利吗？

国际扶轮社
于伊利诺伊州埃文斯顿市

价值观引导伦理道德

我们的选择反映出我们认为什么最重要——也就是我们的价值观。伦理价值观帮助我们解答“什么是正确的”。还有许多无关伦理道德的价值观。喜欢吃菠菜而非豆角是饮食观，重质量轻价格是经济观，听爵士乐而非贝多芬是音乐观。然而，这些都不是伦理道德问题，因为它们无法表述任何本质上的是与非。

伦理价值观往往体现在道德准则中。典型的道德守则可能包括女童子军法、国际扶轮社的四路检测以及考克斯圆桌商业原则。

多种多样的道德准则有时会引起人们发问：“你要用谁的价值观呢？”答案是我们的价值观——我们所有人共有的价值观，这也许令人吃惊。全球伦理研究所的各种研讨和调查显示，不论地点、信仰或其他因素，有一系列伦理价值一直高居榜首，这些价值大多包含诚实、负责、尊重、公正和同情心。尽管道德准则会用不同的方式加以陈述，但基本价值观却是相同的。还有一点也很重要：我们拥有共同的核心价值观这一事实，使得建设性的讨论、领导力和共识成为可能。

考克斯圆桌商业原则

1. 企业责任：不仅面向股东，也面向利益相关方；
2. 企业的社会经济影响：朝向革新、公正及全球社区；
3. 企业行为：不仅遵守法律条文，也遵守信任精神；
4. 尊重规则；
5. 支持多边贸易；
6. 尊重环境；
7. 避免非法经营。

考克斯圆桌会议，1994 年于瑞士考克斯市

分辨对错的五种方法

为了检查你即将做出的决定正确与否，可以通过以下五种检测来衡量你是否受到诱惑，企图逾越任一核心价值。如果你的选择未通过至少两种检测，那就很可能是错误的。

1. 合法性检测

该选择是否违法？虽然违法可能出于故意或过失，但是人们通常会说违法不对——除非面对的是不公正的法律，而这很有可能引起民众的不服从。

2. 专业标准检测

该选择是否与行业发布的行为标准一致？如果同行在场，他们会怎么说，怎么做？

3. 内心直觉检测

在你的内心深处，是否觉得不对呢？很多情况下，通常在我们的大脑尚未来得及思考清楚之前，我们的直觉就已经做出了正确与否的判断。

4. 头版效应检测

如果你的决定被刊登在当地报纸的头版，你会感觉如何？ 想想看，你正高举自己的决定展示给每一位认识的人看。

5. 榜样检测

想出一位你非常尊敬的人，如果是他 / 她来做决定，他 / 她将会怎么做？

困境模式——“正确”与“正确”

伦理道德中衡量对错的部分很直截了当：基于你的核心价值观来确定什么是对的，拒绝诱惑并做对的事。

然而当价值观出现冲突时，做决定就会难得多——此时你才进入真实的道德困境。在真实的道德困境下，第一步是要分析冲突。在以往的工作中，我们曾遇到造成价值冲突的四种典型方式，我们称之为“正确”与“正确”困境。

真相与忠诚

你想诚实，但有时说出真相可能会伤害到你非常关心的某个人或某项事业。

你知道一位熟人酗酒，而他正是一家潜在受助组织的首席执行官。他近期的私下表现让你开始担心其酗酒行为可能会造成不当的公开行为，进而引发公关噩梦。你会将这一信息及你的顾虑告诉那些正在考虑资助这一组织的基金会同行们吗？

个人与集体

在何种情况下，个人或小群体的利益会胜过那些大群体乃至整个社区的利益？

你是应该促使你们基金会提供大笔资金资助一项以工代赈（旨在让 20 个困难重重的家庭找到工作）的集约化项目，还是将这笔资金更明智地用在让五百位情况稍好的人获得职业技能，从而使大部分人有可能获得一份像样的工作上？

短期与长期

也许你有充分的理由去按某种方式行动以获得立竿见影的好处，但这些理由是否足以胜过另一种有潜在长期收益的做法？一位基金会理事，一年后即将从理事会卸任，他是退休的保险业高管，总是对通过自己以前的公司购买了保险单并由此设置了基金会的保险保障而洋洋自得。身为执行主管，你知道还有其他更便宜的保险，而且由这名理事办理基金会保险至少看上去可能有利益冲突，你对此感到不舒服。你会为了让这名理事舒心、理事会和谐而沉默一年吗？还是会提倡对保险单公开竞标、节约资金（如果用于资助，则可能有更长远的社区利益）并消除有可能伤害基金会未来声誉的明显利益冲突呢？——虽然这会冒深度触犯该理事的风险。

公正与仁慈

你应该照章办事还是会因情有可原而网开一面呢？

你们基金会一年两次给予资助，且对提案书有着严格的提交截止日期：任何未及时提交的材料在半年内不予考虑。一家以前得到过资助并值得信任的受助组织迟了两天才递交提案书，还解释说负责资助申请的人就在应该递交提案书之前离职赴任新工作了。该提案书与基金会的指导方针完美契合，因为他们的目标是购买土地保护的地役权，否则可能会被开发商抢购一空。你会因其事出有因而网开一面，允许他们延迟提交提案书吗？还是会觉得，中途改变规则对其他申请者不公平呢？

道德困境可能有以上模式的两种或更多；如果某个选择与其中任何一个都不相符，那它有可能是一个对与错的选择，或者是一个本质上与道德无关的困境。清楚了解某种情形会呈现困境的缘由是迈向正途的一步。我们在分析困境后，还需要解决它。该使用什么工具来加以解决呢？

解决原则

无论是否意识到，我们其实都很熟悉帮助我们解决困境的三大原则：

- 做对最大多数人有益的事（结果导向型思维）；
- 遵从你的最高原则感（规则导向型思维）；
- 做你希望别人为你做的事（关怀导向型思维）。

靠近些看解决原则

用**结果导向型**、实用主义的方法，我们试图评估某一行动过程的后果，并根据结果来做出可以为最大多数人带来最大利益的选择。

举例：如果同样的资金资助可以让 500 名情况稍好的人或者 20 名面临更大挑战的人得到工作，那么基于结果导向型思维，人数更多的可能会胜出。

优点：实用主义的视角有助于我们为自己的决定所造成的整体社会影响负责。

缺点：由于我们无法确定将来实际会发生什么，一个以结果为导向的决定有可能并不会朝你我所预料的方向发展。完全以结果为导向有时还可能导致这样的极端结果，即为了众多人相当微小的利益而忽视更小群体的重大利益。

规则导向型思维旨在明确一次抉择中涉及哪些最高原则，然后加以广泛运用，就像设定了一成不变的先例。

举例：一份有价值的提案书于截止日期之后才收到，规则导向型思维就会促使我们去思考哪个是最高先例：是坚持已经确立且公平的程序，还是为了一项好的努力而豁免对方。

优点：这种做法鼓励我们寻求更高层面的真相，以展示我们希望他人效仿的行为。

缺点：何种情况下应该用何种规则或原则并非总是很明确。

用**关怀导向型**解决原则，站在他人的立场考虑问题，仿佛是自己在接受我们的行动，从这样的角度考虑问题。

举例：假如有人知道我们深藏的隐私缺点，我们会希望他们在事关我们职业生涯的决定中加以考虑吗？

优点：这种方法基于同情和关怀他人，以免我们过于严苛和不近人情。

缺点：这项原则有时候有些含糊不清，因为在有大量演员的特定情况下并非总是很清楚谁是要加以考虑的“他人”。

做出决定

我们很多人，经常无意识地，更倾向于使用上述方法之一。然而，由于没有任何一个原则能够总是导致“最对的”，因此推动自我从这三个方面去审视每个困境，是值得的努力。就算这不能使我们改变主意，至少我们可以预先了解支持其他原则的人会对我们的决定做出何种反应。

但是在你做决定之前，还有一步：寻求有创意的第三出路，我们称之为“三难困境”选项。摆在你面前的选择是否不如一开始看起来那么清晰了呢？是否有方法可以达成建设性的妥协呢？明确哪种模式适用于所处困境并运用解决原则，有时会开阔我们的视野，使我们看到某种不期而至的解决方法，这一方法又恰如其分地符合选择双方的价值观。但不要以为每种情况下都隐藏着“三难困境”选项：许多困境只是如此，也就是说我们只能咬紧牙关做出决定。

供你快速参考：全球伦理研究所已经总结出伦理决策的九大检查点以及一个案例分析，用来检测你的技能，希望对你有所帮助。

伦理决策的九大检查点：

意识到这关乎道义；

确定参与者；

收集相关事实；

对错检测：

a. 合法性检测

b. 专业标准检测

c. 内心直觉检测

d. 头版效应检测

e. 榜样检测

正确与正确模式的检测：

a. 真相与忠诚

b. 个人与集体

c. 短期与长期

d. 公正与仁慈

运用解决原则：

a. 结果导向型

b. 规则导向型

c. 关怀导向型

研究三难困境选项

做出决定

回顾与反思

案例分析：你会怎么做？

史密斯菲尔德综合卫生院最近在康涅狄格州史密斯菲尔德大地区并购了几家小医院、门诊服务站以及其他医疗设施。该中心刚刚宣布计划为当地社区提供一系列社会服务及医疗服务。事实上，他们所提到的服务大多与目前史密斯菲尔德市当地大量小型社区机构提供的一模一样。

你是哈森费弗基金会的执行主管，基金会位于史密斯菲尔德市。史密斯菲尔德综合卫生院和女性全面健康服务站同时向你提出资助类似社会服务项目的申请。因其规模和完善度，综合卫生院的项目运行成本要低于女性全面健康服务站。然而，你怀疑由于综合卫生院过于庞大和企业化，而不能真正把握了解其项目计划要服务的社区。

哈森费弗基金会曾向女性全面健康服务站提供过几次资助。尽管他们的项目所服务的人数相对较少，但是服务质量优良且服务更人性化。与此同时，你也意识到如果用同等金额来资助综合卫生院，就可以为更多的人提供更多的服务。你将怎么做？是向理事会提议资助一个成本较低的服务项目，还是支持一个成本更高但位于社区且更人性化的高质量服务项目呢？

这一困境符合困境模式中的一个或多个吗？

真相与忠诚

尽管面对一个艰难的选择，你不太可能试图去隐瞒关于其中任何一家潜在受助方的事实。真相与忠诚这一模式无法最好地用于理解该困境。

个人与集体

你注意到在这种情况下，小群体的利益要与大群体的利益竞争。女性全面健康服务站可能服务的人数更少，但服务也许更好；而综合卫生院的项目可能惠及更多人，但也许不会同样深入。

短期与长期

再进一步想想这一困境，你会意识到这种"大卫与歌利亚"[①]式的情形也包含了长期和短期利益冲突的元素。短期来看，资助那家能快速有效地用资金帮助人的组织，符合哈森费弗基金会的最大利益。综合卫生院拥有人力、物力和基础设施来发挥每一元钱的效力。不过，你推测，长远来看，女性全面健康服务站通过与史密斯菲尔德弱势群体的多层面互动，可能更长久地坚持向这些确实有需要的群体提供服务，而这是综合卫生院这家大机构不能也不会去做的。

公正与仁慈

在审阅事实时，你想知道这里是否可能在公正与仁慈的层面上有一点微小的因素。另一方面，我们的愿望可能是要遵从经济学原则，把资助奖励给能够用最低成本提供服务的机构。不过，也可以把向效率较低但更面向社区的全面健康服务站提供资助，看作是仁慈。可是经过反思，你发现一次破例不会造成重大困境，不必完全采用经济学的方式。你发现这一模式不可能为所处困境提供最有用的见解。

但你感觉好一些；你知道自己的困境是真正关于什么。不过，你如何用一种有德之道来解决这一困境呢？你决定考虑这三种解决原则。

结果导向型

用结果导向型的情景，你考虑到什么行动会向最多的人提供最大的服务。很清楚，综合卫生院因其规模经济会帮助到最多的人。他们有提供服务的员工、基础设施和愿望。女性全面健康服务站虽然全心投入，但不是那么井井有条，也不能像综合卫生院一样惠及那么多人。

规则导向型

你从规则导向型的视角来看这一困境：你想要其他执行主管在类似情况下采取什么行动？

---

① 译者注：《圣经》中记载，歌利亚是非利士将军，带兵进攻以色列军队，他拥有无穷的力量，所有人看到他都要退避三舍，不敢应战。最后，牧童大卫用投石弹弓打中歌利亚的脑袋，并割下他的首级。大卫之后统一以色列，成为著名的大卫王。

你想要一家基金会总是偏向经济效益而非个性化的服务和社区联系吗？你想要根据该组织的历史还是其在社区的一席之地来做决定？你想要其他基金会在你所处的位置遵从什么规则？

关怀导向型

最后，你用关怀导向型的观点来从最终受益人的角度思考所处困境。如果你是得到服务的群体中的一员，你想要在女性全面健康服务站更全面和友好的方式中打针，还是能够得到人情味虽少但仍过得去的更多服务？

你决定：

A. 推荐资助史密斯菲尔德综合卫生院。你决定把资金给予一家更专业化的组织，即便友善度较低，也会为更多人带来更大的益处。

B. 推荐资助女性全面健康服务站。你专注于这样的原则：一家本地组织，即便看起来效率会打折，但更有可能满足社区成员的真实需要。如果你是这个社区的一员，你会想要服务你的人像朋友和邻居一样。

C. 推荐将资助分给这两家申请方，各资助其申请总额的一半。你决定给每家组织一次机会，在更小的规模上证明自己，你的想法是让最好的结果来决定哪一家会得到未来大份额的资助。你愿意面对这样的不确定性，即也许这两家组织在只得到一半资助的情况下都无法产生最好的结果。

实际发生的是：

在现实中，哈森菲尔德基金会的执行主管找到了第三条通路——一种“三难困境”选项。基金会资助了综合卫生院，条件是它要通过包括女性全面健康服务站在内的某种联盟形式来做部分工作，由此为那些更小更本地化的机构提供机会，搭载上大“亲戚”的顺风车。该基金会发现，自从做了这一决定，通过参加大机构卫生院的培训和一线服务，女性全面健康服务站在服务效率和质量上都有了改善，让其在未来资助的申请中更有竞争力。

第八章　开会的艺术

与我们的非营利伙伴一起工作

开会是资助工作者最低估的工具之一。

有能力让众多专业人士，在百忙之中抽出时间聚在一起讨论重要议题，甚至起草一套执行方案——这绝对是资助圈之外的人很难享受到的优待，这根植于资助工作者所代表的公共形象、财富、影响以及中立性。然而，这种优待也伴随着复杂因素和被滥用的可能。

问题是：开会很容易搞砸。一个事前缺乏准备、考量和规矩的会议很容易就演变成一场基金资助大佬们单方面的说教，虽然毫无用处但非营利组织无法拒绝。因此，会议召集人的任务是帮助构建有实际成效并吸引人的讨论，减少尽义务的形式主义。

说到开会，是指什么？

什么是开会？

开会就是将一群人为了一个清晰的共同目的而聚集在一起，就共同关心的议题进行对话和互动，让所有与会者受益。

请注意，开会不是单纯为了教育你们基金会而做汇报，也不是为了向合作的非营利伙伴介绍你们基金会现阶段的资助兴趣，这更不是你用来向与会的其他机构或资助方推介你最喜欢的主意（或组织）的机会。

让我们回到开会的定义，开会包含五大概念：

◉ 一个清晰的共同目的

◉ 由问题驱动的关注

◉ 学习的机会

◉ 真诚的对话

◉ 让所有与会者受益

举个例子来说，因为福利制度改革，许多贫困儿童的父母突然要寻找工作。如果你就此召集社区里的儿童看护机构，一起讨论将服务延伸到这类家庭的话，这样的会面就可以称为开会。

如果你把这批人召集起来，是为了阐述你自己的结论，即他们可以如何解决这个问题，或是让他们来听外面的专家介绍其最新发现，甚至是讨论一下你们最新的提案书征集函[1]，那么，你并未给大家提供一个可以相互学习、真实交流、互惠互利的必要机会——这些都是会议成功的特征。

因此，一个有成效的会议应当细心策划，谨慎克制，既追求清晰，也容许模糊。这是一场走钢丝的行动，要有胆量，并随着实践而完善。

为什么资助工作者是召集非营利伙伴开会的最佳人选？

作为社区需要和服务的观察者、引导者和资助者，你处在一个独特的地位去扮演会议召集者的角色。这一点并非对每一个人（甚至于有一天要来开会的人）来说都显而易见。

受助方通常只是把基金会看成钱的来源，资助的提供方。考虑到他们的需求以及我们的资源，这是可以理解的。毕竟我们最主要的公共角色是把守机构财富。但是，如果我们对工作多用一份心，再加上一点想象，我们也可以同时扮演以下重要的角色：

- **关系介绍人**：作为资助者，我们有机会站在一定的高度去了解所服务的社区和所资助的领域，所以我们可以提供非营利组织的介绍服务，为互补性人才、项目和机构牵线。
- **经纪人**：我们可以借助自身的财务投入来吸引其他资助机构支持重要的事业和群体。
- **合作者**：身为非营利组织的合作伙伴，我们可以采取主动措施，聚焦关键问题，将解决问题所需要的资源、组织和群体汇集在一起。
- **技术资源**：利用我们的培训资源或是让中间机构或资深顾问来建设强有力的非营利机构，我们提供这个过程所需的技术支持。
- **慈善倡导者**：我们向资助界同行介绍做好（我们的本职）工作的战略机遇。
- **策略性聆听者**：我们重视所服务的社区，并努力从社区的关注、渴望、担忧和远见中学习。
- **社区教育者**：通过会议、简报、研讨会和书面材料，我们将有关核心问题的信息传达给关键人员。
- **终身学习者**：我们努力加深了解社区的需要和问题、人员、项目、政治和策略性的资助机会等。

所有这些活动让我们准备好去承担会议召集者的角色所带来的挑战。

为什么开会？人们来开会的合理原因

组织开会的第一步就是说明开会的预期目的。这个步骤听起来十分简单，但是当你试图定

① 译者注：Request for Proposal, 简写为 RFP。

义自己的目的时，你可能会发现，在意图的根源深处，不同动机彼此冲突，希望模糊不清。你必须仔细思考，究竟是为什么，你想要付出相当的努力来开会，与会者也会有相当的麻烦和牺牲。而且，你必须确保轻易不开会，否则其有效性将显著降低。

让人们来开会有其合理原因：

信息共享。最常见的是，开会是为了分享信息，这往往也是采取行动的先决步骤。会议为大家提供了在一起交换重要数据、技术、观念和哲学思想的机会。开会也为该领域的专业人员提供了一个常规工作之外的休息机会，相互见面，并对潜在的合作者有点感觉。开会有助于启动成功的联盟。

重要的是，从一开始就要明确地自问，与会者在信息共享中能够得到什么。这会是一个同侪间相互学习的社区群体，还是主要为了交往联系，探索最佳实践？这将会是一个探讨外部专家研究工作的机会，最终增加他们对重要工作在理论和实践上的把握吗？

记住，不要将开会和情况通报混为一谈。情况通报会是一种单向的信息传达。当一群教育工作者来到你们基金会，向你告知最近学校改革的影响效果时，这是一次情况通报会。当你召集利益相关者，提出以下问题，即“我们需要什么来改进我们的学校”时，这是开会。

真正的联合工作。另一个召集大家开会的好理由是做成一些事。将非营利组织和资助方联合起来的工作项目可以有多种不同的形式。

也许你开会的目的是，就某一特定的社区问题制定服务和支持的各项参数。你可能将本地的青少年机构和他们的资助方召集到一起，基于最近的研究进展，制定一个青少年发展框架，确定本地机构如何使用该框架，并开发出一套多层次的预期成果和成功指标。从某种意义上来说，开会是一个微型规划会，过程和结果同样重要。你必须专注于有价值的工作——每个利益相关者用心的付出。完成工作的过程应该是统一、务实、让人满足的，而不是将大家分裂开来，或是造成繁重的负担。

通常，“联合工作”——合作型的工作——需要采用集体解决问题的方式。你可能会将附近一群忧虑重重的居民聚集在一起，计划清理一个被毒素污染的儿童游乐场。与会者向专家学习，相互学习，了解问题的性质以及解决问题所需要经过的政治过程。信息到处流动，大家都从中受益。

很有可能，你的工作可能涉及规划一个暂时还看不出来明确结果的联合行动。也许你可以将潜在的合作者们召集到一起，大家集思广益，为他们的集体目标制定一个合作型资助提案书。或者，你可以召集利益相关者开会，策划如何更好地说服政府官员，采取一些立法或资金行动，影响社区福祉。

策略性资助。你还可以召集某个特定领域的一些非营利机构，帮助你确定基金会的资助机会。虽然此类活动类似于情况通报会，但可以通过合理指挥，让这些机构超越狭隘的自身利益，探讨共同的问题和目标，鼓励更多的信息流动。有些问题单个机构在与资助者交流时往往刻意谨慎避免，而这种聚会则提供了一个机会，让大家通过集体发声向资助者提出这些问题。举例来说，十个机构聚集在一起，就有机会一起公开讨论财务不稳定正在困扰着所有工作，而单一机构往往会担心被视为承认管理不善，而避免公开提及。

你的家庭作业

开会需要全面的规划和准备——所有的工作必须在你踏入会议室之前完成。在决定是否值得开会之前，你需要做以下考虑：

要解决的问题。首先，你必须确定是否需要开会来解决所面对的问题。如果是的话，花些时间对在集体讨论中可能会出现的主题有个基本了解。你不必成为专家，但你也不能一点都不了解情况。不要让与会者不得不尴尬地停止讨论来向你解释一些基本概念、争议或术语。

该领域的选手。了解一下在国家、地区和本地层面，分别有哪些人是本领域内的重要人物——知名的思想者、活动者和决策者，他们受到大家的尊重，讲话有分量。考虑是否邀请这些人士。预估他们的出现对与会者可能有何影响。

与会的组织。在构建受邀名单时，请考虑与会者相互之间的关联。记住过去的历史和争议可能会增强或降低团体和个人之间为共同目的而相互合作的能力。

假设。澄清一些大多数人可能会带有的原则和偏见。（“福利改革伤害孩子。”“小团体比大型官僚机构做成的事更多。”）可能有人会挑战常识智慧，将会议带往一个难以预测的方向，你需要做好准备。

愿望。尽可能准确地预计出你希望与会者从会议中带走什么。问问自己想让他们有什么感觉？想什么？最终做什么？

预测结果

无论你开会的目的是什么，你必须试着预测其成果，包括短期和长期的成果。你对这些成果的预期将会决定：

- 邀请谁来参加会议
- 怎样构建一次或一系列会议
- 以何种形式跟进

在大多数情况下，开会必然带来的短期成果之一就是增进了你对与会者的熟悉程度。事实上，大多数非营利组织参加会议，正是因为他们希望维持或是进一步改善与资助者（你）的关系。不管好坏，你对他们的邀请也是某种意义上的承认：他们的出席，无论其参与质量如何，都表明他们是潜在的合作者，在你心目中的地位要比那些不被邀请的非营利组织更高，关系也更近。与会者也可能从彼此的会面中相互受益。（你可能想不到，那些因目的、战术和地理位置而结盟的组织，却往往没有机会偶尔在社交场合中碰面。）通过召集潜在的合作伙伴，你为未来的合作和资源共享铺平了道路，减少了重复工作——这是任何会议都乐意看到的好结果。

长期成果则比较难以预料。你开会可能被作为创建提案书征集函（简称 RFP）的第一步——这种努力的终极结果在一开始是无法预期的。开会有可能会帮助你启动某一项计划，也可能提供来自实地的有用信息，你将来向理事会就资金重点提建议时可以作为参考。需要注意的是：如果你已经决定要致力于某项新计划或是某种资助策略，请勿开会。与会者将感觉受到操控，意识到为你的决策提供信息的时间已经过去了。

仔细考虑预期成果之后，你也可能会得出结论：开会并非当前达成最终目标的正确工具。如果你只是想让非营利伙伴们了解信息——也许你已经对明年的资助政策调整做出了决定——那么你可能更愿意举办一次情况通报会，所需的时间、准备工作和费用都更低。如果你希望非营利组织的领导者们了解其领域内某项重要发展，你可以选择通过邮件发送简短信息材料，或委托知名学者写一段介绍。如果你想要了解的信息带有保密性——比如，本地高层管理人员的工资范围——那么你可以进行书面调查或是一系列电话访谈，花费的精力比开会少得多，却同样能达到目的。

开会成功的标志

与会者决心采取行动。你的会议标志了与会者为实现共同目标而迈出的第一步。这不仅仅是发表看法或与资助者见面的另一次普通论坛。

与会者学到有价值的东西。他们可能在老问题上发现了新视角、意想不到的资源，或是能在他们日常运作中广泛运用的理论框架。这种学习值得他们来参会。

与会者彼此了解。开会让大家有机会遇见未来可携手合作的新伙伴。这个过程帮助他们更多地了解该领域的相关工作。

与会者觉得所花的时间值得。会议进行得高效、顺利。制定了清晰的日程，经过了大家的批准，并按日程开会。没有时间上的拖延和耽误。每个人都发出了自己的声音，没有哪个或哪些人把持了会议。

你可以感受到会议室内充满能量。与会者发自内心地觉得他们投入时间参加会议是个明智的决定。无形的影响占据主要地位：对项目有热情，对到目前为止所付出的努力感到骄傲，对继续与同事合作充满渴望。

摆好桌子：应该邀请谁？

像任何一次值得举办的成功聚会一样，你开会的成果很可能取决于你对与会者的选择。幸运的是，你拥有客人名单的最终（如果不是唯一的话）选择权。事实上，作为资助者，很可能只有你认识房间里所有的与会者。

当然，邀请谁来与会这件事，与开会的目的是不可分割的。如果你召集大家前来的目的是分享信息，你一定要考虑选择那些确实会从分享信息中获益的人。（他们是目前的正确人选吗？他们是否意识到了自身的利益？会不会遗漏了哪些重要人物？）如果你希望采取一些行动，比如在项目或资助提案上的合作，那么你需要邀请足够数量的与会者，他们在其组织内要有支配资源的能力。（你还需要问问自己，这些人是否有充足的时间来认真考虑这些项目，你是否已经在合适的时机开过会了，或者，此时是否正是非营利世界中最忙碌的季节，就好像大学期末考试之前的最后几天。问问自己同样的问题：你自己现在有没有足够的时间来做准备并持续跟进？这些跟进活动有可能会长达好几个月。）

制定与会者名单总是个麻烦事。你可能会偶尔遗漏某位至关重要的人物，他的存在对于会议目的的正当性必不可少或是能大大激励团体的士气。你可能会无意中邀请了社区中头号阻挠者，从而带来不必要的延误和争议。不可避免的是，通过选择与会名单，你在向整个资助领域发出信号，你认为谁值得费时费力一起开会，对谁的意见显然不太在乎。

权力的危险性：为什么没有人会拒绝你的邀请

作为开会的主办者，你需要记住潜在的权力动态关系。你的非营利合作者很少会将你的邀请仅仅视为一个建议；大多数都会把它当成一张传票。鉴于你掌握了钱包——事实上，正是你个人，可能会对他们将要提交的提案书做出同意与否的决定——很少有非营利组织的领导会足够自信（或鲁莽自大）地通知你，他们不会参加你召集的会议，因为他们太忙了、对会议不感兴趣或是认为你的努力走错了方向。没有人会表现出真正的诚实——记住这一点，对大家都好。

请记住，非营利组织来参加你召集的会议，是停下了手头的工作，放下了非常多的任务，暂时离开了他们想要完成的工作。不要忘记那些最负责任的非营利伙伴们往往还会花额外的时间，为你的会议做准备。

考虑成本。每个参加者都将会牺牲一些有价值的东西，来参加你召集的会议——时间、便利、工作思路，不参加你的会议就能用来做其他有用事情。有些人，如独立顾问等，参加会议的每一小时对他们而言都意味着损失掉的金钱。你应该考虑向与会者支付旅行和住宿费用，并提供劳务津贴。

最重要的是，从一开始就申明开会的目的以及为什么邀请大家。让大家有理由向他们的老板、理事会以及他们自己解释参加会议的合理缘由。参加者应该觉得你的邀请是一个机会，而不是一种繁重的义务。

要确定你是否邀请了合适的人选，你需要考虑以下问题。

1. **贡献。**哪些人能提供想法、视角、资源和领导力？

扩大你的邀请人选，考虑不常见的候选者。年复一年从同样的人那里听到老一套说法，难以让人提起精神。事实上，如果与会者总是同样的人，表明召集者缺乏认真的态度，不愿意承担风险，不接受新的想法。为了激发有意义的讨论，考虑邀请一些可以扮演有争议角色的人选，搞活整个会议的气氛。

2. **教育。**哪些人会从会议的讨论和活动中受益最多呢？

许多非营利行业的专业人士——尤其是那些刚刚入行的人——将大大受益于与同行的交流。在最好的情况下，人们甚至有可能从开会起步，建立一种非正式的导师关系，最不济也至少能真正认识一些同行。无论如何，你应该考虑到你召集的聚会将如何推动与会者的继续教育，并最终帮助他们的组织实现其长期目标。

3. **利益相关者。**这次开会可能影响到的各个方面都有代表参加吗？

为了使你的会议讨论完整、公平并真实，你必须扩大邀请者名单，要包括所有的主要相关者，其中不要忘记你这项努力的最终受益者。如果你正在召集教育行政管理人员来审查教育改革问题，你还需要教师、家长和学生代表。设想一下，只向所选的利益相关者发送邀请，而故意遗漏其他人，会有哪些可能的影响。

4. **多样化。**开会是以谁的名义举办的？与会群体是否反映了其文化、种族、阶层、性别取向、年龄和性别上的特点？

考虑什么样的人员组合能够提供各种不同观点。想想你的社区中那些常常被低估或被忽视的个人和组织。不只是象征性地选些代表以示包容，而是认真考虑如何实现真正的包容，这种模式反映了 21 世纪美国面貌的改变。

5. **规模。**邀请人选的数量是否实际，是否符合开会的目的？

尝试从零开始建立邀请人名单：首先出于可信度、分享信息或是在不同社区之间起到平衡作用等原因，确认哪些是必须参加的人。然后再添加额外的人选。为达到最大程度的交流和真正的联合工作，你可能需要保持较小的规模，如 8 ～ 10 名与会者。为了达到最大程度的接受度，你可能需要一个规模大一些、更多样化的团体。先不要担心人太多。随着时间推移以及会议引导能力的熟练，人数会减少，旁观者将离去，留下那些最坚定的与会者。

会务的逻辑性

尽管有明确的目的、热情的与会者和致力于完成目标的集体的共同努力，开会仍然很容易出现问题，尤其是在各种细节上。为避免组织会议时遇到任何糟糕透顶的缺陷，你需要考虑以下几点。

地点、地点、地点

开会的最佳地点在哪里？回答这个问题需要评估很多因素，包括费用、容量和便利性。但是最重要的是，你应该考虑会议地点对与会者的可能影响。

例如，你应该意识到，在你自己的办公室开会可能会放大你的权力和重要性。从一开始，你就需要额外的努力来鼓励与会者认可他们自己在这次活动之中的利益。当然，也可能会出现未曾预料的亲密感。有些人会感觉很好，觉得他们进入了你的内部圈子，因此跟你更加亲近和熟识。另一些人则会对他们感到的或想象中充斥于你办公室的财富和权利产生畏惧。任何一种方式，对你，资助者而言，大本营很难运用得宜。运用时要小心谨慎，时时在意，尽量少用。

无论你是在办公室还是中立地点开会，你都必须对当地正确的会务管理负起责任。简而言之，照顾好你的客人。确保桌椅舒适，光线明亮合宜，食物营养可口。好吃的三明治（无须龙虾大餐）、水果、饮料和咖啡就足够了。

如何找到引导者

如果会议的成功与否很大程度上取决于会议的引导质量，那么很容易想到，你对专业引导者的选择将会是会议开始前你需要做出的最重要的决定之一。

但是，怎样才能找到一名足够熟练、经验丰富并值得信赖的专业人士呢？你最好的资源近在手边。首先，询问你的基金会同事，让他们推荐过去成功合作过的人员。（你最好选用具有良好记录的人；别把会议当作培训场所。）如果你的同事没有任何建议，请谨慎地向你的受助人询问，让他们推荐曾为他们的理事会会议或其他场合提供过引导服务的人。

选择你的引导者时，考虑以下标准：

1. 中立。引导者的成功或失败，皆在于信任。你的每位与会者都必须相信，引导者不会宣传自己的立场，也不会偏向任何组织。

2. 地点。聘请当地的引导者，你通常会节省资金。但是，如果该区域的最佳人选与任何与会组织或是与该会议有关的信念或意识形态有密切关系——就可能会破坏对其中立性的感受——最好从别的城市甚至别的州聘请一名局外人担任引导者。

3. 专长。引导者无须是你会议主题领域的专家。但他 / 她应该对该领域的工作术语、相关问题和争议有一定的了解。如果你的会议涉及高度技术性的材料，超出了一般通才的快速掌握能力——这是最有经验的引导者所具有的特征，那么你应该选用一位拥有相关领域经验的专业人士。

引导者和其他必要的帮手

远在会议召开之前，你就需要决定自己以何种角色出现在公开场合。你想要突出自己，还是保持低调？你想要被人当成领导者，还是合作者（无法避免不平等）？这些问题将帮助你决定如何处理非常必要的会议引导任务。

如果你决定自己引导会议，你将再次突出你拥有的权力。有的时候，这样做有道理。例如，你正在推出新的举措，可能希望发挥强有力的领导作用，列出具体参数，为这一努力正式站台。

另一方面，你可以聘请一名熟练的引导者，从而在公众眼里保持低调。引导者可以引发出与会者的回应，做些团队建设活动，并引导团队认识其共同目标。当然，外部引导者不会最终消除你才是实际的领导者这一印象。不过，通过不直接主持会议，你会有更多的机会和大家一起参与。无论你在会议引导方面做出哪种选择，请记住，你开会的真正意图将会从你作为一名与会者的风格、语气和仪态中传达出很多信息。

可能还需要一些其他助手帮助会议顺利举行。要有一名记录员，做图形显示或是打印资料，这对跟踪会议的进展情况非常有用。记录员的笔记可以显示在墙上。会议之后，要将缩印版资料寄给与会者。

如果有相当数量的与会者的母语不是英语，你一定会需要翻译。（如果不提供翻译服务，你向大家传递的信息与你想要表达的开放性会截然相反：偏向和陌生。）咨询本地移民社区的领导者，请他们推荐过去合作过的熟练的翻译人员。

最后，即使只是十几个人的小型会议也需要一名现场助手，帮助处理难以预测的错误和事故，例如缺少钥匙，或是出了错的送餐者。在会议之前，你还需要确定有人掌管注册程序，发放材料（还要为会议准备额外副本），以及应付与会者和未被邀请者的询问。

结束及前进

在开会结束时，最重要的界定性行为是感谢大家的光临——真心实意地感谢。你是否能真心感谢与会者的努力，体现在清晰界定的会议目的、一天的安排、讨论的质量以及总体努力的成果中。简而言之，如果你知道你想达成的目的，并事实上相当接近这一目的了，现在你就应该向帮助完成这一目的的人们致以诚挚的谢意。你也应该准备回答一些可能出现的问题。不可避免的是，人们想要知道接下来会发生什么。

如果你的会议涉及制订行动计划和确定取得行动进展所必需的资源，下一步十分明确，无须多言。其他时候，会议的结果会为下一步行动提供建议：你应该暂停进一步的行动，先分析一下当前出现的问题，改进策略，或是招募更多的盟友。会议还有可能引导与会者们相信，他们应该放弃当前的整个努力，将精力放在其他更有可能成功的事业上。

但是，大多数时候，确定下一步并不容易。宏大的策略不会在一天内形成。事实上，重要的是你不要对立即采取行动抱有不切实际的期望。与会者可能需要时间来确定他们感兴趣的程度和可付出的时间。到事情能真正开展可能需要好几个月的时间——如果真能开展的话。时刻关注与会者的思想动态，无论多么微小，并保持耐心。（从一开始就要确保你们理事会愿意容忍探索性会议的不明确性，理解成果不会一蹴而就。）

很可能你还需要采取进一步的行动，推动整个团体迈向行动。在采取行动之前，与会者们可能需要一定的时间来重组，因此无法立即规划下一步的计划。你作为会议召集者，必须快速回应。事实上，如果你对会议引发的行动所需时间、人员和资金来源没有一个明确的概念的话，你不应该开会。这并不是说你需要预见由会议导致项目的最终结果，以及所需成本。但是你必须在召集第一次会议之后就衡量你所能做出的承诺。否则，你可能会冒着期望值提升又被迅速打破的风险。

准备好引导大家讨论下一步工作该如何继续。对未来的行动你所能投入的资源有个明确的概念——无论是会议地点、员工支持，还是数额具体的财务支持——然后向与会者询问他们接下来愿意做些什么。如果没有得到答案，那么你必须面对这一事实：你要么就是误导了会议的方向，大家没有领会你的意图；要么就是邀请了一批不该邀请的人。

与会者可能会避免立即承担投入额外时间和资源的风险。如果整个团体还没有准备好对后续会议或是后续行动的细节进行规划，做个计划尽快联系他们。请你的会议引导者打电话给每位与会者，以便他／她能坦率地表达对会议的感想和对未来行动的建议。请引导者评估每位与会者的体验，对所有开会者进行成功评估是十分重要的——如果会议结束时没有制订进一步的行动计划，那么这一评估就更为重要。请引导者询问每位与会者：

◉ 你从这次会议中学到了什么？

◉ 对未来的行动你可以有什么承诺？

◉ 预估通向成功的路上会有什么障碍？

◉ 还有谁应该参与这一过程？

利用引导者在会议结束之时或之后所收集的信息，留意与会者中谁有可能愿意组织另一次会议或规划小组，或是制订下一步的行动计划。考虑如何确定跟进团体的成员资格。（由你或别人来询问有人志愿参加吗？你应该自己选择一些人来承担某些任务吗？）想想你是否愿意参加后续会议，以及你乐意做出什么样的支持。评估一下你初始投入的资源是否符合正在形成中的计划。

确保每位与会者都在会议结束一周之内收到会议记录，包括一份与会者的联系名单（确保得到大家的同意），以及感谢他们对会议的贡献。

开会的第二天，花一些时间安静地反思一下。问问自己：

◉ 我从会议中学到了什么？

◉ 会议是否以任何一种重要的方式改变了我对某些关键问题的看法？

- 开会是否达到了预期的目的？
- 开会的结果是什么？（考虑正面和负面的结果。）
- 谁从参与会议中受益了？如何受益？
- 有没有什么是我应该想到的、本可以取得更好结果的方式？
- 在项目的下一阶段，谁是我的潜在合作者？
- 我下一步需要做什么？
- 下一次有哪些值得改进的地方？

克服障碍，高效开会

有两个常见的因素会对开会产生阻碍。首先，参会的人数就可能成问题。当你将十几个甚至更多的人召集到同一个房间，试图探索与每个人密切相关的问题时，困惑、矛盾、对抗、敏感以及一系列其他问题出现的可能性会大大提高。

第二个因素，比第一个更加重要，那就是你与受助人之间的权力差异。关于这一点，我们已经谈得很多了，但你一定要时刻牢记在心。权力、财富和声望的巨大差距将会影响到你的所有人际关系。这是一种潜在的威胁，谁也不愿意承认，但每个人都害怕。

鉴于这些现实情况，你应该使用以下工具和心态，指导自己绕过那些可预测的障碍：

1. 清晰度。尽管冒着老调重弹、令人生厌的风险，我们重申：尽可能清晰地申明开会的目的——无论是对你自己，还是与会者。你可能不想立刻向公众公开你对所有长期目标和短期目标的期望，但是你必须先掌握它们。

2. 灵活性。会议中总会出现一些难以预料的事情，这是不可避免的。出现意外可能意味着冲突和争吵。或者也可以是一种健康的标志，反映了你自身乐意从团体更大的愿景中学习。无论哪种方式，你必须能屈能伸。

3. 开放性。你召集大家开会，从集体经验和智慧中受益。现在你需要全力克制自己，耐心包容有用但模糊的观点，使用你包容不同观点的能力——听取大家的说法。学习倾听是一名项目官员职业生涯中的重大挑战之一。在开会期间，你尤其需要这一能力。

4. 关于后果的真相。我们总是在评估非营利伙伴们——他们对本领域的认知、管理能力、领导潜能。对自己承认这一真相。（你的非营利伙伴们都心知肚明。）参加会议给非营利机构一个展示自己、脱颖而出的机会，他们的受资助机会也可能会因此增加。（当然，这里并没有利益交换；在会议中表现出色并不保证资助机会。）无论情况如何，我们作为资助工作者的任务是寻找合适的策略性投资机会。我们的合作伙伴的任务是展现这些投资机会。

5. 有时间。对与会者的一个主要好处是有机会培养和你的关系。在会议之前、之中和之后，让大家可以通过亲自接触、电话或是电子邮件，与你联系。确保你在工作中有足够的时间来处理会议召集过程所涉及的大量细节。（如果你处理不了会议之后所产生的一系列活动，那么最好一开始就不要开会。）但也要在你的办公室和受助人之间确定一些合理边界，以便你可以保持自己的隐私、自主及彼此间的相互尊重。

6. 支持。明确处理资助问题。与会者都想要知道，对于会议中讨论的问题，你愿意付出多少。当你还没有做出确切的决定或咨询理事会同意时，不要做出空头承诺。仔细考虑资助工作每一个环节的影响。

7. 信号。仅仅通过邀请大家来开会，你就在向公众发出强有力的声明：谁是你心目中可靠和值得信赖的重要人选。要意识到其他行动可能会发出的信号，未必是你的意图——例如选择一位发言人，或是委员会成员们来进行后续的行动。请记住，一种以争取靠近资助者为目的的权力斗争可能正在暗处发生。不要鼓励这些争斗。

第九章　基金会的价值观

资助工作者的向导

为什么资助工作者应该关注价值观呢？乍一看，问题的答案显而易见。形形色色的资助工作者都在致力于改变世界——无论其规模大小或意识形态倾向如何。我们可能不能赞同某些手段和方法，甚至最终目的，但是毫无疑问，我们有着一个共同的目标，那就是通过千百种不同的方式将这个世界推向我们所相信的美好明天。

> 价值观的创建和维护，是人类文明的意义所在，参与这个过程，则最终赋予了人类个体生命存在的重要性。
>
> ——刘易斯·芒福德[①]

我们采取行动，敲定目标声明，宣布年度目标，或是部署一个前景巨大的新项目，由此来帮助建设更美好的明天。但是在此之前，我们必须首先明确提出我们所追求的改进有何本质意义，以及在追求这一目标的过程中我们能够接受何种标准。我们必须形成自己的价值观。

难道大多数基金会没有自己的价值观吗？（确实，如果基金会协会的联署社团打出“无价值观的基金会联盟”这样的旗号，没人会加入。）难道在我们的资助政策、历史成绩以及对机构长期目标的公开声明中不正是体现了我们的价值观吗？在大多数情况下，确实只是用这种隐约、暂时和不确定的方式来表达的。

我们呼吁基金会通过突显价值观，来严谨地探索最为首要的原则。

这是我们对资助工作的思想、道德甚至精神基础进行积极追求并坦然表达的过程。这项任务——做得最好的话，也是一次冒险奇遇——只有少数基金会彻底做到了。

理想情况下，我们的目标、政策和资助，都应该基于我们的价值观。价值观为优良成果不断涌现提供了沃土。没有了价值观，我们可能通过努力、奋斗、误打误撞获得一些资助工作上的成功。但是，我们将永远不会真正理解自身选择的全部含义，或是达到资助工作者的最终成熟。没有价值观，我们的工作障碍重重，我们的良好意图在缺乏反思、辩论和肯定中步履维艰。

① 译者注：路易斯·芒福德（1895 ~ 1990），美国历史学家、社会学家、技术哲学家，以及文学批评家。

> 知道自己喜欢什么，而不是谦卑地接受这个世界告诉你应该喜欢的东西，才能保证你的灵魂活着。
>
> ——罗伯特·路易斯·史蒂文森[①]

价值观到底是什么？

- 价值观是为人处世要遵循的文字。《梅利亚姆－韦伯斯特学院词典》第十版这样定义价值（value）:（动词）高度重视或评价;（名词）奖励，尊重。
- 价值观是最基本的训诫，我们所有的工作都植根其中；价值观是我们信奉的真理，不言自明，虽然我们需要经历极大的痛苦来搞清楚它们。
- 价值观是指引人生的巨大信念，是我们的世界观的永恒体现。当我们遇到的压力增大，当盟友离去，当我们独自面对艰难抉择或严峻挑战时，价值观会为我们指引方向。

但是我们不应将价值观与伦理相混淆。它们的区别是什么呢?

《梅利亚姆－韦伯斯特学院词典》第十版这样定义伦理：一套道德准则或价值；关于如何看待好坏以及道义上的责任和义务的学科。伦理是行为的指导原则，举止的良方。“己所欲，施于人”，这样的金科玉律就是一条伦理准则。这条伦理准则的基础是与人类文明的理想一致的基本价值观：神圣不可侵犯的个人权利、为自己的行为负责以及同理心的有益影响。假如我们社会的首要价值是“强权即公理”，那么这些所谓金科玉律就会变得无关紧要了。

价值观为我们指明方向，照亮路途，但它们并不具体指导我们如何行走。当我们的伦理道德指南针开始疯狂旋转时，价值观就是定位的北极星。

价值观并非资助发放的重点次序、兴趣陈述或是组织程序。不如说，它为我们确定资助发放次序提供了正当的理由，它将我们的兴趣对接起来，提出在组织运行中所应有的教养和精神。

> 我们赖以生存的价值观并非是针对公正和不公正行为的规则，而是更深层次的光明，它将正义与非正义的行为、善与恶、目的与手段以令人敬畏的清晰轮廓显现出来。
>
> ——雅布罗诺夫斯基[②]

① 译者注：罗伯特·路易斯·史蒂文森（1850～1894），苏格兰小说家，诗人，作家，旅行作者。著名作品包括《金银岛》等。

② 译者注：雅布罗诺夫斯基（1908～1974），英籍犹太数学家，科学历史学家，戏剧作者，诗人和发明家。

价值观应该促使我们暂时停下脚步，思考、质疑和反思——这些非常有益的活动，在繁忙的慈善世界中常常被忽视了。在基金会工作中，我们常常受到诱惑——跳向行动，尽可能迅速地获取明显的成就。我们想当然地认为支撑我们行动的价值观是清晰不变和显而易见的，并不需要时常加以讨论分辩、整理成文、公开发布、不断维持以及与时俱进地更新。

事实上，我们需要承担确立价值观的任务，确保资助工作朝着正确的方向进发，并长期保持航向。我们的价值观除了指导我们描述计划要做什么事，也会指导我们如何达成这一目标。

例如，假设我们的使命是“保护全世界范围内的濒危生态系统”，不可否认这是当今世界一个值得称赞的目标。但是，像其他任何使命一样，它也会引出价值观的问题。我们还不知道什么是这项使命背后的价值观。为什么我们的基金会认为这项使命是重要的？我们作为资助工作者会愿意为实现这一使命做出多少努力？（毕竟，制止环境退化最有效的方式可能就是消除那些对环境造成最大损害的物种，即我们人类。）确实，过去一个世纪的最大恐怖正是以有价值的目标之名犯下的，诸如“人民自决”“一个没有阶级的社会”甚至是“为民主提供安全的社会”等目标，推动我们走向犹太集中营以及战场壕沟中麻木的杀戮。一次又一次，价值观让位于目标的达成。

当然，基金会并不享有国家政府所具有的同等的强制力量，我们不太可能造成相同程度的破坏。但是如果我们不确立价值观，就很容易迷失方向——从而无法实现我们的目标，而疲于应付预料不到的后果。

价值观长什么样？

美国只有一小部分基金会公布了它们的价值观，让全世界看得到。它们的格式和手法各不相同，既有短短几行谦逊的声明，也有讲述哲学来源和运作原则的短文。这些实例让我们得以洞察美国最深思熟虑且具有影响力的资助机构所具有的组织文化，同时也为我们提供了值得学习和效仿的样本。

以下是一些价值观声明的样本：

威廉·佩恩基金会

威廉·佩恩基金会的理事会制订了下列指导基金会各方面工作的价值观。

> 你们的价值观声明所描述的内容指导你的工作——你如何与他人交往，你内心深处有什么渴望。另一方面，你的使命，定义了你的慈善事业所拥有的目标——你希望完成什么，或广义或具体。
>
> ——安妮·摩根，《价值观在起作用》，见《家庭事务》，基金会协会季度通讯。

监管职责

基金会的资金属于整个社会。基金会成员、理事和员工是使这些基金值得信赖和负责任的管家，寻求用智慧和仁慈引导资源的走向。我们努力确保资助工作不仅切合实际、高效实用，还要考虑到低收入居民和中高收入者在获取机会方面的差距。

尊重他人

基金会成员、理事和员工重视和尊重所有的人，认识到人们在性别、种族、年龄、宗教、经济水平、性别取向和能力上各有所异，但都对我们的世界做着有意义的贡献。要诚实、正直和公平地对待所有的人。

坚信合作

寻求公众的参与以及其他资助工作者和基金会理事及员工的参与，可以帮助弄清社会所关注的问题，我们作为召集人可以引导促进这一过程。我们鼓励平等议事、合作、讨论、辩论和信息交换等。

学习

受资助方的成就和基金会的业务活动，包括评估及教育宣传，都为促进学习和将信息传递给感兴趣的他人提供了相应的方法。基金会成员、理事和员工重视能够增进该地区及其民众福祉的学习机会。

沟通

用沟通来增强我们资助工作的影响并更加有效地利用我们的资源，由此推进基金会的使命。基金会的成员、理事和员工重视沟通上的清晰、连贯和简洁。他们聆听并寻求向他人学习的机会，以期发挥最大效能。

明尼苏达州基金会协会

明尼苏达州基金会协会的成员们认识到：他们在自己的社区发挥着重要作用；他们的角色由公共信任所维系，这种信任同时带来某些责任义务。成员们坚持根据反映这些责任义务的基本原则进行工作。明尼苏达州基金会协会的成员们要做到：

1. 尊重申请方、受资助方、捐助方和只是来了解资助信息的人。
2. 对信息或会议方面的请求，平易近人并清楚、及时和尽可能公正地给予回应。
3. 准备好关于资助工作、资助重点和申请要求等基本信息，随时提供。

4. 尊重申请方、受资助方和捐助方的保密要求，在与他人沟通时谨慎使用有关特定组织和个人的相关信息。

5. 在资助工作中考虑周到并目的明确，定期审查和评估自己的使命及资助的重点、政策和做法。

6. 认识到在他们所服务的社区中日益增加的文化多样性，在各自章程允许的范围内力求在资助工作中以及在理事会成员和（或）员工或顾问中反映这种多样性。

7. 坚持最高的道德行为标准，对员工和理事会成员执行适当的利益冲突政策。

8. 意识到并履行其财务和法律责任。

W. K. 凯洛格基金会

价值观和原则

我们相信：

- 在社会中最易受伤害的人们有话要说，应该被听到；
- 多样性和包容性对创新和改革非常重要；
- 所有的社区都有其财富，包括对自身问题加以定义并解决的能力、知识和既往史；
- 培养个人和家庭的良好习惯就是帮助发展健康社区；
- 领导者和领导力是可以开发和培养的；
- 伙伴关系、协作和公共参与，是改善组织机构并确保可持续社会变革的根本之计；
- 生命的能量和丰富度取决于头脑、身体和精神的协同合作；
- 一个社会的未来取决于对儿童培养和投资的质量；
- 人类的生活条件可以通过对知识、科学和技术的合理利用来加以改善；
- 在促进人类健康发展的过程中，强调预防先于治疗；
- 通过对人力和自然资源的合理使用，应该能够促进长期的可持续发展。

内森·卡明斯基金会

内森·卡明斯基金会植根于犹太传统及对民主价值观和社会正义的承诺，包括公平性、多样性和社区性。我们致力于建立一个在社会经济层面公平正义的社会，这样的社会重视自然，为子孙后代保护生态平衡，改善人类医疗卫生，扶植丰富社区生活的文化艺术。

基金会的资助工作方法体现在所有的资助项目都有一些基本主题：

- 关心贫穷、弱势和得不到充分服务的人群；
- 尊重多样性；
- 增进跨文化理解；

◉ 帮助有需要的社区提高自身能力。

资助交易中心

传统的慈善事业通常是针对一些根深蒂固的社会问题的表面症状，资助交易中心的网络系统则是支持那些致力于找出现象背后的根本原因并为改变这些条件而努力工作的人们。这是渐进型社会变革的核心价值观，反映在他们的口号中为"是改变，不是慈善"（商标）。社会改变的组织工作是：

◉ 建立基于社区的响应机制，而不是仅仅影响一些个人却弃现象背后的社会问题于不顾的解决方法。

◉ 改变态度、行为、法律、政策和机构，以更好地反映包容、公平、多样化和机会等价值观。

◉ 坚持机构之间的问责和及时响应制度，包括政府、大型企业、高等院校和其他实体，这些机构的政策和行动会深刻影响社区及个人的生活条件，无论是在国际、全国还是本地范围内。

◉ 让那些最接近社会问题的人群参与决定自己的解决方案，由此扩展"民主"的含义和实践。

因为渐进型社会变革涉及在系统层面上做出重大的改变，往往难以避免与掌权者发生冲突。社会变革组织带来的力量正是他们在组织、教育和动员上的能力。

> 核心意识形态是作为一种内在元素存在的，很大程度上独立于其外部环境，理解这一点很重要。打一个比喻，美国的开国者们（在宪法中）注入自由和平等的核心意识形态，并非由当时的外部环境支配，他们期待这个国家永远不会因为适应外部的环境条件而放弃这些基本理想。在他们看来，自由和平等是永恒的理想，独立于外部环境（"我们认为这些真理是不言而喻的……"）——是永远值得为之努力的理想，并为所有的子孙后代提供指导和启示。
>
> ——詹姆斯·C. 柯林斯和杰里·I. 波拉斯，《基业长青：高瞻远瞩企业的成功习惯》

渐进的社会变革是一项极为民主的事业。在最好的情形下，不同种族和族裔背景，不同性别取向、能力和年龄的人们联合起来，针对社会问题制订和实施创造性解决方案。那些利益常常被忽视的人们，通过组织起来把自己的声音放大。

金钱本身不会带来改变，个人的力量也不行。但是当人们团结起来并形成组织来汇聚其集体力量时，社会的改变就能发生。当大量的组织朝向一个共同目标一起努力，就形成一种变革运动。运动产生改变。

表面上看，社会变革运动似乎是自发的能量爆发，愤怒并充满活力的一群人站出来要求某种形式的变化。但是实际上，社会变革运动包含细心认真的组织、大规模的公众教育、持续性的激励鼓动，以及有时候，跨越种族、性别和阶层的激动人心的合作。人的能量、智慧和勇气以及金钱，推动着这些运动。

重要的不只是热诚

为什么价值观对于资助工作者至关重要？

确立价值观的主要原因是保证你们基金会用正确的方法来完成正确的事情。除此之外，我们之所以参与这一振奋人心、引人入胜的过程，还有许多其他原因。事实上，由基金会的理事或员工对价值观进行阐明，往往会在资助机构内部引出意想不到的好处。通过自由辩论基金会的价值观然后形成书面文字的方式来确定价值观，将会帮助你的基金会：

◉ 定义慈善目的

价值观要解决的是基本问题，例如，“我们基金会为什么存在”，在回答这个问题时，必须超越历史传承、惯性使然、资助名册的具体特征以及税法上的好处与突变这些表面现象。

◉ 将下意识的假设提升为自觉意识

在繁忙的日常运营中，我们很少会仔细思考自身资助工作的哲学基础。相反，我们倾向于认定我们的行动符合我们的根本使命。可是，如果我们还没有彻底检查自身的价值观，那么我们认为理所当然的事情可能并不全对。价值观的制度化提升了我们的关注度，让我们更加留意处于组织生活的日常细节表面之下的目的。

◉ 调整资助工作日程

当我们明确了价值观后，我们将会面对无数的既令人不安又具改革潜力的问题：“鉴于我们的价值观，我们应该做这个，而不是那个吗？我们也许应该资助项目 A，并逐步取消对项目 Z 的资助吗？我们是否应该考虑一个全新的方向呢？”

◉ 确保使命并促进稳定

从今天起三十年之后，我们大多数人将不会受职于目前在慈善业的同一角色。然而我们的基金会还将继续存在下去。事实上，如果美国慈善事业的近期历史可以作为参考的话，我们的资金总量将会增长，我们的影响力成倍增加，我们的责任更加复杂。我们必须将机构的价值观加以清晰地表达，使之正规化并正式确定下来，为我们的继任者——那些管理基金会财富的下一代专业人员提供指导。

◉ 瞄准星空

价值观表达出我们的理想（“我们承诺给予所有的人尊重和尊严”），并认定我们的远大抱负

（“我们承认减轻贫困和消除种族歧视的必要性”）。大多数情况下，我们并不能做到完全实现我们的价值观。但是，它给了我们努力的方向。我们努力比原本可能做到的更好，价值观为我们的理想抱负和导航系统提供了黄金标准。

“无价值导向的”资助工作有危险

如果基金会没有明确的、共同的价值观，会发生什么情况呢？它们会漂移，也许不很远，也未必进入危险水域。而确立价值观的典型做法是经过思考、争论、妥协和肯定这样的集体互动过程，没有这些集体过程，没有像岩石一样坚定的价值观做锚——大多数的资助组织在面对流行风、过渡期和争议等强流时，会发现自己最终偏离了轨道。

价值观不仅仅为我们提供了一个出发点——也为我们提供了坚守的信念。矛盾的是，我们做出承诺的同时，也得到了巨大的自由。通过宣称“我们坚守这些，我们追求那些”，我们既从个人层面也从组织层面认识了自己。如果越过这一走向成熟的必经阶段，我们会失去难以估量的力量和优雅。

确立价值观的时间与场合

理事会必须担负起确立价值观的主要责任。理事会成员是基金会财富的管理者。他们在法律上、财务上和道义上为基金会的行动负责。

> 有钱不用，等于没有。
>
> ——伊索

理事会必须肩负起这一责任的另外一个原因是：没有其他人可以。大多数慈善工作者在最诚实的时候会承认，基金会没有受到大量的外部监管。与政府不同，我们不是选区选民选出来的。与私营部门不同，我们不必被迫考虑股东的利益。基本上不存在正规的程序来保证我们对其他社会成员尽责。这意味着对理事会而言，确立价值观的责任十分重要。不过，理事会不应该急于求成地采用一组未经充分探索和清醒确认的价值观。毕竟，确立价值观的过程比价值观本身更重要。或者说，这一过程的成效将会决定所确立的价值观是否有用。理事会成员之间会出现分歧吗？一定会。事实上，我们希望所选择的受托理事有独立性、有耐心、睿智，知识渊博，能够进行可持续的辩证思考和诚实讨论。鉴于这些素质，价值观上的分歧是不可避免的，而且是健康的。

员工应该参与确立价值观吗？几乎可以肯定地说他们应该参与。员工甚至可能需要在确立价值观的过程中扮演领导者的角色，通过争取总裁或其他对此有共鸣的理事的支持，来启动这一进程，从而促成理事会的全面参与。员工甚至比受托理事更需要一套明确阐述的价值观，以指导其日常工作，为建议、行动和新项目提供连贯的基准。

员工可能还需要与理事会分开来讨论他们自己的价值观，并提交相应的发现。他们可能想要参加某些选定的理事会会议，扩展讨论范围，对任何一条价值观在实施过程中可能出现的困境加以讨论。（例如，如果理事会接受了“利用新技术推进我们的目标”，那么，如何与相当多尚未使用新信息技术的社会成员打交道呢？员工需要这方面的指导。）价值观的确立总是会引发更多它无法立即回答的问题。

时间选择

价值观对基金会应有持久的影响。当一些员工转向其他就业机会，受托理事们退休，创始人离去，基金会本身仍将存在，其价值观，将作为其志向的明确标识，作为整个世界对其进行评判的标准。

鉴于这一事实，可以说不存在确立价值观的最佳启动时间。然而，在某些特定情形下开始这一过程，对基金会的持续健康发展很关键。最常见的情形是基金会的某一个关键人物离去，这时往往会引发有关价值观的问题。

在家庭基金会中，无论规模大小，创始人往往对机构文化有着巨大的影响。理事会中的家庭成员们可以敏锐地感受到创始人最重视的价值；他（或她）无须用言语来表达其信念。其他的受托理事——家庭朋友、商业伙伴，以及来自公共生活中其他机构的意识形态上的盟友们——也往往与创始人有着一样的世界观。即使不一样，由于自我保护或是不感兴趣，他们也可能保持沉默。

然而，一旦创始人离去，不管是从理事会辞职或是离世，该基金会将蓦然发现自己面临身份危机。于是，不可避免地出现了这样的问题：现在我们是谁？要填补一个魅力人物离去的空白并重新建立机构的自我意识，价值观的探索至关重要。

行政领导层的改变也可以成为集体自我内省的契机。一些基金会（非正式地）依赖于其高度专业化的员工来承担这一责任的主要部分。当员工高效、明智，了解受托理事的偏好，并具有很强的直觉和外交技巧时，理事会成员甚至可能意识不到，在塑造基金会的基本原则、构建政策目标和项目计划时，理事会反而扮演了次要的角色。在这样强大的员工队伍中关键成员的离去，对基金会的影响可能相当于创始人的离去。在这种情形下，对机构价值观进行正式考量，可能正是基金会恢复、成长并走向成熟的必要的第一步。

然而，对所有的基金会而言，开始确立价值观的最佳时机就是现在。简短一句话，特此重申：确立价值观，永远不会太早，也不会太晚。

派卡德基金会的经验

大卫－露西儿·派卡德基金会于1964年开始运作。十二年之后即1976年，基金会聘请了第一位工作人员，而且是接下来几年唯一的工作人员。又经过二十年的资助工作，涉及数以百计的受助方和数百万美元的资助金额，派卡德基金会终于在1996年将其价值观编纂成文并付诸笔墨。

价值观成文的引发事件正是其创始人大卫·派卡德的离世（露西儿·索尔特·派卡德已于1987年过世）。由其子女牵头，基金会的受托理事们终于正式确定了在过去三十年中指导其资助工作的基本原则。

理事会成员和员工们分别会晤了苏珊和朱莉·派卡德，这两人多年来一直活跃于慈善业。在这些会议上，虽然并没有事先互相商量，派卡德姐妹对其父母所持有的价值观表达了类似的观点，频繁使用相同的字句。这些价值观很多与大卫·派卡德和比尔·休利特当初创立惠普公司的基本原则重合：信任他人，致力创新，去中心化，对协作和批评持开放态度。

当理事会最后开会时，受托理事们很快申明了他们对继续进行基金会工作的支持态度，并认真回答了这一关键问题：他们应该如何概述机构的本质？大卫和露西儿·派卡德经过多年的试验、反思和对基金会目标的不断重建所形成的抱负及慈善成就，可以用哪五个最重要的特质加以反映？经过多次讨论和辩论，受托理事们确认了以下内容。

大卫－露西儿·派卡德基金会的价值观

正直诚实

理事会成员和员工要诚实开放地对待每一个人，包括相互之间，与社区和基金会受助人之间。他们要追求尽可能高的操守和道德标准。

尊重所有的人

理事会成员和员工，在代表基金会所做的所有工作中，要尊重并善待所有的人。基金会的成功取决于找到并听取别人的主意和建议。

相信个人领导力

理事会成员和员工要在本基金会中提供信任和灵活的氛围，培养和奖励最好的想法及努力。在基金资助和基金会的其他活动中，理事会成员和员工要寻找那些能够在自身领域中做出最好贡献的个人和机构，然后尊重并支持他们的领导力和想法。

坚持有效性

理事会成员和员工要识别出独特的战略性机会，以引发改变。他们要评估这些机会的有效性，并在需要时改变策略以取得更高的效能。基金会要目光长远，并坚守所选择的那些需要长远计划的领域。

高瞻远瞩

理事会成员和员工要发起和接受这样的想法，即将大量资金和／或时间投入其中能够做出独特和持久的贡献。基金会的运作要保持灵活性，以应对这种机遇。

如何确立价值观

原则、注意事项及可能情况

确立价值观没有唯一正确的途径。方法各不相同，但条条大路通罗马。在把理事会成员和员工召集起来之前，有一些基本原则和警示需要我们注意。

> 良心是价值观长久深刻地融入一个人的元气和血脉中所发出的声音。
>
> ——艾略特·理查森[1]

不管我们选择何种路径，价值观的确立都是为了向我们提供两种不同的工具，来改善基金会的工作能力：

- 作为一种新成品，以正式通过的机构价值观声明的形式出现。
- 作为一种新习惯，理事会成员和员工将这些价值观作为反映机构意图和信仰的主要条款加以参照。

但是，我们也必须记住，确立价值观的过程，对于价值观声明的成功与否至关重要。一个有价值的目标设置过程将会：

- 召集所有的人全力参与。
- 激发诚实的不同意见。
- 引起热烈而文明的讨论。
- 达成基本一致的结论。

引导者的介入

确立价值观的过程是探索之旅，大多数的理事会成员和员工在过程结束时都会为参与其中

① 译者注：艾略特·理查森，美国律师和政治家，尼克松和福特总统的内阁成员。

而感到愉快。但这一过程也可能十分辛苦。

最安全的做法是引入一个技巧熟练的局外人，作为会议的引导者。这位中立的专业人员的任务只是帮助保持这个过程振奋、全面、迅速、公平，不掺杂个人的意识形态和议程想法。

当然，基金会理事会往往都是由富有经验的决策者组成，他们的职业生涯往往涉及复杂群体追求共同目标的工作经验。在你的理事会成员中，可能会有人站出来想要引领这一过程，他们可能还会坚持这样做。用一名局内人作为引导者，这种诱惑可以让人理解，但是在你服从之前，请考虑一下为此所做的牺牲。很有可能你可以找到一名受托理事，有能力领导理事会进行价值观的确立。可是，相比仅仅利用其能力来引领这个过程，是不是将此人的洞察力和领导力投入到确立价值观的内容讨论中更好呢？

引导者在这一过程中应该起到什么样的作用呢？总而言之，引导者的主要任务是减少你们理事会成员的个体和集体焦虑，使每个受托理事都能做出最大贡献。引导者应该采取尽可能温和的策略，去除参与过程中的所有障碍。关键是要有理解力、机敏性和透明度。

但是，团体讨论过程这种剥洋葱式的工作往往在会议正式开始之前就已经进行一段时间了。引导者需要事先与理事会中引领这一项目的人会面。（可能是理事会主席，或者另外一名具有足够影响力来带动同事前进的受托理事。）他们将会一起讨论理事会对价值观的现有态度，以往的确立过程，以及任何可能引起抗拒的议题，或是有妨碍这一进程倾向的理事会成员。在讨论开始之前就预估可能遇到的问题，包括邀请可能难以对付的人员参与计划过程——从而减少他们彻底颠覆此番讨论的可能性——以便大大增加正式会议成功的机会。

> 他得出这一结论，并非来自安静且符合逻辑的推演过程，也不是经由突发直觉产生的耀眼光芒，而是在两者之间繁杂地往来，这也是通常我们了解事情的方式。
>
> ——玛格丽·阿林汉，英国侦探小说家

在确立价值观的过程中，你应该期待引导者使用不同的微妙技巧，发掘出每一位参与者的意见和观点。为此，引导者可能需要适当降低理事会中主导声音的影响，同时让那些平时谨言慎行的成员更多地参与进来。引导者可能还需要设法增加某些受托理事的兴趣，或是打消他们对这些个人化讨论的抵触。不管怎样，一名有经验的引导者应该很熟悉这一过程的种种情况，能够保持讨论聚焦于议事日程，掌握讨论时间，不露声色地推动会议沿着确立价值观的发展过程逐步推进。

在开始之前

团队的基本规则

引导者的首要任务就是协助团体设立一些基本规则。作为第一要务，团体需要考虑：

1. 时间表。确定工作的起始和结束时间，休息、午餐以及其他必要任务的时间。

2. 迟到。确定如何处理迟到和缺席。安排人员帮助迟到者和缺席人员了解会议情况，以及在何时何地获得最新信息。

3. 干扰。禁止在会议时使用手机，这会降低效率，也不礼貌。安排专门的时间，允许成员在会议室外给办公室或家里回电话。然后将成员们封闭起来，与外界隔绝。

4. 做决定。决定你们是遵从少数服从多数原则，还是必须达成一致意见。（如果你选择一致意见，确保参与者明确理解这指的是他们可以接受的决定，还是他们会全力支持的决定。）

5. 处理意外事件。承认在操作过程中总会有某些不可避免或难以预测的情况出现。相信引导者能够带领团队解决这些问题。

办正事

一个确立价值观的成功会议所包含的元素

确立价值观的模式选择取决于许多变量：理事会成员的组成、动机和经验，引导者的技巧和倾向，可用时间，以及在推进过程中分配给员工的角色。没有任何两个基金会用完全相同的方式完成这一过程，这确实大有好处。这些差异展现了基金会世界的广度及其多样性和生命力，也体现了那些身处管理和治理层面、致力于慈善事业的高手所给予我们的多样化支持。随着更多的基金会组织接受挑战确立价值观，将会有更多不同的模式和技巧供我们使用，并符合我们自身的努力。

不管怎样，要取得圆满结果，每个基金会都应该在其价值观确立过程中包括以下六个步骤。

1. 确定议程时间表

在会议开始之前，引导者应该帮助团队决定：

（1）想要完成的目标

（2）计划工作的时间长度

（3）预期结束时可以带回家的成果

就像其他任何需要一批忙碌的人付出相当大的努力才能完成的会议一样，确立价值观的过程必须防止转弯抹角和浪费时间等不良方式。

2. 提供示范模版

对很多受托理事来说，价值观声明这一说法会激起好奇心、困惑甚至还可能导致愕然不解。有些人会认定价值观声明其实是改头换面的使命声明。大多数人会想要知道，一个价值观声明到底是什么样子。通过展示其他基金会的价值观声明样本，可以避开很多焦虑和争论。如果可能的话，在会议之前提前发放这些声明样本效果更好。选择一些展现不同风格和方法的样本，在会议开始时，花点时间简要讨论这些样本的特质。然后将它们放到一边，安顿下来讨论自己的声明。

最乏味的交谈是没有不同意见。

——蒙田[①]

3. 分小组探讨重要想法

小组讨论必不可少。分小组能增加全员参与度，促使勉强参与的理事们表达出自己的意见，提出问题，并充分参与这一过程。关键是要涵盖所有的声音：在讨论价值观时最大程度的参与，将转化为贯彻实行时的最大承诺。绝非偶然，当谨思慎言的人发现这是表达自己意愿的前所未有的好机会时，讨论的质量将稳步提高。（另一方面，分小组也是阻断难对付者的良好手段，他们无法以自己顽固的信念阻挠整个团队。）

最重要的是，小组能把火点起来。他们能产生令人惊讶的火花，激起探究的热情。参与者互相展露出空前的坦率和活力。这是整个过程中大多数人最喜欢的一个环节。

在小组中应该讨论些什么呢？那些最基本的东西：我重视什么？谁是我的英雄？我们的基金会代表了什么？宗教、精神或是哲学上的哪些传统在指导着我们的工作？我们的基金会今天要确认的最重要的价值观是什么？哪些价值观将会帮助我们成为我们渴望成为的机构？

4. 提议价值观选项

作为一个团体，你们最珍视的价值观是哪些？在某个时候（可能是在小组讨论之后，或者作为他们讨论的一部分），应该开始这一选择过程。这里的窍门是要让每个人挑选出最珍视的几条建议。例如，每名参与者只能提出两个建议，这将为有效的团体讨论提供一个良好的出发点。你必须控制要讨论的价值观数目，否则可能的风险是最终确立的价值观太过宽泛；什么都涉及，等于什么都没说。

技巧之一是让每个人在索引卡上写下他们的两个选择，将卡片交给引导者。逐一讨论所选的价值观，将类似的选择集中归类。（用某种形式的挂图或是黑板列出清单并绘制箭头指出其中

① 译者注：米歇尔·德·蒙田，法国文艺复兴时期哲学家。

的联系等，也可能有帮助。）如果同事的某一条价值观在你看来含义模糊或是有争议，一定要请求阐明或解释。然后，作为一个团体，热烈讨论这组价值观，谈论它们对于你们基金会的重要性。一条条对比价值观，注意其中的相似性和差异。（“我们大多数人认为‘自由’是一条重要的价值观。但是‘支持民主型机构’不也包括了这一价值观吗？”）最后，开始着手如何定义的问题：这些价值观中，我们应该选择哪些作为我们自己的价值观呢？

5. 选择你们的价值观

最终，你们必须决定将哪些价值观正式纳入价值观声明。很有可能的是，你将会在社会的最高理想中做取舍，试图决定哪些条目最能精确反映自己基金会的历史、工作重点、自我形象和志向。请记住，团体必须全力选择出少数几条明确表明价值观的条目。如果你的挂图上写有15条价值观，那么要求每名参与者投票选择不多于3条来表明其意愿，以便精挑细选。虽然最初你们设想采用5条基本价值观，但是经过仔细讨论后可能最后留下了6条。当你们在这些最后入选的条目中思量考虑时，你必须在灵活性和纪律性之间谨慎妥协。所有这6条价值观都必不可少吗？也许，在这种情况下，你要有适当的灵活性。也许，你们只是需要进一步讨论这些价值观，坚守纪律，继续工作，不妥协。

作为一个团体一起工作，以确保集体的倾向得到尊重。在整个过程的这一阶段，引导者是特别必不可少的。他／她有必要的眼光，能分辨出某人热切坚持的信念与集体共识之间的差别，从而帮助确保所确立的价值观能反映团体的意愿。

当你列出了基本价值观清单，换不同的词来提同样的问题。问问自己：这就是我们想要成为的人吗？这些价值观能描述我们吗？它们能够阐明我们存在的理由吗？在可预见的未来甚至更远，我们还能够接受这些价值观吗？

> 品德展现了道德目标，暴露出一个人所选择或躲避的事情。
>
> ——亚里士多德

6. 决定下一步的安排

在会议结束之前，确保你们已经处理了将价值观从理论领域付诸实践的所有细节问题。首先，讨论一下你计划如何在基金会日常运作中使用价值观。然后考虑一些细节问题，比如决定谁将这些价值观录入电脑，副本发给哪些人，谁负责公开发布宣传这些价值观。确定是否有进一步讨论价值观声明的必要性。如果有，下一次讨论于何时何地开展？假设到现在为止还没有员工参与这个价值观确立的过程，这时应该决定如何使员工进来参与剩下的过程。理事会此时是否已做好准备向员工公布价值观声明？是否需要员工来参与确认或是修改价值观声明？

不同类型基金会在确立价值观上的具体挑战

家庭基金会的价值观：家庭幸福及相应的困惑

套用托尔斯泰的话：幸福的家庭基金会都是相似的；不幸的家庭基金会各有各的不幸。

家庭基金会与血缘、金钱、传统、共同的私利和共有的复杂人际关系史等有所联系，因此面临一些似乎是专为他们而设的陷阱。

首先，是意图的问题。过去十年来，家庭基金会呈井喷式增长，现有约 18 300 家正在运营的家庭基金会，约占美国所有基金会的五分之二。一个近距离观察者带着嘲讽口吻说："很多家庭基金会的形成，就是为了一家人每年有那么几次机会，能聚到一起，好好表现一番。"

或者，更中立地说，也可能是更准确地说：家庭成员之间的动态关系往往影响家庭基金会的运作，使其复杂化。

尽管如此，合作起来把钱明智地给出去，可以是一个好办法，能让互有冲突的世代成员联合起来，让兄弟姐妹们团结起来、愈合创伤并让个体通过担当新的责任而改善其原有的传统角色。虽然，当基金会最终进入家庭矛盾不断的领域时，问题还是会出现。

不管它们的起源或最初意图是什么，成功的家庭基金会必须设法超越家庭生活的密切关系，确立价值观正是启动这一转变的极好方法。

虽然这个过程对每家基金会来说大致是相同的，家庭基金会的受托理事们应该特别关注某些问题。

共享的谈话。每个人都需要参与到关于价值观的谈话中来，而不仅是那些传统上有影响力的家庭成员们。所有的家庭都有其领头人、梦想家、演说家和实干家。每个人都能做出贡献，相互学习，相互支持。

战略性的省略。受托理事无须在所有事情上达成一致。例如，他们无须同意（甚至讨论）妹妹的新配偶或弟弟的品格。请保持家庭亲密事务不混到家庭慈善事业之中，专注于家庭事务背后为良性事业捐赠金钱的价值观。

行为准则。从一开始，家庭成员应该概述一下自己对于理事会成员的角色相互间有何期许。将准备、参与和出席理事会会议的适当标准表达清楚并诉诸文字。说明在学习更多有关慈善事业和资助方向的知识上有何要求。事先决定如何处理干扰、不出席会议以及某些家庭成员总是主导讨论等情况。

对外开放。家庭基金会并不是具有排他性的家庭内部事务。它们是受到州和联邦法律规范来推进公共利益的免税机构。慈善事业带来责任。家庭成员可以通过了解他们服务的社区有何需要和问题来负起这个责任。找出你所在地区其他基金会正在完成的任务。最重要也最困难的是，以开放的心态面对来自圈外人对基金会表现的评论和批评——尤其是来自那些你致力于资助的组织、个人和事业代表们的评论和批评。那些最好的家庭基金会从不拒绝来自公众的检查审视。相反，他们以各种富有想象力的方式，从他们亲密友人之外的世界中学习，并学以致用，改善他们的工作。

广泛撒网：

社区基金会[①]面临的挑战

对大多数社区基金会而言，价值观的确立涉及两种独特的挑战。首先，社区基金会必须力争更高度的包容。由于其性质，社区基金会比家庭基金会或企业基金会更透明；他们的行为会受到公众的审视和讨论。当社区基金会讨论价值观时，他们必须确保这一过程完整地反映了社区的多样性——这种责任反映了社区基金会章程的本质。

其次，社区基金会可能不得不努力寻找新鲜、生动和有意义的语言来描述其价值观。许多社区基金会早已用非常公开的方式向公众阐述了它们的慈善志向，概述了它们的使命声明。当他们确立价值观时，可能会依赖于以往文件和声明中一套已经经过尝试、肯定的、熟悉的内容。它们需要更严格的自律，来精确表达核心价值观。

奇怪的是，虽然社区基金会在响应度和透明度上要求更高，但它们在确立价值观上往往行动很慢。这条规律也有例外，位于加拿大安大略省的加拿大社区基金会协会就是一个杰出的例子，通过其成员的广泛参与，构建了价值观声明。

加拿大社区基金会协会

加拿大社区基金会协会的价值观：

- 在建立和加强加拿大社区的潜能和复原能力方面起到催化剂的作用；
- 拥抱不断改进和以结果驱动为导向的政策、项目及做法，促进并鼓励包容、参与和人人平等，以此体现人的尊严和成长；
- 在内部和外部关系中保持开放、诚实、平易近人、公平和互相尊重；
- 在地理、政治和文化上多样化的加拿大境内，寻求在全国性倡议上达成共识，并保持正直、自主和独立于他人；
- 在思维和创新上富有远见，同时接受领导角色固有的风险；
- 通过高效和战略性的实践做法保持财务上的审慎；
- 建立与成员之间的关系，包括提供协助拓展成员能力的项目和服务，帮助他们实现自己的目标。

① 译者注：社区基金会属于 501（c）3 类常规的公益组织，不属于私人基金会类别。

回望：企业基金会如何定位自己的价值观

在某些方面，企业基金会可能在设置价值观上超过同行。在过去二十年中，“公司价值观声明”已逐渐成为美国企业文化中越来越令人熟悉的一部分。对那些运作自家基金会的企业而言，从公司商业价值观声明出发，决定是否可以适当加以改变，用作慈善目的，是一个显而易见的选择。

资产来自单一公司的财富，但现在已经独立运行的基金会，也可以参考当初创立公司的价值观。可以肯定的是，它们能为理事会的讨论提供一个极好的出发点。

虽然林德和哈利·布拉德利基金会与艾伦－布拉德利公司（布拉德利兄弟于1903年在密尔沃基市创立的成功的公司）之间，并没有直接的联系，这个慈善基金会确实延续了创立者的信念原则。在基金会的价值观声明中明确提到了布拉德利兄弟的个人和组织哲学。

价值观声明

布拉德利兄弟基于一些哲学原则生活和工作。他们相信，随着时间推移，想法的后续成果比政治或经济运动的力量更有决定性。他们认识到人类在文化、教育、哲学、经济上的各种努力是相互依赖的——他们拒绝仅仅将重点放在任何单一元素上。布拉德利兄弟始终坚信每个人都要有尊严和体面。他们认为，只有在一个政治和经济都自由的环境中个人才能充分发挥他们的才能，磨炼他们的技能和才智，为人类整体状况的改善做出贡献。对这些原则的持久性，艾伦－布拉德利公司的成功是一个强有力的证明。

布拉德利兄弟都致力于维护和捍卫自由代议制政府和私营企业的传统。从更大的意义上来说，这种传统促进了美国及整个西方世界在智能和经济上的蓬勃发展。布拉德利兄弟相信，良性社会必然是一个自由的社会。林德和哈利·布拉德利基金会同样致力于强化美国民主资本主义，以及维持并滋养了这一信念的机构、原则和价值观。基金会的资助项目支持有限度的、称职的政府治理；支持一个为经济、才智和文化活动提供空间的动态市场；支持在国内外积极捍卫美国的思想和机构。此外，认识到负责任的自治取决于开明的公民和知情的公众舆论，基金会也支持学者研究和学术成就。

人们反对某件事情，往往只是因为他们没能参与计划过程，或是不喜欢那些做计划的人。

——亚历山大·汉密尔顿①

① 译者注：亚历山大·汉密尔顿，美国国父之一，美国宪法起草人之一，第一任美国财政部长，国家金融机构、美国海岸护卫队以及纽约邮报的创始人。

反抗点

为什么完全聪慧且甘于奉献的人们在召集确立价值观上可能失败

尽管确立价值观的好处显而易见，几乎可以肯定的是在大多数基金会中仍然会遭遇阻力。除了人之常情中想要维持原样、反对新生事物的本能冲动，还有一些可以预见的障碍，可能会阻碍这一进程。

行动导向的环境下排斥反思

那些最好的基金会总是认真地想要在世界上有所作为。它们有很多忙碌的人员，要处理那些成堆的提案书，进行实地走访，参与理事会议，决定推荐文档。在这样一个忙碌的世界，谁有多余的时间来研究哲学呢？

事实上，对基本原理的反思并非一种奢侈。这是正确行动的基础。

没有自我反省的活动不太可能产生有意义的持久成果——它甚至可能导致意料之外的伤害。

误以为价值观早已确定

大多数基金会勇敢、努力地完成自己的使命声明，有的做出额外努力，确立明确的资助重点和机构运作原则，有的还会加上几句漂亮的言辞，描述他们希望达成的未来图景。不言而喻，基金会的价值观肯定也包含在其中。

也许，我们可以通过揣摩基金会使命声明和资助重点中的言外之意，来找出基金会所坚持的价值观。但是，当事情没有明确说清楚时，很容易产生误解。如果你不能提供一段话或一页纸，题为“价值观声明”，很可能你的价值观就还是模糊不定，无法发布。

拒绝显露自己的想法

确立价值观需要有针对性地对理事会成员提出一些个人化的要求，超出他们平日应对的责任。“我们代表了什么？”这一问题将会不可避免地引发个人反思：“我相信什么？我反对什么？我将会为了什么而努力争取，甚至冒着让我的同事和同行失去耐心、对我产生不满的风险呢？”确立价值观这一过程提出了极具亲密性、有时甚至令人不安的问题。不是每个人都会争相回答这些问题的。文化差异也可能导致理事会成员在自我披露的积极程度上存在差异。一种文化重视直率和坦诚，可能在另一种文化中被视为粗俗，甚至厚颜无耻的自我膨胀。

有技巧的引导工作会起到关键作用。理事们需要安全感，需要理解和尊重他们的差异和分歧。引导者应该能够识别和避开一些经典的危险迹象：沉默、不安、注意力不集中，以及把个人或意识形态上的纷争与哲学上的分歧连在一起。

对金钱和时间诚惶诚恐

考虑到你的理事会成员在公共生活和私人机构中的经验，他们很可能以前就遭受过一些复杂无用的团体思考过程。联想到以往的坏经验，他们可能会戴上有色眼镜来看待价值观确立的过程。他们会问，把时间花在能够在现实世界中有所作为的实际项目上，不是更好吗？

如果你的价值观确立过程一方面消耗了主要员工的时间和精力，另一方面又拖延数周数月，使得理事会成员不堪其重，很明显你需要重新设计这一过程。你的方法应该是足够成熟，用足够精确的路线图，帮助你的组织找到自己的价值观，而不是画出一幅穷尽各种可能性的地图集。

一个确立价值观的良好过程需要投入时间、努力和金钱，在其主要参与者看来应该是可行和有意义的。关键是简洁、实用和常识化。

你可以采取行动，或者缩回去希望奇迹发生。奇迹是伟大的，但是它们不可预测。

——彼得·杜拉克①

让价值观发挥作用

基金会应该如何践行诺言

基金会要践行其价值观，这是什么意思呢？首先，我们必须认识到，如果我们艰难确定的价值观不被付诸实施，努力将被白白浪费，没有任何意义。一套价值观如果不能深深植入基金资助机构的运作，时常审视，与时俱进，就会成为公众的笑柄。

“这就是我们想要的，”价值观面对整个世界声明，“如果我们不是过于懒惰、心有旁骛、管理混乱、对于将我们的原则付诸实施感到害怕或是无动于衷的话。”

最终，价值观不能精确决定我们应该如何行事，而是为采取行动提供依据。价值观并不是一种可以简单附加在日常运作中的工作程序——作为机构的附属物——价值观应该是机构的心脏和灵魂。

然而，在基金会嘈杂喧闹的日常工作中，提案书源源不断，电话铃声频频响起，每天的日程安排得满满当当，往往难以将价值观时刻记在心中。

此外，价值观并不能准确具体地规定我们应该如何行事，它们是我们的最高原则，就像一束指引的光芒，在日常运作和规程中——或者从更大的意义上说，在我们的使命及其追求过程中——推动我们处理那些最重要的细节。当我们诚实地面对自己的内心，价值观帮助我们在压

① 译者注：彼得·杜拉克，奥地利出生的作家，管理顾问，大学教授。

力之下不失风度。

例如，如果我们的价值观之一是“尊重所有的人”，那么我们必须考虑如何在每天的工作中体现这一点。

- 我们如何处理问询请求？
- 我们回复提案书的时间是多久？
- 我们最久多少天之内回电话？
- 我们拒绝提供资助的程序是什么？
- 我们如何回复不合适的请求？

如果对这些问题的回答表明你的组织的运作与价值观并不一致，那么你必须克服困难改变你的运作——而不是你的价值观。日常运作的行为和判断总是由机构真实的价值观决定的，无论我们是否意识到这一点。如果一个基金会总是不回电话，对咨询信息的请求爱搭不理，耸耸肩膀，对外部世界不屑一顾，其价值观也显而易见。不幸的是，这正是自大的基金资助机构的价值观，而这种傲慢的声誉也将迅速并远远地传开。

> 无论一个人知道多少箴言真理，无论一个人的情操多好，如果他 / 她没有抓住每一个具体机会采取行动加以体现和应用，他 / 她的品格并不会变得更好。
>
> ——威廉·詹姆斯①

让价值观根植于组织机构的十二种方法

为了使你的价值观成为运作中的重要组成部分，每个人都必须理解、接受并使用它们。简而言之，你必须使价值观成为组织生活的一部分——就像机构的标志一样，一种体现基本原则的品牌。如何完成这一壮举呢？

1. 分发。确保每个人都收到一份价值观声明的书面副本——从制订并批准价值观的理事会成员，到日常工作中能用到它的项目官员和辅助员工。

2. 评论。接受一套价值观后，开展员工会议，详细讨论每条价值观，分析其在所有资助项目中对每位员工的影响。

3. 刷新。举行年度员工会议，更新对价值观的集体和个人承诺，考虑到机构内部、社区里以至于全世界发生的变化，从而审视价值观的重要性。

4. 重申。将价值观讨论纳入每一位新员工的岗前培训活动中。

---

① 威廉·詹姆斯，美国心理学家和哲学家。

5. **确认。**与新理事会成员讨论价值观，作为正式介绍其职责的一部分。

6. **正规化。**鼓励理事会定期审视价值观声明，至少每年一次。

7. **指派。**在员工和理事会中各指定一人负责监督价值观在整个基金会中传播的预想与现实情况。

8. **展示。**打印、装裱并在办公地点显眼之处张贴价值观。

9. **公布。**在年报中列出价值观声明。

10. **链接。**在网站中添加价值观声明。

11. **审核。**检查在宣传推介活动中有无显著体现价值观的做法。

12. **使用。**分析（并适当调整）资助工作的政策和做法是否体现了价值观。

> 人性也是一个逐渐展开的过程……
>
> ——乔治·艾略特①

在尽责方面的最后一点想法

最终，受托理事和员工们必须对基金会的表现负责。价值观是他们确定的；只有他们可以决定基金会的行动是否符合其愿望。但他们对谁负责呢？

实际上，众所周知，基金会很少需要对谁负责——不是受资助者，不是同行，也不是社会。但这并不意味着我们无须聆听。

如果我们在价值观上是认真的，我们应当让自己随时聆听任何能够坦率并有根有据地讲出我们是否按照价值观行事的人。我们特别应当在整个非营利界向那些支援和促进公共利益的伙伴们搜寻意见。

如果我们真心希望了解世人如何看待我们，并以此将外部评价与内部感知做比较的话，我们必须特别努力以找到答案。为了这个目的，可以设立组织的意见收集箱，欢迎公众在任何时候对我们的表现做匿名评价；可以每年对受资助者进行意见调查，并只需要匿名回复；也可以聘请外部人员对申请人、受资助者以及整个基金会业的同事们进行问卷调查，以收集他们最直接的看法。

总的来说，我们可以极其严肃并尽最大努力去了解和对待价值观的问题，由此，在未来的岁月里，我们所取得的各项成果，才能稳定达到我们所设置的最高标准。

---

① 译者注：乔治·艾略特，英国小说家。

第十章　设定直行航向

对进入基金会的员工做与其岗位相关的岗前培训

大多数组织在员工岗前培训上做得不够。

“这是你的办公桌，这是你的电话，我们周五发薪——祝你好运，再见。”好吧，这个例子可能有些过于极端。但是，即使在基金会这个强调公共服务和人性化工作环境的世界中，员工岗前培训也常常被管理层忽视。

为什么我们不能为新雇员提供一个全面、周到、有用并且有趣的岗前培训呢？是我们“太忙”了吗？是我们“太小”了吗？或者，我们只是不够有条理？

很多时候，我们自己也曾是受害者：“我开始工作的时候也没有人向我解释任何事情呀……”不幸的传统就这样延续下来了。这更能说明的是，我们尚未解决很多涉及组织使命或雇人标准的关键问题。我们感到很难为新人做岗位培训，因为我们自己都还不确定基金会的基本愿望和当前的方向。

但是，岗前培训并非仅仅是一项形式上的任务，效果可以忽略不计。相反，岗前培训应该被看作是让工作从一开始就走向正轨的最好机会。我们应该精心设计岗前培训，满足新员工最直接的需要并珍视他们的潜力。岗前培训应该有助于厘清机构的身份认同，保持机构的延续性，经年累月，不受雇员入职、离职的影响。

为什么岗前培训至关重要

优良的岗前培训为你的基金会带来以下主要益处。

1. 组织秩序：岗前培训确保人人明白“在这里做成事的方式”。它阐明了工作的益处，概述组织结构。岗前培训应该阐明基金会的历史、目地以及关键的资助策略。（它回答这些基本问题：我们资助谁？为什么？如何资助？）要求一个新人未经岗前培训直接开始工作，就好像把某人直接送到他的第一场橄榄球比赛中，而他们还没有读过比赛规则。

2. 伙伴关系：岗前培训告诉大家机构的使命、活动及成绩的深度和广度。它培养自豪感，激发员工为基金会尽最大的努力。

3. 清晰度： 岗前培训促使执行管理层和理事会受托理事敲定基金会在政策和程序上的规定和文字内容，同时唤醒你理想中的组织精神。它要求你做出决定并将之付诸文字。

相反，缺乏良好的岗前培训将会传达以下错误的信息。

◉ 在这里，怎么都行；

◉ 要在我们基金会取得成功，你得学会猜测别人在想什么；

◉ 我们不信任你，不能告诉你内部信息；

◉ 我们也不确定要做些什么。

良好高效的培训能带来什么

一次全面的岗前培训包括对慈善事业、非营利部门、基金会自身和工作岗位的介绍。所有部分对每个新雇员都是必要的，我们将一一详细讨论。现在，让我们暂时只考虑对其累积效应有什么期望。岗前培训应该为新员工提供他们工作所需的信息和工具，使其了解情况，为基金会的慈善目标做出自己的贡献。

请注意，我们强调这一任务具有渐进性。我们并不打算将基金会的前世今生和机构价值观不可思议地灌输给新员工。我们只是想要帮助他们利用相关知识开始工作。我们的目标是把他们带到正确的方向。

没有人能够立即理解培训信息里的方方面面。岗前培训仅仅是必要的第一步。三个月后，你的人力资源部门负责人——如果是小型基金会，大多数情况下就是执行主管——应该检查一下，确定新人的知识、熟悉程度以及对设施的应用是否达到了预期标准，是否有任何未曾考虑到的需求，以及新人是否已经成功加入团队。所有这些活动都应以岗前培训作为起点展开。

岗前培训应持续多久？最开始，半天足矣。你可能更多地想要向他们灌输关于组织原则和流程的信息，但是很少人能够充分吸收这些信息。现实一些吧，没有人想要参加长达八小时的演讲，听人介绍传真机的用法和牙科保险条款细节等。（而且，哪有明智的主管想要做这样的演讲？！）如果你确实有这么多内容要讲，最好分为几个部分，放在几天完成。

岗前培训很容易使人茫然和疲惫，为了消除这些负面影响——试着活跃气氛。

◉ 穿插不同的培训者，变换讲话风格；

◉ 加入图片、录像或影片，展现基金会的品牌形象；

◉ 准备关键议题的讲义材料，帮助消化理解；

◉ 小组讨论，吸引新员工进入与同事交流的第一次实地体验。

简言之，你需要设计一种演示模式，为将来雇用新人设定适当的基调。强调你们的组织鼓励积极参与而不是消极被动，鼓励好奇心而不是照章全收，鼓励合作而不是毫不怀疑地顺从。

开展岗前培训需要什么

在我们试图帮助新雇员熟悉基金会的设施和运作之前，我们首先需要为自己**明确方向**。阐明岗前培训所依据的原则、政策和程序。有效的岗前培训需要以下书面材料：

- **基金会价值观声明**：对资助政策背后的核心原则所做的简要声明（参见第九章“基金会的价值观”）。
- **人事制度**：关于用人规章制度的手册。
- **年度工作报告**：向公众生动形象地介绍基金会及其工作的途径之一。
- **出版物剪辑**：外界对基金会工作的各色报道。
- **五年计划**：如何实现机构目标的详细的长期愿景规划。

在理想情况下，以上这些文件应汇总于“岗前培训手册”，集各项信息于一体，且便于取用——一本新雇员所需信息的完整指南，从发薪日期到工作排班，应有尽有。当然了，并非所有基金会都能完整提供这一大堆有用的文件。但是，岗前培训可以作为一个动力因素，促使你最终将这些信息文件整理完成。

无论如何，岗前培训需要很多文件。确保员工有时间阅读这些文件——可以安排在培训结束之后。最糟糕的岗前培训就是发放一大堆需要签名的纸张文件，而员工基本没什么时间来阅读或消化信息。人事政策方面涉及的文件，即使积极性最高的员工也往往难以卒读。给新雇员留出一周左右的时间来消化这些信息，然后再要求员工签名，确保其确实全面理解其内容。

了解如何给出去：关于基金会世界的岗前培训

当人们刚加入基金会工作时，他们往往对慈善事业的内部运作了解不多。即使是经验丰富的非营利组织员工，就算他们在职业早期申请过基金资助——这往往是新项目官员的职业背景——也只是从外部世界的角度了解基金会行业。更好的认知是有必要的。

要了解更多美国基金会的创立原则、传统和内部运作机制，请阅读丹尼斯·麦克林奈所著的《基金会是如何运作的：寻资方对慈善多面性所需要知道的事》（乔西－巴斯出版）。这本书通过基金会的多种不同角色，包括“法官、编辑、公民、活动家、企业家、合作伙伴”等，从不同角度审视基金会，所提供的见解对新老资助工作者都有参考意义。

了解谁得到：关于非营利部门的岗前培训

有时，新加入基金会的员工并没有在非营利部门工作的经验，他们必须填补这一知识空白。事实上，非营利部门是所有基金会存在的理由。阐明非营利部门的目的、设计、内部运作和持续存在的问题等，可能正是构成你的岗前培训概念框架最重要的一部分。

花一些时间向你的新员工介绍非营利部门，申明其在美国社会中的重要性及其根植于个人主义和联合结社这样的互补型传统中。讨论你机构的资助目标是如何架构的，以解决私营部门和政府未能满足的重要社会需求。为那些对非营利部门还很陌生的新员工创造机会，安排他们与当地非营利组织领导人会面，参加相关的研讨会，或是在一个受资助机构的办公室待一天，看看那些与他们对应的员工是怎样工作的。

要求每名新员工花上几个小时，阅读有关非营利部门的材料。推荐入门书：莱斯特·萨拉蒙所著《美国非营利部门：入门手册》（基金会中心出版社出版）。

岗前培训要素

要考虑的问题，要包含的主题

设计岗前培训并不是一项艰难的任务，但它确实需要对自身有高度的了解和勇于自我披露。毕竟，这包括基金会的方方面面，从上到下，从内到外。你必须阐明、量化并付诸文字。在岗前培训中，你将探索那些与机构目标和实体相关的最根本的问题。实质上，在岗前培训中，你所真正要表达的是：这些是我们认为最重要的事情；现在请加入我们，以如下方式为这些目的努力。

通常情况下，我们试图避免触及岗前培训中比较困难的部分。我们依赖于一个标准模板，往往忽视我们自身机构的或好或坏的特点。但是，岗前培训也能提供一个机遇，让我们以新的眼光来重新审视基本原则，并重设我们的承诺。

基金会岗前培训可以分为以下六个核心层面。

（1）基金会价值观和组织结构

（2）雇员福利

（3）薪酬

（4）加入基金会

（5）在基金会工作

（6）离开基金会

通过检查这六个核心层面，我们激发大家对用人政策和基金会目的方面的基本问题加以讨论，并最终激发大家做出承诺。这应该有助于你设计自己的岗前培训过程。

每个核心层面都能引出一大堆问题。不同的基金会都有各自不同的答案。有的问题对某些基金会也未必合适。根据你自己的需要加以取舍，尝试用这些问题来打造一个更强大、更公平、更具反思性的组织，你将能够充满自信地预见新员工的需求和潜力。

请注意：第二到六个层面涉及一些敏感的雇人话题，包括薪酬、福利、纪律处分和解雇。在这些议题上，你的组织可能已经有现成的书面材料，或者你可以利用设计岗前培训的机会，将现有操作程序编纂成文。在某些情况下，制度手册可以用作雇主和雇员之间的合同，而雇主需要依照书面程序对其行为负责。让律师定期检查并更新机构制度手册，确保其符合州和联邦法律，这样做是明智的。你也应该定期检查这些材料，以保证机构的实际操作与制订好的程序一致。在发放任何新准备的材料之前，律师应对之进行检查。

1. 基金会价值观和组织结构：在设计岗前培训时要提的问题

为什么要成立这个基金会？这个基金会是如何成立的？基金会的资助理念是什么？基金会的长期使命、项目目标和主要战略分别是什么？可以用哪些关键词来描述基金会的行动和身份特征？历年来对基金会政策产生影响的思考者和实干者都是谁？制定制度和查看资助的程序是什么样的？理事会上次审查机构制度是什么时候？基金会的价值观是什么？有没有一些所谓“未提到的价值观”影响着基金会的运营，但又没有在官方价值观声明中明确阐述？（例如，基金会是更注重言论的熟练和圆滑，还是员工之间的协作，或是在本地慈善社区中担当领导者角色？）

在岗前培训中要涵盖的话题：

◉ 历史

基金会的起源。

基金会原始财富的来源。

创始人的身份和意图。

创始人的家庭成员在基金会政策和营运中的持续影响。

基金会在资产和目标上的增长。

现任理事会成员的身份。

◉ 价值观

机构价值观声明：机构的目的和意义。

价值观是如何被采纳的？

◉ 资助目标和机制

资助谁？为什么？

资助额度的大小。

五年计划如何反映机构价值观？

如何做出资助决定？

2. 雇员福利：在设计岗前培训时要提的问题

基金会提供哪些福利，包括医疗、牙科、眼科、心理和人寿保险，长期残障福利，以及健康和受赡养者看护报销账户？在哪些情况下，福利惠及员工家庭成员？基金会的同居伴侣政策是什么？这些福利是否反映了当前慈善事业的一般标准？这些福利在各种职位间的分布公平吗？还有哪些其他的福利可以添加？有增加福利的时间表吗？

在岗前培训中要涵盖的话题：

◉ 福利资格

受赡养者的资格

福利摘要

福利延续（COBRA①，离职后）

同居伴侣

医疗保险，包括牙科、眼科和心理

人寿保险

长期残障保险

健康和受赡养者看护报销账户

养老金计划

3. 薪酬：在设计岗前培训时要提的问题

雇员的薪资和浮动范围是什么？基金会的薪酬理念是什么？基金会是否按市场价格支付——如果是的话，我们是如何根据技能和职责确定相对应的市场价格的？薪资增长是基于工作表现，还是当地生活费用的增加？谁来协商薪资结构和加薪？谁来管理薪资和审查薪资结构？上班时间如何记录和保存？有哪些薪资扣除条目？什么时候发薪？雇员薪资有绩效增长吗？进一步受教育会影响薪资等级吗？基金会将继续教育作为福利计划的一部分吗？

在岗前培训中要涵盖的话题：

◉ 薪酬

理念

薪资结构

薪资管理

绩效管理

◉ 薪资管理系统

发薪日

薪资管理的相关日期

薪资扣除条目

时间表

---

① 译者注：COBRA，是 The Consolidated Omnibus Budget Reconciliation Act 的缩写，即（美国）统一综合预算协调法案，于 1986 年通过，要求雇员超过 70 人的机构为离职人员在短期内，延续提供团体医疗保险，费用自理。

上班时间记录

4. 加入基金会：在设计岗前培训时要提的问题

在设计岗前培训时，你应该提出以下问题：组织结构图是否已更新？如何界定雇佣类别？关于聘用理事会成员或其他员工的亲戚，我们有什么制度？我们如何打招聘广告？我们是否支付搬家费？在什么情况下我们会雇用独立合同工或临时工？项目官员在招聘和雇用人员时扮演什么角色？我们采取了哪些步骤，以遵守美国残障人法以及其他的政府规定？还有哪些关于雇佣关系的州和联邦的其他法律？哪些政策和程序可由理事会成员和员工酌情决定？

在岗前培训中要涵盖的话题：

◉ 雇佣类别

豁免和非豁免职位的雇员

职位有工作期限的雇员

小时工

◉ 招聘和雇佣政策与程序

雇用亲属

（以往）雇佣关系确认

工作的权利

美国残障人法案

聘请独立合同工

聘请临时工

搬迁

雇员引荐奖励

招聘启事

◉ 工作时间安排

工作分享

加班

病假

加班安排

5. 在基金会工作：在设计岗前培训时要提的问题

基金会在保密和隐私，商业行为和道德，个人政治活动，利益冲突，行为和礼貌，宣传和媒体关系以及工作时间的准时性和灵活性等方面，有哪些基本的职业标准？如何通过保护工作权利的制度来营造一个令人满意的工作环境？基金会在兜售、安全、人体工程学、健康和骚扰上的政策是什么？如何解决问题，促进开放式沟通？如何通过培训、学费协助和专业组织会员资格等来推动专业发展？官方带薪假期有哪些？员工有多少假期？在什么情况下准许请事假？基金会是否鼓励其员工自愿为其他组织义务工作？基金会是否有志愿服务的时间计算公式？另外，哪些基金会政策由州和联邦法律规定，哪些由理事会自行决定？

在岗前培训中要涵盖的话题：

◉ **基本标准**

保密和隐私

商业行为和道德

个人政治活动

利益冲突

职业行为

职业形象

职业礼仪

传播和公共关系

连贯按时工作

灵活的工作安排

限制区域

◉ **营造一个健康的工作环境**

工作场所的权利

工作场所的粗俗言行

兜售行为

安全

人体工程学

工伤赔偿保险

紧急情况联系人

紧急情况处理程序

发生意外时该怎么办

工作场所的健康

◉ **沟通和解决问题**

与谁讨论各种问题

解决问题的程序

关于提高工作绩效的沟通

◉ **专业发展**

职业发展

培训学费

专业会员资格

◉ **休假**

节日

假期

陪审员义务

志愿服务时间

事假

6. 离开基金会：在设计岗前培训时要提的问题

从基金会辞职的程序是什么？提前多久给通知？非自愿离职需要哪些理由？离职面谈包括什么？谁来面谈？非自愿离职对福利有何影响？基金会如何处理失业保险？将来的雇员背景调查如何处理？

在岗前培训中要涵盖的话题：

◉ **自愿离职**

辞职程序

离开时间

离职面谈

离职对福利的影响

工作证明

◉ **非自愿离职**

辞退原因

辞退申诉

离职面谈

离职对福利的影响

失业保险

工作证明

多少才够？小、中、大规模基金会的岗前培训

少数基金会已扎稳根基，拥有十几名、数十名甚至数百名雇员。它们有自己的人事关系部门，员工来自私营部门。它们发布多卷本的程序手册，洋洋洒洒，厚得像电话黄页。大多数基金会不是这样的，它们在规模、结构和可使用的资源方面无法与大型基金会匹敌。那么，不同规模的基金会，从大群雇员和办公处所遍布全世界的慈善品牌，到仅有 1 ～ 5 名或 5 ～ 20 名或 20 ～ 30 名员工的百花齐放般的小基金会，岗前培训的过程会有什么不同呢？

其实应该没有什么不同。在涵盖的范围和时间长度上肯定会有所不同：如果基金会在全美50个州提供资助，涵盖科学研究、学术奖金、艺术收购、环保活动等多个主题，那么很显然，在岗前培训上，针对基金会使命、行动、程序和结果，就会有更多的内容需要与新雇员讨论，即使仅仅触及扼要框架。如果基金会的财力、技术和人力资源遍布全球而不只是在一个小镇，不可避免的，岗前培训中需要了解的人更多、要把握的系统和组织知识更多，往往需要深究和阐明。然而，不论规模大小，基金会岗前培训的核心领域保持不变。

所有的基金会都必须向雇员通报员工结构、薪酬福利，以及与入职、在岗和离职相关的各种各样的权利和责任。

中小型基金会不会像大型基金会那么深地覆盖触及这些话题。例如，如果所提供的福利仅仅是家庭成员在本地 HMO 类医院看病及一年三周假期，那么，与大型基金会所提供的复杂选项包括根据风险调配的 401k 退休账户这样的复杂菜单相比，小基金会要涉及的内容就会少很多。

不管怎样，在任何规模的基金会中刚刚做完岗前培训的新雇员，头脑中都会出现同样的问题：

如何完成我的工作?

我应该和谁谈谈这些内容?

基金会鼓励员工做什么，做得好的奖励是什么，以及这些工作在实现组织的使命目标中起到什么样的作用?

对于规模较大的基金会（或是任何必须传达大量信息的基金会），最好将整个岗前培训过程分成几个阶段。

第一天：在岗前培训的第一天，完成雇用新人必须签字的文件。简要概述基金会及其目标。讨论薪酬福利，回答任何问题。

第二天：让直接主管负责半天，概述工作职责、期望值和眼前的工作责任。为新员工安排与基金会重要人员会面的机会。竭力提供开始工作所需要的所有信息，包括对办公室规章、程序和技术系统的介绍。

第三十天、六十天或九十天：让新员工在接下来的几个星期甚至几个月内，吸收他们工作中正在学习的所有内容。日常任务熟练之后，引入更为复杂的工作任务，如撰写推荐文档摘要，或是向理事会做演示。回头讨论慈善事业的哲学意义和基金会自身的目标与成就——可以把理论和实践与新员工这段时间的工作经验结合起来。

工作岗位岗前培训：学习今天和明天要做什么

引导一名新员工进入工作岗位，仅仅标准的半天演示是不够的。事实上，岗前培训应该在就职最初几周甚至几个月内，在细心的关怀指导下逐步完成。

任何一个刚刚接受新工作的人，如果缺少对工作责任和相关资源全面连续的岗前培训，开展工作可能很困难。事实上，这种忽视几乎可以说是管理不善，甚至是粗暴管理。即使是最具上进心、能自力更生、有经验的新员工，开始工作的最初几天也是很有挑战的，不过，也充满了可能性。

很多通常被认为的“在岗继续培训”，实际上就是良好领导力和有效管理的内容。工作表现上的明确期望、拆解复杂任务的有用建议、介绍认识那些可以提高工作效率的人员和资源、对好的工作表现给予慷慨赞扬，无论是对新人还是熟手，都会使其健康发展。

至于眼前的培训，不要忽视基本的东西，可以从工作设施的参观介绍开始。确保新员工了解办公室布局，告诉他们在哪里停车，或者如何搭乘公交系统——那些往往是要经过一段时间才能掌握的小秘密。

正式的培训之后，花些时间为新员工安排机会与组织机构内部其他员工和其他基金会或本地非营利组织的对应人员见面。请记住：人们常常比我们以为的更加害羞。介绍新人时考虑周到是非常有帮助的。

工作岗位岗前培训：在设计岗前培训时要回答的问题

对基金会和其他方面做完介绍之后，便进行具体工作岗位方面的岗前培训的时候了。不可避免的，这个过程取决于具体职位。不管怎样，在制订有关具体工作岗位方面的岗前培训时，你可以考虑以下这些问题。

- 工作岗位的角色和职责是什么？
- 谁是新员工的直接上级？
- 工作绩效如何衡量和审查？
- 哪些费用是可以报销的，报销的程序是什么？
- 员工如何对受资助方和申请方负责？
- 什么是适当的沟通方式？
- 基金会为做好这份工作提供哪些资源？
- 在基金会内，谁会和新员工一起工作？
- 新员工怎样才能最好地融入基金会的生活？

培训需要涵盖的几个主题

- **工作场地布局**

场地参观

午餐室

停车

拼车 / 共享乘车

公共交通

◉ **工作期望**

角色和职责

工作场所

出差政策

工作所需资源

培训机会

导师项目

初期工作任务

业绩计划和审查流程

◉ **技术介绍**

电话系统

电脑系统

密码和安全

复印设施

◉ **开销**

适当支出

报销手续

出差费用和报销

◉ **对受资助方和申请方的责任义务**

沟通方式

回复的及时性

礼品政策

资助工作过程

培训内容清单

参考以下培训内容清单，确保在岗前培训过程的每个环节为新员工提供所需的所有信息。

管理者岗前培训任务	说明
到达之前	
· 安排到达第一天的接待员	姓名：
· 安排到达第一天的午餐伙伴	姓名：

（续表）

管理者岗前培训任务	说明
第一天	
· 在新员工到达时迎接问候	
· 参观工作场所：洗手间、休息室、接待处、保安、用品供应区	
· 部门介绍	
· 分配最初几天的有意义的工作	
· 查看桌面资源：电话表、电脑、传真机等	
· 演示电脑登录、语音留言设置程序和一般做法	姓名：
· 解释你们工作领域有什么支持服务	
· 让新员工与薪资经理取得联系	
第一周	
· 查看你们工作领域 / 目标的核心业务 / 角色	
· 送去参加关于基金会程序的正式岗前培训	日期：
· 查看雇员情况，指出等级、薪资和职务头衔	
· 介绍工作计时要求（加班、休息、午餐时间、休假）	
· 介绍工作行为和道德、着装等要求	
· 介绍资助工作过程	
· 介绍最初的工作角色和职责、期望、边界	
· 介绍你们领域的活动 / 工作规则、会议、时间、工作计时表、来访者规定等	
· 介绍沟通文化：正式和非正式渠道；强调电子邮件的适当使用	
· 讨论“敏感热点”：管理风格、沟通期望、不成文的部门和基金会规则	
· 查看文件管理（例如，哪些文件需要备份保存，存储在哪里？包括纸质和电子文件。员工能使用哪些存储区？使用什么软件？）	
· 确定工作所需的内部和外部资源	
· 介绍外部联系人，开展人脉建设	
· 指派部门导师	
· 与新员工一起开始编写绩效计划草稿，将该计划用于后续的业绩审查	日期：
第 1 ～ 3 个月	
· 安排适合其能力和信心水平的工作任务	
· 鼓励员工“面谈”关键的团队成员和资源（例如，你的角色是什么？你的工作是什么？）	

（续表）

管理者岗前培训任务	说明
· 查看薪酬理念和做法	
· 查看如何完成报销费用报告，申请支票，使用信用卡	
· 讨论职业发展上的需求 / 愿望	
· 将期望细化到绩效计划中	截止日期：
· 确定员工在员工会议和团队会议中的角色	
· 定期举行答疑和后续跟进的一对一会面	
· 提供初步的绩效反馈	
· 扩展资源网络	

定向岗前培训：如何评估你的岗前培训

怎样才能知道岗前培训是否起到了作用呢？询问。最重要的是，询问那些最近加入基金会的新员工。但是最好不要在他们开始工作的头几个星期就提这个问题。对于新来的人，任何对岗前培训过程的询问，都可能被理解为对他们掌握工作的熟练程度的查问。

耐心等待时机。新员工开始工作几个月之后（也许多达九个月的时间），将他们聚集起来，组成一个员工小组讨论，让他们集思广益优化岗前培训的方法。（如果仅有一两名新员工，哪怕就一个人，也没问题。关键在于了解岗前培训的成效；无论人数多少都能提供看法。）鼓励大家坦诚相告。记下要点。最重要的是，聆听。可以参考询问以下问题：

- 哪些岗前培训信息最有帮助？
- 哪些信息是不必要的？
- 是否有什么议题最好推迟到新员工具备一定的工作体验之后再讨论？
- 有什么重要的信息被遗漏了？
- 还有哪些尚待澄清的问题？
- 有哪些新员工需要知道，却没有在岗前培训中提及的内容？
- 有没有什么问题最好是作为岗前培训的辅助内容，由员工私下与主管或其他领导人员讨论？
- 岗前培训中最有意思的是哪些内容？
- 哪些方面沉闷无趣，没有条理或是难以听懂？
- 岗前培训如何能够有助于更好地提升员工完成工作的能力？

岗前培训伙伴

有些基金会组织使用“伙伴系统”来确保新员工在各项基本事务中快速跟上脚步。与导师不同的是，“伙伴”是同事，仅仅作为一个临时的向导，在入职初期这一段相对复杂的日子里提供帮助。伙伴的职责包括：

- 帮助新人在基金会感到受欢迎
- 将新人介绍给其他员工
- 说明基金会的各种程序
- 协助使用技术系统
- 帮助识别可用资源

自然而然地，能提供最好帮助的伙伴们是那些本身谙熟基金会使命和程序，至少有一年以上经验的员工们。其他符合资格的特点包括：

- 与新雇员在年龄、教育背景和脾性上相符合
- 熟悉新人工作的大致范围和内容
- 愿意承担伙伴角色

第十一章　调查研究的奖赏

高效资助工作者的继续教育

我们做调查研究，是因为我们希望能够改变这个世界，却对这个世界了解得永远不够。无论你们基金会的目标是什么，你和理事会都需要依靠调查研究来保持你的视野不脱离现实，保证你们做出高质量的资助决定。

但是，我们所说的“调查研究”究竟指的是什么呢？借用一个比较灵活的定义：“调查研究就是，为了回答一个提问进而解决一个问题，收集所需信息的过程。”①

就我们自己的目的而言，还有一点：调查研究是挖掘真相、评估观点和获得观点的基本工具，这些观点会揭示有哪些紧迫的资助需要，应对这些需要有哪些有前景的策略方案。

调查研究比尽职调查更大——尽职调查是资助工作者对所有资助请求和合作请求持有略带怀疑的态度，是一种管理工具，掀开提案书的面纱露出候选伙伴的真实能力和潜在问题。调查研究为决策提供基础，并保证你的尽职调查以事实为依据。

调查研究，可能包括了调查、教育、评估一系列技术手段，比如浏览图书馆书架、上网、参加讲座、注册课程、与专家和同行交往等。调查研究是当这个世界在悄无声息地发展变化时，你能够与它保持联系的手段。因为调查研究能够帮你：

- 省钱
- 精简服务
- 了解各种议题和组织
- 规避适得其反的争论
- 避免重复资助
- 找到预想之外的资助机会
- 提供有战略远见的救援和协助

此外，严谨的调查研究能够促使你培养出应该充满整个慈善领域的必要品质——谦虚。

正如苏格拉底能够声称自己什么都不知道，而德尔斐神谕认为他是最聪明的国民一样，一位高效的项目管理者能够清醒地了解自身的知识水平，因为总是有太多的内容要去了解。

---

① 韦恩·C. 布斯、乔治·G. 科洛姆、约瑟夫·M. 威廉斯，《调查研究的技巧》，芝加哥：芝加哥大学出版社，1995 年。

什么时候需要调查研究

让我们把要调查研究的问题想象成大学毕业后不断的突击小测试。有时候你可能只需要填几个空（比如“本州的失业率是多少？”），有时候，对信息的探究可能更像是构建一些多重选择题（比如“在我们社区里，谁在资助早期儿童艺术教育？进展结果如何？”）。最难但也最常见的情况是，你面临的可能是一道非常全面的短文题，它要求你从一个话题放开到近乎无限的调查和辩论（比如“非洲撒哈拉以南地区的公共卫生状况如何？如何能够最快地加以改善？”）。

以下几个情形体现了在基金会行业常见的调查研究的广度。

- 福利改革政策出台之后，儿童看护服务越来越难以保证。在你的基金会开始资助这一领域之前，你需要社区内现有服务的基本信息。谁使用这些服务？成本多少？谁得不到服务？预计未来三年的服务需求如何？五年呢？十年呢？
- 你了解到当地学校的数学教学改革在家长和老师群体中造成了很大震动，细节信息很模糊。你必须要找到关于过去一年究竟发生了什么的各种故事说法。
- 理事会希望提高本州医疗保险所覆盖的儿童百分比。那么，现在这个百分比是多少？未来五年扩大覆盖范围的现实目标是什么？
- 在你上班的路上，你收听到了国家广播电台里对流行病学家的一个采访，这位学者正在跟踪研究农场工人中出现的与杀虫剂有关的疾病，你希望能够对这位专家及其工作有更多了解。
- 你需要加深了解“计算机技术对于社区组织工作造成的影响”。
- 公立学校的音乐教育在过去十年大幅减少。你想帮忙，但应该怎么帮？其他基金会在特定区域里是如何处理这个问题的？他们学到了什么？你应该向谁请教？
- 在非营利领域内肯定有人正在为你所在区域搜集编写“生活质量”指标。这些人是谁？他们的分析可靠吗？
- 你目前正在资助的一位客户获得了诺贝尔分子生物学奖。你想为此发表一份新闻稿，以褒奖其成就并指明你在此项工作中提供的支持。因此你需要写一段对获奖研究的解释，给普通人看。
- 一队员工和理事会成员即将前往罗马尼亚出差，你需要为他们提供一份吸引人的背景介绍资料，供他们在飞机上阅读。

在线学习：调查研究的在线工具

在史蒂夫·马丁的老电影《大笨蛋》中，马丁所扮演的角色对他最后“做成了”感到欣喜，他的名字、地址和电话号码都被正式列在公共电话簿里。我们会发笑：可怜的笨蛋。在这大量看似相同的名字和数字堆成的厚厚簿子里，那一小片信息几乎没人看得见，他难道不知道吗？

可是，说起上网做调查研究，这个笑话发生在我们身上，唉，实在是太正常不过了。网络世界的确充斥着海量的数据、分析、事实——我们梦寐以求的信息。但是问题仍然存在：怎么从这个信息群里面找到与我们相关的几条信息呢？不幸的是，这不是唯一的问题。

信任。网络的一大价值就在于其开放性和不受管控。但是很不幸，这也恰好是网络最让人烦恼的缺陷。任何人只要带着一台电脑就可以发表他的看法，包括制造假信息。你刚刚下载的关于将公立学校私有化的报告看起来很棒，直到你注意到这份报告其实是出于一个在该行业有既得利益和有倾向性看法的企业家。更常见的是，你往往不知道你在研读的报告实际上出自于屏幕后面哪位人士之手。而当你对一个话题了解得越少时，就越容易受到一些偏见或者错误信息的影响。

过量。你打开最喜欢用的搜索引擎，去挖掘关于公共卫生议题的背景资料。你在搜索框里面输入“公共卫生”，然后搜索引擎为你提供了数不尽的可能链接。之后你很聪明地把关键词改为“美国公共卫生”，于是你的搜索引擎把可能链接数减少到了一百万个左右。当然机敏的调查研究者可以通过改变搜索关键词而将这些可能链接降低，但尽管如此，网上信息的数量永远会远超出你的消化容量。

多变。对雪崩式的大量网页经过数小时的搜索分类，你终于找到了一个直接讲述你所关心的社区精神卫生方面的网页。不过，这是六个月前的内容。当你今天早上想再查看一下时，你发现那个网站消失了，却出现了十个新网页。你担心你必须重新开始，挨个评估这些网站。

你的基础工具箱

让我们先来一点现实的提醒，然后再建议一些窍门，如何绕过这些常见障碍，取得网上的成功。互联网不可控，它太大了。好消息是你不需要变成这方面的专家，专家太多了，他们随时等着协助你，包括此时此刻。

究竟是否应该在互联网上挖得更深些，去和网络这个魔法世界纠缠，不妨看看由列娃·巴施和玛丽·埃伦·贝茨撰写的优秀著作《上线调查研究傻瓜通》。不过，你现在最需要的其实是一些原则和工具，使你能够从互联网世界里的虚高目标，回到更谦虚的目标上，即获得与你作为项目官员的职责紧密相关的信心和基本技能。

1. 和你最喜欢的搜索引擎建立紧密关系

搜索引擎是你深度探索互联网的基本工具，以此捕捉其中大大小小有用的数据、分析和事实报道。大多数的搜索引擎都会提供简单的在线教程，教你如何使用他们的网站、如何进行搜索。下面列出的两个搜索引擎，是供你挑选的良好开始。

有经验的调查研究者知道这些

- **调查研究是一种生活方式。**不是一次性任务，或是一年一次，然后在基金会归档。调查研究的根基是养成这些习惯：好奇，持之以恒，采用结构化的调查方法，并坚信你总是需要了解更多的信息。
- **调查研究需要时间。**一开始，调查研究进行得很慢。随着你不断积累技巧和经验，这个过程也还是很慢。这是其自然本质：调查研究并不像跑得飞快的羚羊，而更像一头顽固的驴子，偶尔也会意料之外地跑动几下。调查研究最常见的错误就是没有预留足够的时间来完成你所需要的完整的调查研究。
- **调查研究需要更多的时间去消化。**挖掘出有用的信息只是第一步。在你阅读（或者说，研究）了这些基本信息之后，你仍然需要时间去消化这些信息。调查研究最好按天而不是按小时计；按星期而不是按天计。在此之前，可以先好好休息一下。
- **背景材料是公开的。**即便你对某一个课题很熟悉，你也应该再次重温一下基本情况。假装你什么都不知道，对背景信息做问卷调查，就像你指导新手去做的那样：对早期艺术训练的教学优势做基本研究；阅读一本讲述环境运动史的小册子；查阅一篇关于美国戏剧的百科文章，等等。这将可能为你带来新的视角，以及寻找信息的新方法。
- **不存在完美的信息源。**世界上几乎不存在单一源头能够提供你所需要的所有信息。不如用多源头来获得更丰富的知识信息。
- **互联网无法捕捉到全部信息。**互联网确实是一个非常棒的信息来源，但绝非唯一。虽然过去几年间，在搜索引擎、网站评估方面都有了巨大的改善，方便的网站上随处可见有用信息，但是互联网不该成为你的唯一工具。还有大量的信息，甚至更多的智慧，其实还在线下。提高你网络搜索的能力，然后离开你的办公室，在公共图书馆深入学习，或者和其他人当面交谈。
- **不同的观点很重要。**在调查研究期间，太早确定你对复杂问题的看法，是最大的自我破坏。初始的调研应该汇集有分歧的观点。如果有关你们的国际资助项目方面的调研信息让你拿起了一本歌颂全球化有什么普遍经济优势的书，你可能要考虑读一读互补性的著作，概述无国界世界所带来的环境威胁。如果你在考虑要和特许公立学校的资助者对齐，你可能最好把批评者和拥护者的观点都读一读。我们每一个人多多少少都会抗拒让自己放开，面向激烈争论的话题。但是，到头来，这些相反的声音通常对各方都有利。
- **学习如何调查研究是其中的基本环节。**最重要的调查研究就是学会怎么学习。电脑很复杂，图书馆很大，人性很微妙、复杂，有时甚至不可捉摸。鉴于有大量重要信息正在等着你去发掘，你必须要懂得管理好调查研究工具相应过剩的情况。你不可能在一天之内了解所有的内容，一个月甚至一年都做不到。你要允许自己成长。

最棒的搜索工具：

◉ **信息人项目**，www.infopeople.org/search/tools.html

由博物馆和图书馆服务协会支持的“信息人项目”，提供了主要搜索引擎的最新且直接的链接。通过其上的快速指南和搜索工具表，你能够从各个搜索引擎之间的对比分析中，了解其各自的特点、长处、组织架构。

◉ **搜索引擎观察**，www.searchenginewatch.com

这个网站拥有各个常用搜索引擎的实时更新路径、用户评价、评分等级以及测试结果。同时还有突发新闻的链接。

2. 学会使用为调查研究而设计的工具

线上调查研究这一领域良莠不齐，而那些无意义的信息将会扰乱你的搜索结果，让你的不屈努力阻力重重。幸运的是，对于那些想要提高线上搜索效率的严谨的调查研究者，一些搜索工具是为他们设计的。这些网站在分辨人类才智上具有无法替代的优势，专家们对天文数字般相互竞争的网站进行梳理，根据同行的某些特定需求筛选出一些主要的可用网站并将他们分组以便使用。还有比这更好的吗？

绝大多数情况下，这些网页都会提供一个主题分类表，就像很久很久以前图书馆里面所使用的老式卡片分类检索系统一样。这些主题分类表将不同的研究主题整理成一个个大类，像艺术、历史、组织机构、人物、参考资料等。当你沿着这个分类表逐层缩小范围的时候，你就能找到一组经过专家们评定的网页资源。这样的绝妙工具能够提高你的调查研究效率，向你提供大量信息。每一位调查研究者都应该有一个基本工具箱，包括：

◉ **图书馆员的互联网索引**（网址：www.lii.org）

这个网站拥有超过 8500 个可搜索且带注解的主题目录，经由图书馆员筛选和评估过，被认为对公共图书馆工作人员有用。

◉ **新闻记者工具箱**（网址：www.journaliststoolbox.com）

“新闻记者工具箱”拥有超过 5000 个网站，“对媒体及任何做调查研究的其他人都有帮助”，每日更新。

◉ **虚拟图书馆**（网址：www.vlib.org）

“虚拟图书馆”提供经过彻底调研和评估的课题目录，由十四个大板块组成：农业、商业与经济、计算机科学、通信与媒体、教育、工程、人文、信息及图书馆、国际事务、法律、休闲、区域研究、科学、社会等。

◉ **互联网公共图书馆**（网址：www.ipl.org）

该网站由密歇根大学信息学院设计，为用户提供的大量收藏来自报纸、线上杂志及系列出版物、参考资料等。

3. 用统计数据说话

专业的调查研究者往往自称“受虐狂”，因为那些真正有重要价值的数据资料通常很难找到。例如，假设你们基金会想进入本州毒品滥用问题的工作领域，通常来说首要环节就是去评估这个问题的严重程度。这个课题所涉及的毒瘾者有多少？他们使用哪些毒品？这些人中艾滋病病毒（HIV）感染率是多大？最需要关注的部分在哪儿？该问题具有哪些人口、经济或地域特点？

如果你试着通过在线撒网找到相关的统计数据，那你一定会受苦，因为这并非互联网的长处。幸运的是，一些很棒的针对性强的网站能够让统计数据的搜索变得出乎意料的简单。

◉ **联邦统计（局）网**，www.fedstats.gov

去找政府吧，这是统计信息数据最大的收集和供应商。而政府背景的网站往往意味着这些数据都是免费的——相关的费用在你纳税时已经交过了。主要的问题就在于你如何在这庞大的统计数据、图表和目录里面找到你需要的信息，而联邦统计局是联邦统计数据最全面的门户网站，带有通向提供统计数据的每一家机构及其统计数据网页的链接。

◉ **密歇根大学统计数据门户**，www.lib.umich.edu/govdocs/stats.html

这个了不起的网页由密歇根大学赞助，收集了许多来自官方、公共组织以及私人来源的统计数据网站的检索目录，附有清晰的使用说明。

◉ **人口普查局**，www.census.gov

（美国）人口普查局的网页是全美人口信息数据最主要的来源，包括人口、住房、企业以及各州级、市级政府。详见网页中的字母排列目录。

◉ **全美公益统计中心**，www.nccs.urban.org

美国城市研究所是一家非营利团体，其网页提供全美或各州非营利性活动的统计事实和简介。

4. 找专家

调查研究者的工作几乎永无了结。无论你的基金会资助艺术、环境、教育、社会福利还是科研领域，你都需要了解领域内的最新动态，审查资助趋势，了解什么起作用了、什么失败了，把握住先锋群体中哪些是正在推进最好主意的重要新人。而在快速更新知识上，最合逻辑的方法，就是直接找到在你感兴趣的领域里最有见识的人士。那你怎么才能找到这些来源和专家呢？

◉ FACSNET①，www.facsnet.org/index.php3

FACSNET 是为新闻记者设计的另一个网页。它提供前往各学术专家和倡导组织的链接。而

① 译者注：FACSNET，是美国通讯基金会网 The Foundation for American Communications NET 的缩写。

网站中关于许多当前社会热点话题的可靠背景信息也值得一看，如种族定性和福利改革等。

5. 使用为慈善业设计的工具

最后，你应该再看看那些专门为特定目的建造和维护的网页，诸如对专业慈善加以援助、支持、提供信息和改善等。这些网站都值得你去长久深入地看一遍，并保持周期性的回访。虽然我们在此只是关注他们所提供的大量有价值的调研工具，这些网站可以用各种方式为项目官员在整个职业生涯中提供有用的帮助。

◉ **基金会中心**，www.foundationcenter.org

在实时跟进慈善行业内其他组织的活动动态方面，这无疑是最有帮助的信息来源。基金会中心提供了专业领域上的诸多链接，从政府资助到个人反思、从合作项目到会议信息。下面列出的一些资源也来自基金会中心的网页，可能特别有帮助。

◉**《公益简报》(简称 PND)**，www.foundationcenter.org/pnd

这是由基金会中心发布的期刊，为你提供基金会业内的实时资讯，新的提案书征集函，关于重要的、新兴的或罕见的资助方的简介，以及一些特别议题的信息，包括技术资源、国际慈善以及可检索的自 1995 年以来的文档。

调研非营利组织

调查研究也能够帮助你找到非营利组织并弄清他们的成绩。GuideStar[①]网站（www.guidestar.org/index.jsp）非常有用，它有一个数据库，收集了超过 85 万家经美国国税局认可的非营利组织的信息。实际上，GuideStar 能够帮你从非营利组织每年提交给国税局的文件中把相同的信息整理出来，包括财务数据。而你需要输入的只是这个非营利组织的法定名称。

有些时候，如果你想了解某一个特定的非营利组织，你可能会想调查他们项目的成功率有多大。比如说，有一家声称将区域内少女怀孕降低了 10% 的青少年组织，你所在的基金会可能感兴趣。但是这一成绩要依据其他事实和数字进行评估才有意义：过去这一区域内少女怀孕的涨跌情况如何？未参与该组织项目的相似社区里，这些数字有变化吗？少女怀孕在全国和地区范围内的变化趋势如何？这一领域是否有其他已经获得成绩的组织，他们又是如何做类似评估的？

要调查这些议题，你可能会想利用线上工具。不妨看一下与人口研究相关的统计网站，也可以联系智库和专家的网站，求助关于问题和改善办法的分析建议，还可以通过虚拟图书馆获取学术期刊和主流期刊的报道。

---

① GuideStar，意为指南星，是自造词。

◉ **寻找资助方**，www.foundationcenter.org/funders

网页的这一部分为你提供全美逾65000家基金会的基本信息和逾2000家资助组织的网页链接，你可以通过使用组织名称进行搜索。有两个子部分能够帮助你细化检索，其中990-PF①检索（990-PF Search）能够让你找到并查看基金会纳税申报单（990-PF表格），这对好奇的资助者和渴望寻找资助的人来说，都是有用的工具。

◉ **学习实验室**，www.foundationcenter.org/learn

位于学习实验室的线上图书馆员，能够及时回复你提出的关于基金会、慈善和非营利部门的信息请求。

◉ **慈善调研**，www.foundationcenter.org/research

网页的这个部分有760份统计表格，涵盖基金会的资助模式和资助趋势分析，还有关于不同资助主题的专题报告，比如对艺术与卫生政策的资助等。还提供了几百个非营利组织资讯和网页的链接，以及一个有关非营利部门文献资料的可检索数据库。

◉ **基金会协会**，www.cof.org

基金会协会作为慈善的代表声音，与议员、教育工作者和其他带头人共同营造了一个适于慈善运动发展与繁荣的环境。协会为其2100多个会员提供所需的产品及服务，让他们做出最好的成绩，包括法律信息、技术支持以及交往机会等。协会欢迎在慈善方面为人们提供交流平台的任何个人或团体以会员身份加入，包括私人基金会、社区基金会、运营型基金会、公共基金会；企业基金会与捐赠计划；新诞生的捐赠和资助工作组织。

回归线下并走出图书馆：与人交流的必要性

任何出版物，即便在我们这个联网的世界，都存在着时间上的滞后：从思考到将想法写在纸上或输入电脑，有一个时间差。今天发生的事情要到明天才会写在纸上，并且还需要经过十几道不同形式的复审、反驳、辩解、否决和仔细琢磨，经过数周、数月甚至数年。

有些时候，最好的方法就是直接找到信息源——一个活着的、会呼吸、会思考、有感觉、能讲话的人。通常来讲，找到这种人的方法很明确，比如你刚刚读完的那篇文章的作者、该领域内一位大家认可的专家，或者是住在你们社区里对你希望了解的那个问题有深刻体验的某个人。而有些时候，你需要像玩侦探游戏一样，向身边的人询问该去找谁。

事实上，大多数的调研可能最好是从与见多识广的人士交谈开始。让我们看看下面的这些好处：

◉ **对话**。借用法国学术界对阅读任务的时兴叫法，我们可能会去“审问”一篇文章，但是这篇文章并不会和你对话。而采访对象则不同。他的热情和视角（或者是推脱和保留）都会

① 译者注：990-PF，指美国私人型基金会需要填报的税表。

激起我们的反应。在这种饶有兴致的对话过程中，我们可以对一些想法进行反复推敲和讨论。而如果发现一段对话磕磕绊绊或者该停止时，我们往往也可以直接转到下一个问题。

- **效率。**学者可能用一生的时间阅遍各类尘封的文书。调查研究者的时间往往比较紧张，因此与见多识广的人们交谈能节省时间。
- **新鲜。**对于那些高度期望得到及时信息的调查研究者而言，最好的信息往往从人们口中来。人们通常都会知道此时此刻正在发生着什么、哪个人知道什么事情、谁认识谁、至少到上周二谁不和谁说话了等，这些信息都会好于那些来自书本、文章甚至最严谨地予以更新的网站信息。详细记录当前事件的报纸会比概括某段历史的书籍要好，也是同一个道理。

如何与人交谈

每天我们醒来，就会开始提问题和讲故事。这是我们人类特有的功能，它把我们和小鸡、水母区分开来。这深藏在我们的天性里。

但是这并不意味着我们能特别有效地提问或讲故事。没有人天生会面谈，他们都是年复一年从涵盖面广、战略性选定的对话中培养了引出话题和传达信息的艺术性技巧。

为了保证你的面谈能够好于常人，看看下面列出的一些首要原则：

1. 做好准备。多花时间搜集面谈对象的背景信息，包括浏览其网站，熟悉其兴趣爱好、专长、目标、作品以及贴心项目。想清楚你为什么想和这个人对话，问自己你希望学什么。一个合理的面谈目标就是在离开时收获三项具体的信息。二十个就太多了，但是为了能够整理出你所希望得到的信息，你可能需要提出二十个问题。用心去调整你的问题，使之能够适合你的面谈对象。把列出的问题简单记下来，然后把它们放到一边。在面谈之前，将这些问题再回顾一下、重写一下，并列好提问的顺序。你也可以提前把问题清单发给面谈对象，便于其准备好答案以及一些你希望知道的信息细节。

面谈的时候带上你的问题，随时参考，并且做好随时不按原始顺序提问的准备，因为不同机遇下可能会存在更有价值的提问线索。无论面谈对象想告诉你什么，都时刻保持开放的态度去倾听，请记住有价值的信息往往可能像惊喜一样出现。

2. 愿意提愚蠢的问题。如果你已经什么都知道了，你就不要做这次面谈了。所以自豪地表现出你的好奇心，问一些开放性的、非判断性的问题来表达出你诚挚的学习意愿。永远不要假装你知道得比实际上更多。一个诚实的面谈者是一个机敏明智的探寻家。这是一个有力的定位。你能够自如地问一些看似天真的问题，或许就能得到最真诚的回应。享受这种机会吧。

3. 注意权力的差别。在绝大多数的对话中，一方（比如房东、银行家、被爱的一方等）会比对方（比如租户、借款人、痴迷的追求者等）更有权力。在慈善业，虽然这一力量很少被提及，但却常常起作用。试着去控制好协助你完成调查研究的非营利组织成员的期望，礼貌地清除这样的想法，即他们的良好意见必然会导致你将来对他们的资助。善待他们的所有协助，并表示感谢，也要面对现实，知道你的出现很可能就会在下周为你的桌面增加一堆提案书。

4. **做好你自己。**没有比这更重要的事情了：要用最适合你的语调、姿态和风格。如果你能够在遇到某些尴尬的情况下保持平和、开放和舒适的自我状态，那么在谈话过程中出现的一些不可避免的波折，就不会把你抛离原来的方向。

和同事们对话

在向专业人士请教的同时，也不要忽略身边的慈善同行。资助者就像知识的磁石。带有梦想的人、耍诡计的人、善意的人，偶尔也有一些危险人物，都会不惜一切代价地找上门来。结果是，当你想了解具体议题、组织机构以及下一个该找谁谈话时，和同事们的谈话往往有特别的好处。

1. 你的同行们都了解在资助工作中信息的价值，所以他们都理解你在寻找什么。

2. 你的兴趣、焦虑和无知不超出私密范围。慎重的判断力是专业慈善工作为数不多的公认要求之一。

3. 与同行们的对话不会为你带来又一轮提案书，所以在这方面你大可放心。

为了能够得到同行交流的最大价值，你可能需要冒一点险。试着在可把握的范围内谈谈资助过程的成就和未来机会的闪耀点，并逐渐转移到一些稍微不那么舒服的话题上，比如失败的项目、错判、误解等这些资助工作中重要但很沉重的秘密。同行之间的坦白能够带给双方一些特别有价值的信息。

实际上，深入而仔细地了解其他基金会怎么尝试实现他们的目标或是失败的原因，没有比这样的做法更有价值的了。最好的可能是，资助工作者发表一本年鉴，列出他们每年因傲慢而犯下的低级错误、浪费的最大一笔资金以及曾被他们私下推崇为下一次慈善资助趋势而现在深锁柜中的资助灾难。在你有机会读到新一版年鉴之前，可以先从与同行的真诚和慎重的谈话中受益。

如何将调查研究引入你的组织

在调查研究中发现的想法应该会给你们基金会资助工作的整个群体带来帮助，包括员工、理事会、顾问，甚至可能包括一些资助对象。实际上，如果调查研究的结果不能渗透到机构记忆中，调研的努力就被浪费了。

为了让组织内的信息和知识自由流通，你可能想要做到下面几点：

- **信息更新正规化。**当组织内的任何人参与到一项重要的调查研究任务时，请保证其他员工能够从调研结果中受益。交换书面报告、分享原始笔记；汇报实地走访情况；让员工轮流参加其他资助方和非营利组织的重要简报会；在他们回来之后安排一次简短报告，了解所得到的信息。

- **安排常规调研会。**在你的日程表上安排大块时间完全用于不受干扰的调查研究，拒绝被打扰。从审阅提案书到准备推荐文档，日常工作的压力不该压垮你的更大职责——你要更深入地了解这个你意欲改变的世界。在办公桌前坐上一天，只做阅读，这可能是在实现基金会长期目标上你能做的最有成效的事情了。
- **将调查研究列入员工发展计划。**调查研究所需的技能要随着时间不断开发。因此，调查研究应该成为员工发展年度计划的一部分。为员工们留出足够的时间和资金去参加调查研究技巧的训练，然后提供大量的机会去练习，练习，再练习。
- **了解关键议题现状。**一位项目官员说："我每天都读《纽约时报》。"而他只是一家小型家庭基金会里唯一的职员。他说："这是我工作的一部分，这是我能够及时了解到世界正在发生什么事情的一个方法。"设计属于你自己的与这个复杂世界保持信息同步的方法。决定你每天、每月以及每个季度必须阅读些什么。列出你想要会见、面谈或者咨询建议的人员名单。订阅一些相关的专题电子订阅服务。持续地发掘知识内容，对所在的资助领域内哪些已被尝试了、哪些被证明有效或无用，要及时更新了解。

策略性对话：一位首席人事执行官的调研故事

理事会交给莉莎·弗里德曼一项艰巨的任务。作为摩根家庭基金会唯一的又是兼职的员工，莉莎的职责就是保证理事会时刻了解本地区在几个领域有哪些资助机会。这是一个小型家庭基金会，拥有大约 450 万美元的资产，一直以来都重点支持青少年及教育领域的项目。如今，理事会决定要将业务扩展到环境领域。莉莎因而受托帮助理事会成员找到合适的项目。

如何开始呢？像很多项目官员一样，莉莎认为自己是一个多面手。但她的科学训练仅限于本科阶段的概论课程。她既不是环保主义者，也没有热衷于观察这类运动。此外，这个领域也太大了——就跟这个世界一样大。鉴于摩根家庭基金会所关注的地区仅限于旧金山湾区和谢拉山脉北部地区，莉莎知道自己没有必要马上了解塔吉克斯坦的水资源情况或者亚马孙平原的生态情况。但是，她必须对全球相关议题有足够的了解，以理解这会对她所在的区域带来什么影响。

当然，莉莎并没有几年的时间去研究了解，甚至连几个月的时间都没有。就像绝大多数基金会调研一样，她的任务也是受截止时间驱动的。她必须快速工作，同时整理、评估并保存相当多的信息。

莉莎开始去参加由世界观察研究所举办的演示会，这家组织是位于华盛顿特区深受敬重的智库，每年都发布关于一些关键环境指标的"世界状态"报告。这场演示会由大卫－露西儿·派卡德基金会赞助，该基金会在美国领跑环境资助，和摩根家庭基金会就在同一个镇里，很方便。一天之内，通过这个行动，莉莎就已经踏进了这一议题的中心，在她身边坐着的就是各位盟友以及未来可以联系的信息提供者。

接着，她开始建关系网。她联系了在世界观察大会上遇见的一些人，参加了一些关于地区环境议题的公开讨论。她了解到，大多数的人，尤其是专家学者，喜欢谈论一些他们所擅长的内容，而她也不客气地请求去和他们讨论一个小时。她的信息搜寻很快变成了一次令人兴奋的智力探索之旅。

莉莎与在半岛社区基金会里的同行们见面，那是一个调查区域环境需求的邻里慈善组织。她也联系了其他几家基金会，从负责在环境领域内提供实质性资助的人开始。她汲取每一位资助者的经验（但并没有把他们的视角看作命令）。

在这些谈话的全程，莉莎安静地在脑海中记着五个问题：

1. 为了帮助理事会在本地资助上做出满意的决定，我还需要了解什么？
2. 在环境议题上你学到的哪些内容是我应该了解的？
3. 接下来我应该和谁谈话？
4. 我应该如何协助理事会制订整体的环境资助策略？
5. 我们应该如何评估项目的成效？

结果，莉莎的信息探究把她带向该领域内的各种人：全国分析师、地区资助者、非营利倡导者、服务提供者等。她与一些当地的小型环保组织联系时，牢记权力差异，向他们强调自己希望从他们身上学习而非寻求业务机会。在每一次会面之前，她都会研究该组织的出版物，浏览其网站，因为她意识到这些第一线小组织往往可能会做出一些关于当地的分析报告，与她从全国性组织那边获得的信息互补。

莉莎说："我会把收到的所有通讯都看一遍，然后我会和那些代表着很多兴趣和策略以及不同资助规模的组织联系。"事实上，如果她只通过专家学者、大型基金会专业人员、环境保护署公务员，甚至大型全国性环保组织等获取信息的话，她就很有可能会忽视一些位于基层的环保行动者。这些在环保运动中不太引人注目的一群人，为一场大变革源源不断地提供能量并采取行动。

莉莎总结道："人际关系网就是答案，在你提出问题之前，你永远不知道你能从谁身上学到什么东西。多练习就好了，慢慢地我也习惯随时拿起电话去找别人帮忙。很快，我已经感觉到调查研究是多么有趣的一件事。"

第三部分

基金资助工作基础Ⅲ

资助者实用指南

作者：弗雷德·塞特伯格 | 柯尔邦·S. 威尔伯

第十二章　寻找结果

评估入门

过去二十年间，随着各级政府减少了对社会和文化项目的支持，非营利界的使命担当出现了显著提升。大政府的时代结束了。我们听到两大主要政治党派都在这么说。虽然非营利组织承认他们难以填补因政府资金减少所导致的资金缺口，但他们在医疗卫生、教育、法律援助、艺术和环境保护等方面——在公众领域的方方面面，向前迈进，承担起了更加重要的角色。

在这个过程中，有一个问题愈发明显——我们真的不知道大多数非营利组织的工作成效如何，他们在处理社会问题或追求其最值得赞美的目标方面，有成效吗？担当着追求公众利益任务的非营利组织很少精确地告诉我们他们取得了哪些成绩，他们的项目为什么管用，如何把他们的做法调整用于帮助其他社区。缺乏可靠的评估，让非营利组织和慈善组织都难免受到严厉的批评，也让我们的社会错失了难以计数的进步机遇。

当然，大多数基金会无法安排出时间和金钱，使自己的员工变成评估方面的专家——尽管很多大型基金会已经有了显著进步，可以用来帮助整个行业。虽然如此，但是，大大小小的资助工作者们可以搞明白评估的重要意义、局限所在、具体方法，然后在评估的工具、专家、专长知识上学着做聪明的消费者。

什么是评估？

首先，让我们考虑一下哪些做法有时会被误认为是评估。评估不是出于下述情况的产品：

◉ **纯粹的情感**："我就是喜欢（不喜欢）那个项目！"

◉ **主观的判断**："每天做完工作，我都觉得很有成果（毫无价值）。"

◉ **行动的需要**："考虑到我们对这个项目的所有想法和感受，让我们接着再资助一年吧！"（或者另外的结果："让我们今天砍掉它吧。"）

纯粹的个人意见，加上对某个项目的命运做决定的需要，在非营利领域和慈善领域经常被当成评估。这类鉴定可以用在你的评估方法中，但是不应该把它们与评估过程本身搞混。

例如：你和我可能都认为，美国太空计划是扩展人类知识的伟大努力，真的伸向外太空了。（这是主观的判断。）我们可能发现憧憬其潜力让我们开心，星际旅游的浪漫让我们兴奋。（这是纯粹的情感。）甚至我们可能得出结论，考虑到我们的感受和看法，把人和机器送到无边无际的黑暗太空有着如此振奋人心的前景，无法拒绝。（这是行动的需要。）

但是，我们压根没对我们国家的太空计划做评估。考虑我们未做的如下基本任务：

◉ 建立可测量的目标。

◉ 对朝向这些目标的进展加以记录，并收集这些数据。

◉ 分析结果。

取而代之的是，我们让自己的情感、看法和立即做点事的心理需要，与客观审阅的所有可能，做了交换。我们已经向自己证明了我们已经知道的东西。

评估的最大好处是，它直指资助方和非营利组织管理者们无法忽视的基本问题：

◉ 我们在履行我们的使命吗？

◉ 我们在促使改变发生吗？

◉ 我们能更有效地使用这笔钱吗？

◉ 我们努力的结果能证明我们存在的合理性吗？

当然，即便最好的评估模型也不完美。"你给我看最深思熟虑地设计出来的评估，"一位评估领域的专业人士吹嘘说，"我都能在 20 分钟拆解它，让你知道其样本群无效、其调研技术污染了数据、其结论经不起考验的所有原因。"除了设计上无法避免的漏洞，还有一个事实就是，对于在特定社区、特定时间是什么在起作用，评估只能证明其中一两点而已。而今天某个机构在家乡的解决方案未必明天在国土的另一端可行。

不完美是不可避免的，这没什么。你的评估不需要完美。评估应该为资助方和非营利组织做的是，帮助他们回答一个基本问题：我们怎么知道正在取得我们预想的影响。

为什么评估重要？

◉ **保证公众的信任**　基金会和非营利群体享有免税身份带来的大量好处。这些好处的存在，为组织铺平了道路——他们在努力改善社会，修正其中的错误，为通往更加平等、高效、美好的世界开创新路径。如果你资助的这些群体没能取得进步——甚至更糟，对此拒不理会——那么，就可以合理地指责滥用公众信任的各方，因为他们堵住了路——而这条路是为那些准备得更好、更负责的努力铺设的。

◉ **澄清资助重点**　资助工作者必须定期查看他们的轴承情况。资助策略与时俱进并清晰吗？有哪些路标用来指明你和非营利合作方的进展情况？你的前进速度可以接受吗？良好意愿是不够的。他们必须和自我检查共同发酵。

◉ **避开实在的恐惧**　最后，评估远超过非营利组织不得已而为之的服务（像是送给资助工作者的巨大人情）。评估可以确保你没有把生命浪费在无用的努力上。你只有这一生可活：为什么不像有的人那样，用它来做成重要的事呢？

选择最理想的评估策略

在工商界，完成使命这样的问题会在扫一眼底线要求之后，快速被打发掉。如果你不挣钱，你就很可能走偏了路，无论人们宣称多么喜欢你们（基金会）的产品或赞赏他们（非营利组织）的工作。然而，在非营利部门，事情无法避免地模糊起来。资助方和服务提供方必须与难以捉摸的指标格斗：客户参与度、态度、直接反馈、行为改变——可要把个体人生航线的改变与全社会在社会、精神、经济、心理层面的振兴合并在一起。

非营利组织的有效性是出了名地难以衡量。而且非营利生活中其他常见的特质也加重了评估的虚无缥缈。

例如，很多社会服务组织是为了解决众多问题而创立的。时间长了，他们可能越来越扩散，维持着几组业务重点。比如说，成长辅导、就业发展、就学准备、医疗卫生、法律服务等，将之雄心勃勃地交织起来，全都放在提供家庭支持服务的单个组织的屋顶之下，这并不罕见。事实上，这些组合型服务可能对改善很多困难家庭的各种复杂问题至关重要。但是，他们的这些相关服务项目群，也确实极难按个体有效性来拆解和分析。

这对双胞胎难题——非营利组织志向的抽象特质和众多非营利活动的复杂性——提示我们，没有一种项目评估的方法可以适用于所有努力。但是，下述经过实践检验的评估模型可以为大多数资助方服务。

评估模型

过程评估

我们做了我们说过要做的事吗？

这是过程评估尝试回答的问题。或者更复杂一点，也许更熟悉的说法是：谁做了什么，何时，何地，用了多长时间，花了多大成本？

如果你资助的项目打算通过让孩子参加课后班来教舞蹈和音乐，那么，过程评估可能要回答如下问题：

- 该非营利组织在项目期间开办了几个课后班？
- 在哪些场所？
- 谁是老师？
- 多少学生参加？
- 每个学生留在该计划中的时间平均有多长？
- 该计划按每个学生、老师、场所来计算，人均成本是多少？

过程评估经常不只是数人头。这种方法可以帮助确定该计划的一些决定性特征和价值观，由此保证你已经提供了合适的服务。相关的问题包括：

- 学生的年龄、年级、性别、街区、社会经济背景如何？他们是如何招募到的？
- 这些班上有哪些活动？
- 这些班级和教师都有哪些差别？
- 该计划是按照既定方案实施的吗？
- 自计划开始以来，做过哪些调整？
- 出现过什么问题？
- 从这些努力中出现了哪些意想不到的机会？

即便是最小、最不复杂的组织都可以承担过程评估。事实上，资助方可能无法知道他们的资助对象是否实施了原始计划方案，兑现了他们的承诺，证明了他们存在的合理性，除非他们定期通过各种方式问这些问题：谁？什么？何地？何时？如何做的？

大多数非营利组织承担了某种形式的过程评估，尽管他们可能用不同的叫法。日常记录工作勾画了员工活动、服务时数、客户参与度以及相关的数据等，常常为标准的过程评估提供原材料。过程评估所提供的看法可能很有价值，如在计划进行的一年里，时间和美元都是怎么花的。可是，它无法回答这样的问题：活动是否真的具有他们想要的影响。要回答这种更为复杂的问题，我们必须勇敢地进入成果评估。

成果评估

该项计划造成了哪些改变？

这家非营利组织达到了其抽象和具体的目标了吗？成功的标志有哪些？或者用谈话的形式来说，什么挡住了他们的路？阻止了进步？让他们的雄心化作泡影？简短地说，我们的努力有什么直接的结果？

当然，任何成果评估的成功与否取决于你最初意图的清晰程度。如果不能确切地知道你最初想要达到的意图，就不可能判断结果的质量。（成果评估实质上保证了你必须快速重温非营利组织的机构使命。）使命、抽象及具体的目标以及方法之间的关联，会作为设计成果评估的上层建筑。

举例：让我们想象一下，你所资助的群体，为了探索如何帮助内城青少年成长为有生产力、负责任的成年人，重新定义了自身使命。它实现这一目标的首要策略包括：减少这些孩子对黑帮、毒品、暴力等活动的涉及，同时改善他们的上学出勤率和学业成绩。我们说，你想要评估的这个计划在过去两年集中在那些已经被认为“处于危险中”的初中男孩、女孩身上——要带上这样的标签，他们已经在持续逃课、成绩很差、多次违法等方面破了记录。

该计划可能提供了一系列危险行为的替代选择：出游活动、导师、课程辅导、负责任的成人所给予的关注——这些成人在所有活动的全过程都与这些年轻人一起相处。但是，你怎样得知这些组合型努力有了成效呢？

你和你的非营利伙伴可以很容易地监视这个过程——有多少员工和志愿者时数投入到多少个孩子身上？做了什么活动？在哪里？什么时候？成本多大？但是，影响很难衡量。即便非营利组织认真按规划提供了所有的服务，也无法担保这些努力能使这些年轻人的生命产生最轻微的改变。

为了评估有效性，你需要看一些与你们具体的基本目标有关联的客观数据。如果你想要改善学习成绩、减少逃课、减少与青少年司法系统的碰撞，那么，你就需要量化一下，在参加你们的计划之前，这些孩子做出这些负面行为的频度是多少，在参加计划的过程之中和之后出现问题的频度又是多少。这些信息应该采用上学出勤记录、成绩、（可能是以自我报告的形式）与警察和法院的接触次数等形式，这样易于使用。

当然，在构建测量工具、发掘数据并把数据用于合理分析时，不可避免地会出现更为复杂的情况。但是，为构建诚实的成果评估所付出的努力，至少会让所有人步入正轨，让你最终能够绘制出真实世界的进展。有效性这个问题，随着我们进入下一个评估模型会变得更加让人晕眩。

影响评估

我们的计划有哪些远期（并可能是设想之外的）后果？

这个模型钻入了地下：副作用和长期反响——你的计划引起了哪些“余震”，无论是出于设计还是出于自发。

作为例子，让我们回到在成果评估中遇到的那组青少年。不过，这次我们会对他们的明显成绩多一点怀疑。

记住，该计划做到了提高学校出勤、提高学业成绩、减少法律层面的接触。这些数据就是这么告诉我们的，故事到此就结束了——如果我们不对这光鲜成绩的剩余影响看得更深一些的话。

然而，影响评估要我们看得更长远一些，更严格些，更长久些。到底怎么做呢？在这个例子中，我们可能决定用深度面谈来丰富我们的原数据。除了用数字、图表、图形来勾画的学校出勤率、学业成绩、出庭次数，我们现在要寻找对该计划的影响在质上的表达——人说出来的故事，这无法用统计数据来表达。步骤一：与参与者的家人长谈。评估人员发现了什么？很可能该计划实在太成功了。家长们说，参与者的弟弟、妹妹们忍不住注意到那些向“处于危险中”的哥哥、姐姐所慷慨倾注的关注和快乐。结果，他们开始让自己处于能参加这些出游、导师关系之类活动的位置上——开始做那些让他们的哥哥、姐姐陷入麻烦（最终，进到这个计划中）的同样的蠢事。

意外后果法则起了支配作用。不过，如果没有影响评估提供的视角，我们可能永远无法得知。

形成性评估

什么最管用？

这个最后的模型聚焦于比较，让你在把相当长的时间和相当大的资源用于任何一种方法之前，先使用路演技巧或是对比竞赛设计。形成性评估可以透露出一些线索，如过度投入，有设计缺陷，不着边际没有效果，所有努力都是为了判断一个新计划是否真起作用，也应该有助于控制成本。

形成性评估在教育类组织中常常用到，如博物馆、艺术中心、学校、社区宣传等。这些群体会定期遇到让人赞叹的机会，要把大量的时间和金钱用于装饰一个新展览、写新课程、打磨必须向大众传达的重要信息等。

例如，让我们想象你在资助一家艾滋病教育群体，这个群体已经与当地教育局签了协议，创建了一个融入传统健康课程的教学模型。从一开始，你知道多少时间会被用于艾滋病的主题，教育局想要印出的插图和复印件有多少页，以及学生的年级、年龄和社会经济背景。你不知道的是哪一种教学策略会最管用。

通过形成性评估，这家非营利组织可以采用几种不同的途径，检查结果，然后选择最好的方法加以普遍应用。例如，他们可能一开始将同一个教育局管辖的学生分三组进行测验，他们在参加模型课程之前对艾滋病有何了解。他们可以用三组不同的教学策略，分别为每组学生上模拟课；两周之后再次测验，看看哪种策略在传达非常重要的要点时最有效。

像成果评估一样，形成性评估关注结果。不同之处在于时机选择。形成性评估的目标是在全面执行最有效的方法之前，要显示出哪一个最有效。成果评估是在项目结束时跟踪结果。因为形成性评估是在过程的早期查看可能有什么结果，它的方法并不总是能帮你理解为什么某个特定努力的有效性是很有希望的。（一些组织，例如，采用焦点小组来探索目标观众对待所选的公共信息宣传运动可能会有哪些反应。焦点小组的成员可能表现出很强的内心体验。不过，他们可能对为什么存在这种强烈的反应、情绪说不出所以然。）当然，对大多数资助方和非营利组织来说，关键问题仍然存在：“我们怎么得到我们想要的结果？”而不同程度上更微妙的“为什么”（以及“因此”），也许最适合留给有时间、倾向、技能、资金的学术研究者，去探究人性动机的未知角落。

抵制点

如果评估这么有用，为什么大多数组织加以抵制？

无论你打算评估自己基金会的努力，还是非营利合作方的工作，你都会不可避免地遇到抵制。

抵制可能来自你自己的同事、非营利组织高管、各自机构的理事会。除了人之常情害怕未知的心理，抵制的核心是什么呢？

以前糟糕的评估体验

“我们以前试过，不灵。”这种泄气的话沉重打击过无数致力于非营利组织专业化的努力——规划、财务、资金开发方面的技巧和相关管理创新等方面。不幸的是，说到评估，更是常常如此。

多年来，很多坚定能干的非营利工作者忍受了无数小时无用评估的折腾。这种情况，部分是因为评估在非营利管理领域仍然相对较新，特别是对小型组织而言。该领域也没有充足的有经验的专家。其价值和方法尚未得到行业的普遍认可。

不合适的评估通常是出于资助提案书结尾插入的一段例行公事的说法：“我们组织会在年底对计划做彻底的评估。”事实上，这种声明——减去具体细节之后，并没有真心的承诺，在关键的规划阶段缺乏员工参与，总是让一线员工对额外搜集数据的工作既吃惊又不满，无论这些数据可能有什么用。这通常是一个明确的信号，一场无用的评估开始了。文件被翻来翻去，报告被及时存档；可是参与其中的每个人都会对必然无用的结果心怀怨气。

另外，非营利管理者频繁抱怨，大型资助机构派来的专业评估人员带来没用的干扰——他们带着州和联邦政府机构常有的怀疑。这些评估人员通常不熟悉该非营利组织的工作。他们花几天或很多小时，最后终于认可并签署了他们的发现。他们不咨询也不合作，就是下结论。而他们的结论只是作为你们项目结束的附件，并没有真实的用处。在该非营利组织偏航时，这些评估不会改变其服务递送的策略，或是建议用其他方法看待结果，或者利用现在大家都看得到的新信息。确实，不知情的外部评估人员所发现的东西，并不是实用的文件，只是为已经自然走到头的努力做了一份墓志铭。

怀疑外界影响

很多资助工作者和非营利工作人员，已经处于冗长的评估过程中，而这些评估对他们的项目运营和未来资金没有影响。

“我参加过几个项目的评估，我给这些项目官员打电话，”一位有20年经验的非营利专业人员说，“我直接问他们：‘你们读过那个评估报告吗？’没有，他们还没读过呢。他们也不打算读了，因为经过实地走访或是和员工通电话或是别的什么原因，他们已经做了决定，不管他们是喜欢还是不喜欢那个项目。评估完全在他们对未来资助的决定之外。”

关于评估的三个传说

除了对评估正常的焦虑外，还有三个传说妨碍了非营利组织和资助工作者双方的努力。这些传说解释了评估为什么常常被越过，即使在足以完成这项任务的组织中。

评估极其复杂

说得也对：为了证明科学精确性，的确出现了迷宫般复杂的评估模型。但是我们这里说的是在学术界出现的理论繁荣，而不是非营利组织和资助工作者组成的百花齐放的大花园中的日常需要。实际上，如果一个评估想要在著名专业期刊上得到社会科学的同行评论认可，你没有必要支持这样的评估，这过头了。相反，目标应该是简单、实用、简洁、常识性的。评估的结果应该足够复杂，可以在路线途中足够精确地指出该非营利组织的位置，而不是无所不包的地图全集。只有在极少的情况下，必须有高成本的评估，那就要确保你做出足够的预算，把事情做对、做好。

评估极为花时间

如果你把评估模型做得足够复杂，你就要把员工大量的时间花在履行这份慷慨的承诺上。别忘了：1）简单；2）简洁。

如果你的评估大到自成体系，占据了重要员工的时间和注意力，那么，可能就要叫停重新设计了。占用员工或客户的大量时间，降低了评估得以完成的可能性。一个好的评估要求在时间和精力的支出上对所有关键的参与者都是实际可行和有意义的。

评估贵得让你破产

再说一次，账单越来越长是可能的，但并非不可避免，既不必要也不负责。最好的评估是通过项目工作的日常运作贯穿起来的，它们不需要在员工、设备或新工作程序上有额外大量的消耗。

怀疑内部动机

员工也可能怀疑他们的管理者和理事会把评估用作内部手段——特别是外部人员做的评估，没有在设计和实施中咨询员工。人们通常觉得评估是管理者（或资助工作者）提早清除员工（项目）的借口，而如果没有正式的准许，谁也不愿意去做这样的事。

更常见的，也更让人痛心的是，员工可能怀疑评估会有任何影响。这种感觉反映了组织的文化，对自我维护的关注超过了对有效性的坚持。

要把一家组织推到更好的方向上，需要的不只是有水平的评估，还需要该组织的理事会、管理者和员工坚定地把评估的最后结果当成重新定向的内部工具来使用。

害怕失败

最后，非营利组织和资助工作者双方都担心，一次诚实全面的评估会发现失察、错误、浪费、失败的证据。由它去吧。不过，失败不一定永远不变。认识到昨天的错误，正是取得明日成绩的重要部分。如果你还没有冒些风险并且不可避免地犯些错误的话，你的组织可能不够灵活、勇敢、有恢复力。

无论如何，评估几乎从来不是只有坏消息。一次彻底的评估带来的可能是喜悦。我们容易忘记做得好的地方，特别是在努力想要做更多的压力之下。

在组织中开始讨论评估

大家太过于把评估等同于审判日、最后的决定、最终的点头同意或耸肩遣散了。

但理想情况下，评估应该激发和构建出一个关于组织有效性的现实的和持续的交谈；应该借鉴一线员工、管理层、评估人员和客户的经验；应该提供有用的信息，在这些信息的基础上，对项目策略加以改善。

“把一次评估焊接到计划的尾部，然后要求员工收集数据，而他们还搞不清楚原因为何，”一位有经验的非营利管理者和评估人员告诫说，“理想的情况是，在你最初设计方案时，就应该构建评估方法，让未来要收集数据的一线员工一起提建议。”

资助方和非营利组织应该在项目计划的最初阶段就开始讨论评估。从一开始，负责评估的人就需要说明评估的实际价值——在所有情况下，不断地说。这个人必须把事实讲透彻，即评估的过程在理想情况下解决这些基本问题——负责任的非营利管理者、员工、理事会、资助者都不可以忽视的问题：我们在实现我们的使命吗？我们在起作用吗？我们努力的结果证明了我们存在的合理性吗？

评估工具箱

挖掘有用信息的方法

非营利评估涉及挖掘有用信息的大量工具。大多数情况下，这些收集信息的实施工作已经被外包到私营部门，因此稍加变形并经过重新校准后，用来测量个人和群体对社会项目和社区改变的反应。

问题在于选择正确的工具。

当然，并不是只有唯一的正确工具。

此时或彼时，我们在此讨论的任何工具都可能被用于测量非营利组织的进步。比如，对某些人来说，采用对照组可能听上去科学、权威。但是，大多数资助工作者和非营利计划既不需要这种复杂方法，也没有能力改变自己的日常工作去适应这种工具的特别要求。另一方面，书面问卷调查肯定是最容易从相关人群获得信息的方法，但这未必是最可靠的方法。

古语（打个比喻）仍然有用：用正确的工具做正确的事。

数据收集的九大工具

选择数据收集工具的真正窍门是，确保你的选择会提供：

- 足够的信息——但不要太多
- 合适的信息类型
- 跟你们组织和评估人员的才能、时间限制及兴趣相匹配的灵活性

1. 客观测量

客观测量通常被解读为又冷又硬的事实。例如，你可能把参加项目的学生和没参加的学生的成绩加以对比，来判断这种干预方法是否真正影响了学业成绩。或者，你可能通过比较学生们在参与项目前后的出勤情况来测量参与学生对教育的追求是否有所改变。

客观测量排斥意见。它回答这类问题：多少（可数）？多少（不可数）？多少次？间隔多久？多长（时间）？如果数据收集方法可靠，那么，参考客观测量结果，可以起到很吸引人的澄清效果。我们不太关注参与者怎么想、怎么感受。我们想要知道他们中间有多少人会出勤，他们会在项目中留多长时间，他们在离开项目时的技能水平有多高。

客观测量的好处在于你要寻找的信息通常已经在周围存在了。

例如，咱们假设你一直在资助一家剧院，其长远目标是成为家喻户晓的品牌。在这个过程中，他们可能对自己的媒体拓展计划加以评估——通过清点在固定的几个月当地报纸刊出的文章数；在电台、电视台出现的时间量；每篇文章和播报潜在覆盖的读者和收听者数量。

当然，这样的方法并不能证明人们真的听到、注意到或理解了剧院的目标，更不要说记住它的名字了。但是，这的确为获取媒体曝光能力的强弱提供了一种现实的测量，而搞定媒体时间是拓展运动的必要步骤。因此回过头来，这一信息可能对其他策略有用，需要加以微调和补充。

2. 测验

测验是另一种形式的客观测量。最常见的是，你会测验项目参与者，来决定他们是否获得了某些具体技能或知识。而且，测验还可以测量态度的改变。（多样性方面的培训拓宽了参与者对世界的认识了吗？还是强化了长期存在的偏见？）测验甚至可以测出个人习惯的改变。（参与者在我们的营养教育计划之后，在诊所验血时，胆固醇的数值是否降低了？）

要记住，测验不涉及主观经验。它们不应该试图确认参与者的头脑或情感生活的状态，或是决定它们认为员工是否诚恳、有趣、见多识广或对人疏远。测验强调的是客户。他们知道什么？他们学到了什么？他们有何改变？

测验常常是指出你的项目是否真正按计划进行的唯一方法。

想象一下，你正在资助一家天文馆的新展览，是关于宇宙的诞生——这确实是一个大话题。从各方面的表现来看，员工们已经做了了不起的工作。人们成群来参观，报纸报道称赞它的设计，每个人都能感到参观者鱼贯而入时的热情。但是，如果成果是用观众所获得的知识总和来衡量，而不是他们的感激，那么，你必须做测验。

什么是大爆炸？我们的太阳是白矮星、红矮星，还是其他东西？有必要担心地球落入黑洞吗？

测验可能由几个多重选择题组成，可以在出口处每离开三个人，测验第三个人。或者，你可以每天为 10 名志愿者提供免费门票，连续一周。这些志愿者要参加全程 30 分钟的考试。

当然，你会想要确保测验与展览所介绍的主题内容相对应，并且测验没有难到让人半路放弃。相反，你可能需要接受一个让人烦恼的事实，即仅仅是测验或观察人们，他们的成绩就会提高。（这是社会科学家已经发现的霍桑效应的奇妙效果。）

组织和安排一个测验，你可以从三种设计中选择。

- **前后测验**　参与者在参加计划之前和之后参加的测验。两者分数之间的差距应该表示在知识传递、态度改变和身体变化上，该计划所取得的成功。
- **后测验**　是只在计划结束时参加的测验。这种测验，我们在校上学时一直在用。后测验假设初始时的无知程度，要由参加考试的人来展示他们真的已经学到东西了。
- **各占一半策略**　是因为太少有人愿意参加测验，有的群体依赖一种各占一半的策略，其中参与者被随机分成两组，都是同样的人数。一组要参加前测验。另一组只参加后测验。比较两组的结果，我们可以看到整个人群表现得如何。另外，我们也解决了这群人可能对参加太多测验有抗拒心理的问题。

3. 关联测量

有时，评估人员在试图得到参与者诚实、精确的回答时，遇到了障碍。难为情和恐惧会妨碍坦诚。服务婴儿或重病患者的计划通常会发现，他们的客户没有能力回答提问，参加测验或焦点小组。

这样的情况下，评估人员可能会把注意力转移到关联测量或是第二层用户。

例如，如果你在测量高危险性行为的变化情况——这一直被当作感染艾滋病可能性的指标，那么，你发现可能很难得到诚实的回答。人们在谈到自己的性行为时，特别不可信。再加上“对自己不负责任”的潜在耻辱感，你在自找不确切的回答。

在直接面谈时，你可能寻找一种关联测量，比如在项目之前和之后社区里淋病的报告例数。

感染率这一客观指标替代了你的客户对其私生活无法避免的主观看法。我们要看的不是人们说什么，而是他们做什么。

非直接方式有几个好处。

第一，捏造的答案扰乱你的发现这种可能性更小。（不精确的数据比没有信息更糟。）第二，你可以避免使用客户认为冒失的方式来提问。（你的评估不应该让你打算服务的那些人感到害怕。）最后，关联测量可能为探索项目未预想到的影响提供了机会。

比如说，你想测量的成果是减少本地青少年在街上爆粗口——这被看作特别暴力的街区有所改变的进步标志。在问这些青少年他们的言行举止时，你可能会迎面遇到一个大摇大摆夸大街区问题的叛逆青年。或者，你可能找到一群人，他们相信减少街区的坏名声会对大家最有好处。其中任何一种情况，都让你离真相尚远。

你可能转而去找街区的商户，他们是更可靠的信息源。他们可能有能力看到他们的生意好坏与街区的暴力情况有关联，注意到深夜的喧哗与他们的现金收据之间的联系。

当然，如果你的关联测量选错了，你可能会得到一个相当奇怪的结论。

考虑这样一个项目，其期望的成果是改善高中生的读写能力。除了要与这些高中生面谈，项目的评估人员决定采用一种关联测量——项目之前和之后学校图书馆的借书量。可是，成果中出现了一个明显的冲突。学生们报告说，他们最近几周的阅读量提高了不少；而学校图书馆的借阅量并没有增加。为什么会有这种差距？答案很简单。原来学校图书馆很小，没有多少书，所以没人去。可是，这些孩子涌进新的公共图书馆——他们在那里做作业，见朋友，是的，还借了大量的书回家阅读。

4. 观察

正如尤吉·贝拉，伟大的智者和洋基棒球队接球手，曾经说过的，“你只是通过看就可以观察到很多东西”。

事实上，观察可能是数据收集方法中最被低估的一种。但是，锐利的眼睛可以采集到各种信息，而这些信息很容易从成堆的问卷中漏掉，在设计得最巧妙的测验中褪色，绝迹于所有正式的面谈。最重要的是，就计划的运营情况及其影响，观察可以提供无形但必要的感觉。

但是，评估人员究竟应该寻找什么？

一如以往，这取决于你正在尝试评估什么？

用最开放式的手法，评估人员可能只是试着看看什么管用，什么不管用。他可能只是到处挖掘，在一线花的时间久了，自然留意到行为和态度上的明显改变。通常，通过观察进行评估，最重要的是从管理层的奥林匹亚王国一直降到真正做成事的普通世界。

让我们假设，你资助一个面向小学生的反暴力教育计划。评估的一个层面可能会是，派一个观察高手，去观看孩子们课间休息时在户外玩耍的情况。评估人员可能会注意到孩子们如何解决问题，要么诉诸暴力，要么采用本计划中提倡的冲突解决方法。

你可能也会让观察者带着一堆清晰的指示去现场。

评估人员不是在计划的地界内四处走动来捕捉一般印象，而是可能会注意观察一些特定的行为。他可能会记下发生冲突的种类有哪些？多少爆发成大打出手？避免了多少打架？谁倾向于先动手？小组行为如何升级或平息了潜在的暴力？哪类词语最有煽动性？哪些情况下，言语成了有用的暴力替代品？

如果该计划使用一个以上的观察者，或者必须进行大量观察，那么，这个过程可能会要求严格遵照一个核对清单，包括观察者应该加以量化或描述的行为、行动、意外事件。这个核对清单可能会指导观察者做些基本的事情，如记下在操场上观察到的打架次数。

很显然，这些种类的工具的有用性，随评估人员的观察技能而定。并不是每个人都适合这种工作（同样，不是每个人都擅长用对照组研究法来构建计算模拟评估模型。）最终，你所需要的是，睁开诚实的眼睛，并清楚要寻找的是什么。

5. 问卷调查

人们最喜爱的收集数据的方法是书面评估。这容易管理实施。而且当一切顺利时，书面问卷调查可以用最少的努力引发出广泛的回答。问卷调查带来的难题有两层：

◉ 提正确的问题

◉ 克服消极抗拒

很明显，如果你的回答全都是围绕不相关的问题的话，再多的回答也没有价值。知道你想要知道什么（然后理解如何把问题组织成句，重组一次，或许再重组一次），这是重点。

消极抗拒可能是同样麻烦的事。在现场，很少有人会就你的问卷与你争辩；他们只是不填罢了。或者他们的回答如此泛泛，毫无用处。为了保护自己，你必须设计一个有说服力的理由让人们回答你的问卷。

问卷调查通常有四种不同的方法：

◉ 邮件或电子邮件

你可能通过邮政服务向潜在的回答者派发问卷，然后期待他们会直接回复给你。大部分人不会。（你上一次寄回问卷是什么时候？甚至他们都贴了回邮的邮票。）电子邮件的回复率也同样低。（想想光是今早你就已经删了多少封邮件。）当然，你会得到一些结果，特别是你调查的群体正处在当地的热点话题上，或是你做到在组织提问句时用了恰到好处的激发效果。不幸的是，你得到的回答未必有代表性，因为你会常常听到动机最强的一些人的回复——他们要么喜爱要么讨厌你做的事。

◉ 现场

一个更有把握但工作量更大的方法是，在客户来到现场时把问卷递给他们。比如，一家咨询辅导机构可能会在每一名用户进到等待室等候约诊时，发一份问卷，请他们填写。这会比邮件形式的问卷有更好的回复率。问题在于你的问卷调查人群的大小和范围。能回答你的问卷的只局限在那些已经享受你们的服务的客户。如果你还想了解那些没来的人有什么需要，现场方法就不够了。

◉ 上门服务

你还可以随问卷调查一起派发一名服务提供者，他会在客户的家里直接与客户接触。比如，给待在家里出不了门的老人上门送热餐的人，可以递发问卷，然后在第二天收回问卷。这种方法可以产生好结果，同时很重要地，要记住服务提供者和客户的关系可能会让问卷的答案有些失真。特别是，一些客户可能会避免说出批评意见，认为他们的回答可能会危及他们继续参加该计划的机会。

◉ 隐形提问

最后，不强调他们是在参与一个问卷调查，哄人回答这些重要的问题，是有可能的。通过把有关你们机构或服务递送的内容放在别的文件中，比如儿童游泳课的家长同意表，你就可以洞察家长满意度、需求和期待，而不会因填写另一份表格而激起怨怼。当然，这种方法限制了你可以提多少个问题。当问题没完没了、让人起疑时，隐形提问的微妙装扮就消失殆尽了。

6. 面谈

除了我们已经讨论过的数据挖掘工具以外，通过个人面谈进行评估可能更令人兴奋。

在面谈之前，必须设计好问题并保持前后一致，否则就会很难看出回复中存在何种趋势，或得出恰如其分的结论。然而，当未预料的事实或有趣的新感受出现时，评估人员有权偏离预定的问题。用灵活性和重铸谈话的潜在可能性来应对无法预料的回答——这是一个自然过程，是面谈的主要吸引点之一。另一个好处是，把握客户需要、兴趣、失望、要求等方面摸得到的感觉，是可能的。花一个小时与 30 个人交谈——该组织触及了他们的生命，你可以从他们那里了解到该组织的成绩和缺点，这会远超出你以前可以想象到的。

某种程度的正式结构有益于面谈。你应该和面谈对象确认面谈的日期、时间段、地点。严守面谈的时间限制。大多数情况下，一个小时是比较合理的。太长了，让双方都畏惧，太短了，就会太肤浅。

期待有趣的想法缓慢出现。非营利工作人员、资助官员和其他在公共讲话上有经验的人，在最初回答时可能带有训练过度的温和。如果你想要与这些人谈话，你可能需要越过他们已经重复多年的官方故事。你所寻找的东西就在另一边等着呢。

7. 焦点小组和小组面谈

焦点小组就是一个论坛，让人们在引导小组的高手带领下讨论一个定义清晰的课题。在常规领域中，焦点小组用来评估一个具体产品的优缺点、公众对政坛候选人的感知、观众对一部新电影或电视剧的反应。在非营利世界，焦点小组所处的语境有所不同，尽管程序做法上没有什么不同。非营利组织焦点小组最经常被用作一种超越客观数据和量化结果的手段，对某个社会项目的影响或一家组织的影响提供脉络真实的主观解释。

有效的焦点小组有几个特征。

首先，焦点小组是由一群自愿的参与者构成。不应该有任何人被强迫参加焦点小组——尽管可以提供一些礼物、现金、免费服务或是其他有形奖励。虽然很多人是被挑选到焦点小组的，但是很少人会现身。如果你想吸引 8 ～ 15 个参与者——这个人数对任何讨论都是比较合理的——邀请两倍的人。人数很重要。人太多，就很难进行；人太少，又可能激不起谈话的火花。

在有些焦点小组中，从一开始就以独立合同工的形式找到引导者；引导者与赞助机构有一定距离，有助于大家坦诚讲话。有时，焦点小组甚至都不知道谁在赞助这场讨论。参与者们只是自愿来谈谈自己的想法，关于公众安全、青少年休闲需要、单一支付医疗卫生系统的可能投票方案。引导者的工作就是用激发型的问题打开讨论，然后保持谈话持续下去。整个会议可能会长达 1 ～ 2 个小时。可以将讨论录音并转成文字，供今后参考。

安排良好的焦点小组，会鼓励人们滔滔不绝说出深藏心底的看法。人们的相互关系产生出特定的化学反应，把控着讨论并将之推向一个预想不到的有趣角落。

8. 专家和同行评审

有时，决定你是否做好工作的最佳办法是问专家。

你从你的项目领域召集一组有经验的人召开论坛讨论。这些人见过所有的事。很多年以来，他们看到许多像你所资助的类似项目因为各种想得到的理由而兴盛或失败。论坛成员研究客观数据；他们与合适的人面谈——员工、管理层、客户、社区成员。论坛小组可以采用测验、焦点小组或我们已经讨论过的其他数据收集方法，他们的独特之处在于其可能的专家眼光。

9. 设置对照组

假设你资助了一家组织，他们组织一些成人导师，帮助住在集体家庭的孩子提高上学成绩。项目结束时，如果孩子们的学业成绩提高了——你可以参考他们的分数或测验他们的技能来决定——然后你就可以合理推测成人辅导是否取得了预计的效果。

或者你可以这么推测吗?

事实上，这种推测可能是正确的——也可能完全没有根据。或许，孩子们成绩或测验分数的提高，是因为一位有灵感的老师；或是因为集体家庭的员工提供了额外的奖励，比如周末去看球赛；或是因为最捣乱的孩子转到别的集体家庭了，因此学习变得很轻松了。

要理清这一困惑，你可能想要采用对照组加以比较。

对照组提供了比较点。你先找出一组类似的人，他们不参加你的活动，然后把他们的体验与参与者加以比较。对大多数非营利组织来说，对照组研究的有关规定，会太麻烦，也太花时间了。而且，细想一下，对照组的成员不可以得到服务，而只是为了提供数据而参加研究，这就可能出现伦理问题。

不过在某些情况下，这些问题可以避免，因为对照组已经存在了，如果你愿意去寻找它们的话。

比如，一个家庭支持计划凭借公立学校收集的数据，来估计它在本地儿童工作上的有效性。几年来，该机构为一组 3 ～ 4 年级的问题儿童及其家庭提供密集服务。因为学校有这些孩子的记录，涵盖其出勤情况、学业成绩、纪律处分历史——并持续跟踪他们学龄期间的就学情况——评估人员可以比较这些参与者的长期表现，与附近另一所学校同样处于危险中的孩子中选出的对照组比较——那所学校的孩子都没有参加该机构的干预项目。

当然，你可能永远无法确保你找到完全相同的比较组。但是，对重要趋势的诚实估量——我们的孩子上学时间更久吗？与青少年司法系统打交道的次数更少了吗？待在家里的时间更长了吗？高中毕业的人数更多了吗？——这些都可以就社会计划可能以哪些方式重塑家庭生活，提供一些基本信息。

对评估的更多学习

评估是一个巨大的领域。在这短短几页，我们只是对此专题做一个介绍。

幸运的是，现在，资助工作者们在评估方法的继续学习上有了理想的来源。

追求有效组织的资助工作者团体（简称 GEO）致力于改善非营利部门和慈善部门的管理和治理。有 600 多名个人代表和 400 多家资助组织，GEO 于 2002 年合并为基金会协会的附属团体，即资助工作者评估网络。它现在以独特的方式和理想的定位，为经验各异、资助规模不同的资助工作者提供帮助。

GEO 成员，可以使用一个可检索的数据库，包括 1500 份文件、案例研究、工具和活动事件。该组织举办的全国性会议常常包括项目评估方面有用的研讨会、技术会议和论文。或许最重要的是，会员资格代表一种机会——与该领域最有经验、最专注的评估专业人员见面、合作并向他们学习。

第十三章　建设更好的理事会

对基金会受托理事的教育

基金会理事会，一般都排满了聪明能干的人，他们来自高度竞争的工商、公共政策、学术、科研等部门。的确，理事会中各种专业化的经验和专长在推进基金会目标上几乎总是一笔关键财富。

不过，大多数受托理事进入这一新角色时，对慈善方面公认的惯例、程序、历史、机会和障碍等并没有牢固掌握。很少有人亲身经历过寻找资助的严酷；几乎没人经过非营利部门的洗礼。

让情况更复杂的是，大多数基金会没有检查他们在受托理事教育上的基本需要，即便知识缺口有可能通过最少的努力加以解决。在某些方面，这种忽视似乎可以理解。正像经验丰富的观察家瓦尔德马尔·尼尔森近 20 年前所写的那样，基金会是“美国生活中不受市场力量、选民、会员团体甚至正式设立的行为准则控制的、唯一的重要权力中心，所有这些力量都允许基金会具有超级的灵活性和潜在的影响力”。换句话说：有可能要求做理事会培训的人只有受托理事自己了。

基金会需要情报及时、有能力的理事会，这真的无须质疑。根据有效慈善中心最近一次的问卷调查，全国 128 家最大的私人和社区基金会都同意，治理得最好的理事会有能力构建其慈善策略并评估结果，这比仅仅是监管投资和批准资助跨出了巨大的一步。然而，这些能力只能经过时间和培训加以培养。

家庭基金会的家庭动态关系
以及塑造基金会理事会的其他力量

富有的人出于各种原因创建家庭基金会。无论什么原因，家庭动态关系的深层潜流将会影响机构行为。

家庭基金会在其成立初期，最容易受个人之间的对立、怨恨、误解等影响。即使在最好的情况下，家庭历史总是会优先于并超出纯粹的理事会职责。最坏的情况下，基金会理事会可以退化成用意识形态之争来掩盖个人分歧的决斗场：每一个资助决定都可能有受托理事偏袒一方、拒不妥协，最后宣布不可能取得一致。

对理事会进行教育，其影响是巨大的。

当陈年的战斗出现在刚成立的基金会内，要盘点受托理事的知识然后改善理事会的总体表现，可以肯定是极其费力的。这些困难不只是家庭基金会才有。企业捐赠计划和社区基金会，都必须和自己的一系列心理和组织上的倾向做斗争——从被抓差进入理事会的中层经理毫无兴趣，到当地支持者为相互竞争的非营利组织争夺地盘而战。实际上，几乎所有的理事会都会在某个时间被迫去面对潜藏在他们机构所做决定表面之下的不公开的个人议程——如果他们下定决心要保护他们的慈善目标的话。

对理事会的不作为和内讧有一个解决办法，就是有耐心。最终，时间，这一伟大的治疗师，可以帮助理事会改组。可以请家庭之外的人来做理事，从公司或社区别的角落来的新面孔一定会改变理事会的动态关系。

更直接地摆在眼前的是理事会的孤陋寡闻，这种处境的合理性可以用一点点谦虚和写实来加以理解。请记住，许多理事加入基金会并不是因为他们热切地渴望帮助慈善部门，而是有人请他们加入。实际上，家庭成员通常仅仅因为他们是这个家庭的人而受邀。不过，随着时间和经验的增加，新理事可能逐渐对资助工作的潜力拥有更广阔的视野。在他人的引导下，他们可能逐渐成熟，变为技艺高超的慈善家。

这又把我们带回到培训。

为什么基金会理事会忽视慈善教育

基金会经常援引非营利组织理事所起的关键作用并敦促受资助组织的理事会提高他们在规划、筹款、财务监督和项目设计上的技能。

那么，为什么基金会忽视自己的建议，忘了解决自己的问题呢？

时间。每个工作周只有这么多小时。如果你们基金会理事会每年只会面 2 ～ 3 次，理事们肯定不愿意参与看上去偏离了发放资金这一中心任务的任何活动。

不确定的领导力。在理想世界，理事们会坚持要有培训。现实中，这一责任通常落在员工身上，而权利和地位的不平等让情况变得更复杂。如果在理事会里没有强有力的培训支持者，这项任务会被无限期推迟。

缺少榜样。像我们大多数人一样，理事们只是不知道他们不知道什么。由于大多数慈善机构几乎与世隔绝，所以很少有机会去观察那些将理事会教育作为治理的首要价值观的同行。

惯性。未受到培训的理事会继续这一玩忽职守的传统。如果他们不想动，没有人、机构或实体可以把他们推到新的方向。

岗前培训：第一次，也是最好的教育机会

很多基金会像他们在非营利部门中对应的组织一样，忘了从一开始就让理事会成员为今后的工作做好准备。这真让人惭愧，因为刚进入理事会正是最好的时机，构建对新工作的感知，并为每一位理事设立继续教育的目标。

向基金会理事介绍他们的职责，应该包括一个彻底的岗前培训，帮助新来的人（可能新入行的人）准备好担当财务、法律、伦理上的管家。最终，资助型组织会受益于好奇、灵通的理事，他们称职地应对一系列组织任务，坚定地把所在组织的有限资源集中用在最大的公益上。

你们理事会的岗前培训应该包括什么？

没有两家基金会的岗前培训会做得一模一样。你们基金会的大小、志向和组织发展状态自然地决定了岗前培训的范围和重点。用下面的框架和问题来设计适合你们需要的岗前培训。

1. 基金会介绍

◉ 价值观

基金会价值观来自何方？价值观声明是如何及何时撰写并批准的？员工及理事会如何在其工作中践行基金会的价值观？

◉ 创始人的意图

基金会的价值观和工作如何反映了创始人的意图？（对企业和社区基金会来说：基金会的行动如何反映公司或社区的明确兴趣？）资助方向自基金会创立早期到现在是否已经发生变化？存在多大的灵活性允许新的资助重点出现？

◉ 历史

在基金会发展中有哪些关键事件或转折点？资助的重点随着时间的推移有改变吗？

◉ 慈善

你们基金会如何援助非营利部门？你们做的工作与基金会业的同行相比如何？你们基金会参加诸如基金会协会、附属团体或本地区资助工作者的团体会议吗？在这些相关协会组织中有哪些面向理事的学习机会？

2. 重温理事职责

◉ 任务

讨论基金会章程和分配给理事的职责。多少事务是由具体的委员会处理的？针对会议、委员会事务、推荐文档评审等工作的年度时间表是如何安排的？现任理事会成员认为他们做的哪些工作是最值得的？承担理事会职责需要花多少时间？理事们需要避免的隐患是什么？讨论外

部环境、趋势、理事会正在监视的新议题。

◉ 内部发展

理事是如何当选的？理事应该具有哪些技能和个人素质？要求理事会成员完成哪些学习或培训？理事会计划如何换届？

◉ 财务

基金会现有资产是多少？财务监督是如何进行的？重新检查预算过程。解释投资策略及其现状。

◉ 禁止和优待

讨论联邦和州有关私人基金会的法律。对自我交易和利益冲突有哪些规定？对理事出差和报销有何内部政策？

然后让新理事有机会说话

询问新理事为什么同意加入理事会？新理事希望做成什么和学习什么？理事的个人经历和兴趣与基金会工作如何互补？新理事在与员工和其他理事会成员沟通（电话、电子邮件还是信件）时有何偏好？

甚至更好的是，在你正式请任何人加入理事会之前，忍痛进行这一谈话。有问题的理事特别难开除。在你开始招募时就要知道此人的全部情况。

高效理事会的五个特征

◉ 在重点上明智

高成效的理事会，告知理事成员其法律和财务义务。他们知道如何管理资产、使其增值并让资助发放取得最大的影响。

◉ 有求知的渴望

强有力的理事会，对关于资助工作的所有事情都展现出无止境的好奇心。他们认识到自身专长的局限性，不断扩展自己的知识王国。

◉ 体现慈善的潜力

负责任的理事，以身作则表现出对新主意的好奇和开放——这些新主意让慈善充满活力，由此鼓励同事成长。

◉ 创造学习机会

善用资源的理事会，设计适合理事成员需要的培训方法。必要时，他们请来能激活培训活动的专家。

◉ 坚持长久努力

现实的理事会理解学习是终身追求。他们知道一个明达知情的理事会是防止傲慢、狭隘和浪费的最好办法。

3. 概述资助工作目标和程序

◉ 资助策略

基金会的目标是什么？资助重点如何反映这些目标？主要资助计划的策略性焦点是什么？基金会涉及投资、首创计划、与资助同行联盟或其他在传统资助过程以外的策略活动吗？员工和理事们期待来年在资助政策上有什么改变？

◉ 过程

审阅资助申请，有什么程序和时间表？谁进行最初的审阅？如何汇编推荐文档供理事会审批？基金会如何处理后续跟进、资助再续和项目评估？

◉ 员工

谁为基金会工作？以什么资格？讨论基金会的组织结构。

◉ 理事会的参与

在找出和批准资助请求上，理事会的职责是什么？与总负责人和项目员工直接沟通时有什么礼节？理事们应该如何处理潜在受助者直接向他们提出的资助请求？基金会有配比赠送计划吗？讨论进行实地走访或陪同员工履行其职责的可能性。

有效岗前培训的标志

你怎么知道你举办的理事岗前培训是否成功？如果你明智地选择了新理事，然后在他上任伊始提供了适当的支持，那么，新理事就会：

◉ 对你们的创始人及其遗产拥有强烈的个人情感，无论创始人是 100 年前就过世了，还是仍在理事会服务。

◉ 对你们的理念和活动有了足够的理解，能够把握理事会讨论和做决定的背景环境。

◉ 能够讲明理事会成员的职责和对之的期望。

◉ 知道有哪些资源可以帮助自己加深对慈善和非营利部门的了解并完成理事会职责。

◉ 被基金会的工作所激励，对加入理事会感到自豪和满足。

◉ 理解基金会理事会成员的受托责任。

◉ 理解基金会工作的伦理道德。

注入慈善愿景

在岗前培训之后，下一次提供培训和教育的最好时间是——在任何机会。

如果这听上去让人胆怯，也许我们应该先规定一下哪些是你不必接受的任务、安排、义务。你可能愿意打赌，如果你让理事做如下这些事情，他们肯定不会太热心：

◉ 钻研有关慈善理论和实务的大部头著作

- 熟读资助工作趋势的最新统计分析
- 上网搜寻学术界对社会问题和公共政策的看法

理事会成员身份带有大量工作负荷——会议、推荐文档、明智地用好钱的责任。培训和教育应该启发理事们，减轻他们的负担，增强组织机能——它们承载着良好资助工作的重负。记住：理事会是由忠诚、满意和乐趣（我们真敢说！）凝聚起来的。自我牺牲和做苦役没人感兴趣。如果你必须为理事们提供纸质文件，请少这么做。

虽说如此，也会有这样的特殊情形，即少量生动的书面材料会得到理事们的感谢（或许他们甚至消化了这些材料）。向你的理事们提供：

- 关于受资助方对公共福利有何最新贡献的报纸报道（你们的支持让他们的贡献成为可能）。
- 摘要列出你们基金会当前正在考虑哪些资助机会。
- 一份清晰的方便浏览的资料，对理事会成员感到难以处理的议题加以说明，如个人风险、财务职责或任何其他潜在的困境——没人想要从报纸上第一次知道。

简洁、清晰和实际的应用：这些都是准备你们理事会成员必读材料时的口头禅。

聆听也是学习

或许，要扩展你们理事会对慈善各方面事务的理解，最好的办法是听听专家的话：在实地工作的人。

如果你们理事会与另一家基金会可以通过私人关系联系上，那么务必请他们协助。与双方的员工和理事交谈。向大小和工作范围差不多的慈善机构学习，学习他们如何阐明价值观、建立资助重点次序、管理积累成堆的文件（最终加到推荐文档中），你可以为自己省去惊人的时间和麻烦。

对身边的事更关注些，理事们可以受益于跟资助寻找方和受资助方交谈，他们是本地非营利部门的组成部分。这些有经验的实干家可以告诉你们理事会，他们每天面对的组织难题，包括留住高级职员、永无止境的筹款磨盘、在把握有效性上错综复杂的挑战。非营利组织比第一眼看上去，要更为复杂难处理：排满了特别的人，他们追求的不是金钱而是道德和政治目的；理事会监督和执行层设计这样的组织安排复杂不便；放松了盈亏底线，无法显示成功或失败。很多新理事对不断暴露出来的非营利工作的现实震住了。

除了非营利企业的运营机制，理事们还可以请受资助方帮助他们加深理解环境问题、教育、艺术、经济正义和构建了基金会资助重点次序的其他所有议题。留给他们自己的是，别期望理事们在所有这些议题上都能对得上话，这超出了分给这项工作的时间。但是，依靠内行的非营利业支持者，他们能够面对面给理事讲课，回答问题，讲清某项事业的复杂性、紧迫性和背景情况，由此可能让理事们敞开迎接罕有的学习机会。

理想的情况是，所有跟非营利业支持者一起举办的信息会，要与理事会在采取行动或处理紧要任务上的需要分开。在信息会上，暂停做决定和立政策的冲动：一起梦想一下，你们的合作潜力如何改变世界。确保这些非营利组织理解他们是在为教育你们理事会提供有价值的服务；他们不是为得到资助来面试。让每个人有呼吸的空间。

除了这些定期的信息会，你的理事们可以考虑参加实地走访。

纽约基金会前总裁马德琳·李在《慈善纪事报》上写道："聆听资助接受方，就要走出办公室。这对理事会成员和基金会员工同等重要。我在专业会议上学到的，从来都不及我在本市街道上学到的零头。在别人的地盘去见他们，呈现了一家基金会的主要声明。它声明你不害怕，你愿意发展直接的关系，它标志着对资助寻找者的工作真有兴趣。"

培训作为自我表露

新理事可以从认真思考的讨论中学到很多东西，讨论包括非营利部门在美国社会中的角色、熟练在行的慈善所具有的潜力、理事会的管理职责。但最终，谈话要进入个人层面。

将谈话转到每位理事的个人经验、期待和志向。请理事们讨论：

- 什么激励了他们为一项具体的事业出钱出力？
- 他们觉得世界面临的最大问题是什么？他们的工作可能如何推动对这些问题的解决？
- 为什么他们对你们基金会及其目标做出个人承诺？
- 在你们基金会现在资助的领域，他们最敬重谁？
- 在他们的理事会生涯中，哪种工作最让他们满足？
- 还有什么尚未完成？

对换届和多样性进行规划

太过频繁地发生的是，理事会换届就像处理紧急情况。一位成员离开，立即就招另一位来填补空缺。理事会得以改善和多样化的机会被丢弃了。

教育可以从多方面帮助减轻换届过程的压力。首先，它说明新理事应该担当的角色和职责。连贯一致的培训还会增强你的能力，创建你们想要的理事会而不是重复你所继承下来的理事会。如果没有恰如其分地注意到欠缺并正式地接受补救措施，那你永远不可能开始招募到长期以来缺乏的律师、会计师和公共政策专家。

当谈到种族、性别和阶层时，理事会的自我意识特别重要。

根据基金会协会最近的问卷调查，所有理事会位置中近三分之二都是由男性白人占据的。虽然在过去 20 年，女性和少数族裔在基金会理事会上的比例确实有了显著增加——女性从 22.6% 增加到 34.4%，少数族裔从 4.3% 增加到 10%。但这些变化很慢，不稳定，也没有代表美国人口的巨大转变。

理事会在自身多样化方面的进展缓慢，有几个原因。首先，很多基金会的换届像冰河一样缓慢发生，成员服务多届，有些甚至成了终身位置。或许更说明问题的是，理事们，像我们大多数人一样，认识的人往往更像他们自己，当到了挑选后继者时，他们对自己不认识的人，就不太可能首肯。

建设强有力、多样化的理事会，从来不是意外结果；它要求付出努力和时间。当你试图拓宽理事会成员的组成时，请考虑下述问题：

- 我们基金会会从决策层面的更加多样化中，得到什么益处？理事会多样性如何加强我们与资助接受方及其代表的民众之间的纽带？世界观上的拓宽，如何让我们的政策和行动更符合实际？
- 一个多样化的理事会是什么样的？应该招什么样的人进入我们的理事会？由谁招？我们的理事会应该包括我们正在资助的社区里的成员吗？我们需要考虑在有用的技能和经验上，还存在哪些差距吗？
- 为了实现多样化，我们愿意做出哪些正式承诺？我们将如何阐明、记录并追求这些目标？
- 建设一个更加多样化的理事会，有哪些障碍？谁可以协助我们克服这些障碍并实现我们的目标？
- 我们应该用我们在多样化上要求受助方的同样标准来要求自己吗？如果我们不这么做，那会对我们的同行和合作者显示什么？

理事会教育和培训的来源

在培训理事方面寻找帮助，首先应该看你的后院。找到大小类似的其他基金会正在做什么来加强其理事会的技能。你的同行有没有和特别擅长理事会事务的咨询顾问做过事？他们开发过什么材料，可以让你根据自身需要加以改编吗？他们的理事会愿意和你们的理事会谈谈培训对基金会有效性的影响吗？

资助技巧

资助技巧提供了丰富的优秀教育资料——其核心部分用于福特基金会一周的员工岗前培训，指导项目官员。其中很多资料可以很容易根据基金会理事的需要加以调整。

资助技巧提供可下载的指南，涵盖的主题包括：向非营利群体提供长期协助，增强决策技能，对走偏的有前景的项目重新校准，与创业组织一起工作。还有十多个视频资料对资助工作新手所面临的议题加以说明，包括如何支持一家非营利组织的规划过程并将一项成功的工作规模化。该计划还采用了哈佛商学院的案例模型，来探索所有资助工作者所面对的实际问题，诸如：找出关键议题，决策，跟踪以往资助的后续影响，找出未来资助的新焦点和方向。

www.grantcraft.org

盒子里的基金会

盒子里的基金会是由小型基金会协会（简称 ASF）赞助，提供了来自理事会资料源、乔西－巴斯出版社、全国家庭慈善中心以及将近 90 个其他出版社和作者的大量培训资料。这些资料涵盖基金会理事感兴趣的很多领域，包括对理事会角色和职责、培训和换届、委员会工作、召开理事会会议、资产管理、投资策略等方面的完整描述。这些资料由有经验的基金会管理人员和非营利领域专业人员（包括小型基金会协会和基金会协会的员工和专家顾问）筛选出来，并特别考虑到雇用少量甚至无受薪员工的较小型的基金会，因此更需要依靠理事会的参与。在线资源图书馆上，可以找到常见问题的回答，特别有用。

www,foundationinabox.org

理事会资料源

理事会资料源专注于建设更好的非营利组织理事会，从事咨询、培训和发放教育资料。他们的很多服务和出版物也适合基金会理事会的需要。确实，一些出版物直接针对基金会理事年复一年关注的问题，比如“理解非营利组织财务报表”“理事会建设周期：发现、招募和激发非营利组织理事会成员的九个步骤”。理事会资料源还向理事提供直接咨询服务。

www.boardsource.org

基金会协会

基金会协会每年都赞助一个长达一天的新理事会成员学院，来帮助理事熟悉他们在法律、伦理和管理层面的基本职责。理事们“学习良好治理的原理和实务，理解理事会成员的角色和职责，与全国各地的同行建立关系”。会议在东西两岸举行。自 1982 年以来，该学院已经培训了 1500 多名资助工作者。

基金会协会还出版很多简短、有说服力的小手册，直接针对理事们所关注的问题和教育需要。对培训还比较陌生的理事会可以先看一下：

- “美国慈善传统的简要历史”
- “特此推荐的高效资助工作原理和实务”

- “家庭基金会的趋势”
- “法律简报”
- “理事会的保养”
- “撒更宽的网：基金会包容性招募和留人策略” www.cof.org

第十四章　资助工作的新主意

资助循环的运转就像这样……

提案书鱼贯而入（或者更可能是蜂拥而至……）。员工从众多提案书中选出几个实际上符合基金会指南的提案书，然后审阅。推荐一些，婉拒另一些。然后等待下一次理事会会议的结果。

至少要三到四个月，资助才会经过层层筛选到达受资助方手上。

那么，可能有其他方法来发放好资助吗？

关于替代选择的争论

几乎所有人都承认传统资助循环的局限。

◉ **速度**

非营利组织的申请书、基金会员工的审查和理事会批准，这套流程需要花大量时间。最糟糕的是，特别是对申请人来说，这似乎是无尽的等待。

◉ **效率**

这么多双手和眼睛都在书写、阅读、评估并最终审批提案书。这个过程不可避免地让非营利组织员工、基金会员工、理事会成员做很多重复工作。

◉ **潜力下降**

或许最重要的是，这种方法缩小了资助工作者选择的可能。由于依赖单一的策略，我们没能充分利用基金会的力量。

当然，很少有资助者认为应该摒弃这种资助循环。这个过程有其自身的逻辑和效率，并且有很大的空间，可以用富有想象力的、有成效的、多种多样的方式，来调整细节。我们也不应该在运营上追逐最新的时尚。在资助工作上追求新奇，总是一个糟糕的政策。

但是与其接受这样的资助循环而排除了所有其他方法——大多数基金会现在正是这么做的——我们应该问自己一个简单的问题：有其他工作方法可以提高我们的成效吗？

事实上，慈善界总是隐藏着新主意。有一些新主意已经悄悄取得成果多年了，即便它们的成功在传统资助工作的阴影下被掩盖了。技巧是紧跟最好的新主意，然后从中加以选择，来帮助你的基金会实现长期目标。

及时获知最好的新主意

此时此刻，全美国的资助工作者都在探索了不起的新方法，来改善慈善事业。但是当这些努力层出不穷时，我们怎么随时得知消息呢？

读报。你可以每个月花几个小时阅读慈善领域的领先出版物，来了解这方面的最新进展。比如“慈善纪事报”（www.philanthropy.com）就是一个比较好的开始，该网站到处有最新的议题、档案和一个可搜索的文章数据库。

搜索其他来源。访问基金会协会（www.cof.org）的会议文档。给基金会协会打电话，请求做一个公告栏，由此跟同行一起讨论在全国其他地方出现的工具和策略。访问基金会中心（www.fdncenter.org），获取关于资助趋势和资助工作者网站的最新信息。一定要访问基金会中心的 PubHub[①]：这个宝库汇集了基金会赞助的各种报告。

无情地提问题。“在真起作用的慈善方面，有什么新情况？”要向你的办公室同事、其他基金会和参加全国会议的同行，在密切互动的小组会议上提出这个问题。培养好奇和包容的声誉，然后你会发现有数量惊人的富有想象力的合作者来敲你的门。

改进资助工作循环

资助工作循环可能还会存在下去。但是这并不意味着基金会不得不用同样的方式审阅提案书和分配资金。这里有一些主意，目前正在重塑资助工作实务，帮助非营利组织在恰当的时间内得到可靠的支持。

快速回复

一些基金会花很长时间才回复提案书。应该花多长时间呢？想一想慈善风险基金会的惊人例子。

经验丰富的资助工作者比尔·萨默维尔，加州奥克兰市慈善风险基金会的总裁，最先尝试了一个他称为“立即回复的资助”流程，可以让申请人在一小时内得到答案，并且在一天之内寄出支票。有时，受资助方甚至没有要求援助。萨默维尔和他的员工还有社区志愿者，会作为当地非营利领域的辅助眼和辅助耳——找到做出贡献的模范组织和努力的人们，然后联系其领导，主动提供援助。

① 译者注：意指出版中心。

慈善风险基金会节省了时间、金钱和人力，他们每年大概总共捐助400万美元[①]，一笔资助通常是500～10000美元。有时，策略性的小额资助会被加急处理。当地的学校从该基金会的“传真资助”项目中获益，这个项目会在一天之内回复老师的资助请求，提供不超过500美元的用品上的帮助或计划支持，而资金困难的教育局无法提供。

在丢弃冗余无效的文书工作后，慈善风险基金会引发了一种灵活、快捷和“高度信任的资助工作”——员工对当地非营利组织的熟悉程度强化了这些特点。事实上，萨默维尔每年在办公室之外很少见地花了很多时间，去调查有前景的项目并且直接跟非营利组织领导者交谈。这种亲临现场的方式最好地保证了资助捐款得到合理使用。

www.venturesfoundation.org

小额资助的社区顾问

另一个加快资助工作者回复的方法是完全避免申请流程。通过授权给一小群当地的顾问，找出社区的紧急需要，然后向已经做好准备解决这些问题的团体或个人提供少量的资助，基金会可以快速解决这些问题，否则会变成要么太小、太麻烦，要么需要走正规资助流程。

公共机构做中间人

社区顾问的另一个变体，是授权给在策略性岗位的个人，为有需要的人们提供一次性资助。比如，你可能会谨慎地授权一位高中校长每年2000美元，来帮助贫困的学生，让他们的生活得到一些微小但有意义的改变——年轻人买不起的一副眼镜，或是给困难家庭的一台电脑。你也可以给一名优秀的缓刑监督官每年几百美元，用来帮助他的服务对象购买制服或者一双新鞋，这对其找到一份工作起很大作用。

大多数资助者都会高估任何一种个人援助的风险。滥用风险确实存在，但资助者有责任来使这种滥用最小化。不过任何非常小的损失，却对人们的生活可能有重大影响，这足以证明其合理性。试一下，给你的中间人一小笔但还算足够的钱，遵循国税局关于个人资助的规定，确保你选择了聪明、正直、有勇气的人，信任他们的判断。然后你就可以走开，让好事自然发生。

持续不断的核心资助

非营利组织的祸根是无止境的筹款。筹款最难的部分是年复一年地，为支付租金、电话费、保险费、支持性员工和所有其他乏味但对有效组织的运营绝对至关重要的费用，筹集现金。

在这种压力下，非营利组织经常要为新项目写提案书，然后请资助工作者把一部分项目资

① 译者注：自2012年，慈善风险基金会的年资助额已超过1000万美元。

助款专门用于一般性管理开支上。

但是那些已经完善了有效的核心项目、然后明智地选择了专心从事这些努力的非营利组织，该怎么办？我们不应该给那些长期表现出色的组织一些奖励吗？

在过去，慈善工作者们似乎可以合理地分辩说，非营利部门构成了社会政策和规划的试验田。如果一个项目起作用了，政府可能就会采纳或吸收这份努力。但今天往往并非如此。

这个让人难以接受的真相，应该给资助工作者更大的动力，来思考对持续进行的行政管理和项目费用给予长期资助。通过双倍、三倍甚至四倍于常规的三年可重续资助周期，我们可以为非营利部门中最重要的组织提供一定的财务稳定性。对欣赏长期互信关系的资助方和非营利组织来说，长期的核心支持是合理的。建立长久的可靠关系。在合适的环境下，长达五年或十年的可重续资助承诺，可以消除组织顾虑，也会加深资助工作者支持社区关键服务的承诺。

价值观应该让我们停下脚步，细想、质疑和反思——所有这些很有用的活动在繁忙的慈善界太容易被忽略了。在基金会的工作中，我们常常总是想展开行动，并且尽快达到明显的目标。我们假设那些支持我们行动的价值观清晰、牢固、显而易见；没有必要对这些价值观进行讨论、争辩、编撰、发表、维持或更新。

事实上，我们需要着手确立价值观，来保证我们的资助工作开始在正确的方向上运行，并且不随时间偏离轨道。价值观除了描述我们计划要做的事，也告诉我们怎么去实现。

策略性的集中

鉴于大多数中小型基金会的很多资助项目定位很分散，其项目官员需要成为通才。为了做出知情合理的资助决定，他们必须对所有的事都知道一点——从艺术到环境、教育还有社区发展。这份工作对脑力的要求非常多，听起来可能确实让人振奋，但许多资助工作者都会对有朝一日在任何领域成为专家的难度感到沮丧。

与其在范围宽广的慈善项目组合所包含的兴趣之间跳来跳去，基金会可以选择聚焦在某一个问题上。想一想迈克尔·J. 福克斯基金会及其在帕金森症研究上的快速跟踪，集中在单项议题的基金会做出了很多成果，以至于他们的名字已经成为所选择领域的代名词。

更小型的基金会也可以从限制自己的兴趣上获益。首先，对资助工作重点次序进行明确定义并高度曝光，可以避免分拣堆积如山的提案书，也能避免拒绝很多有价值的请求。随着时间流逝，在单一领域的持续投入可以让资助工作者获得该领域的专长。附带的好处是，员工和理事会都会享受那种全身心地投入到他们认为最重要的一件事情上所带来的满足。

应急资金

当灾难突然发生——佛罗里达州的飓风、爱荷华州的洪水、中美洲的泥石流——基金会也许是快速改善惨状、拯救生命和重建社区的唯一来源。但是除非灾难发生在你所在的社区，并且你很了解本地的服务提供者及其相关的一群竞争对手和协会组织，那么，你们可能不是分发资金的最佳组织。

私人基金会可以通过他们的天然合作伙伴——社区基金会，最好地解决受灾社区的应急需求。社区基金会是为解决特定城市或地区的需求而设立的，对那些想要快速帮助突然陷入困境的人们但无法调查需求和所需服务的资助者来说，社区基金会是一个理想的伙伴。总而言之，你可以通过设置应急基金协助社区基金会或其他可以有效行事的中间机构，从而节省时间、精力和金钱。

项目相关投资在不断扩展

项目相关投资（简称 PRIs），可以补充传统资助工作的不足，并且让所有人获益巨大。通过使用贷款、保证金、挂钩存款或者其他基本的金融工具，项目相关投资让非营利组织做大事——鼓励资助工作者和寻找资助者双方认真考虑那些在范围、规模、持续时间和目标上远远超过常规供资循环限制的项目。

项目相关投资是获取资本的方法——一种非营利利组织几乎总是难以触及的方法。事实上，这种方法在过去十年间的广泛传播，可以看作是非营利组织部门成熟的标志。资助者们帮助他们最有前景的伙伴跟企业和政府竞争，来争取大笔信贷和现金——这些对获得重大长久的成果常常是必需的。

和普通资助不同，项目相关投资通常承载着对资本最终回笼的期待。在大多数情况下，非营利组织会以低于市场利率的利息回报资助方。当原始资金可以再次使用时，资助方就可以选择将其回收到另一个项目相关投资项目中。这就意味着，项目相关投资是一种复利投资，其经济和社会红利，都可以无限进行下去。

在过去，项目相关投资一般跟可负担住房和社区发展联系最多。多年来，几百家资助工作者与非营利开发企业或者市政府办公机关（常常与两者一起）联合起来，承保低成本居住单元房、社区中心或者相关项目的建设，否则这些项目会因私人贷款者对投资高回报率的期望而受阻。为了使这些建筑项目顺利完成，资助工作者通常会确保非营利组织的银行贷款，承诺偿还任何未付债务。或者他们会根据风险加以调整，以零利率到低于市场利率的价格从自身资产中提供现金。用这种方法，从传统金融的边缘涌现出大量的房屋、学校、公共建筑和市政改善项目。

除了建筑，项目相关投资还能支持各种各样的项目。这里是一些假想的例子：

历史保护

一家地区博物馆拥有某著名前州长的故居。房子已经150年了，有着重大的历史意义。博物馆想对参观故居的游客收费，但是这栋建筑很破败、不安全。某资助方提供了一笔贷款，用来根据维护规定对故居加以修复。当它最终向公众开放时，门票用于偿还投资。

利用新业务

课后休闲计划的保险费猛增，非营利机构无力支付保险费。资助工作者提供一笔贷款启动资金，让各种不同的课后计划形成联合体，创办了一家行业保险公司。与其向私人投资者支付红利，不如将其利润回笼到基金会中以维持低廉保费。

贷款周转金

每年，大大小小的艺术组织都因等待州或联邦文化机构的资助，陷入资金困境。十家基金会联合发起了一个 100 000 美元的贷款资金，用于帮助那些非营利组织度过可预见的现金流危机。当这些艺术机构收到政府支票后，他们需要返还贷款，并支付 2% 的利率用于运营费用。

土地收购

一家全国性环保组织得到一笔联邦资金来购买大块土地，否则会被用于商业开发。问题是，联邦资金需要超长的时间才能到达受助方。项目相关投资及时提供了必需的土地购买金，直到非营利组织收到联邦资助。

场所收购

一家知名的表演艺术中心有机会买下它已经使用了二十年的大楼，但是没有足够的现金储备、其他财产净价或者足够的信用额度，中心承担不起银行贷款利息。项目相关投资为该中心的贷款做了担保，从而使贷方大大降低了贷款利率。

技术升级

一家很受欢迎的自然历史博物馆既缺乏电脑也缺乏技术专长。与财务及考勤相关的大多数工作都用手工处理，由此消耗了大量人力和资金。博物馆员工想要扩展机构的技术能力，因此申请了项目相关投资来购买新的硬件、软件和培训。通过基本升级所省下的时间，让博物馆可以有更多的项目员工，增加活动来访人数并且获得更多收入——用于支付最初的开发成本。

在这些例子中，计划相关投资对非营利组织的好处很明显：获取低于市场利率的资本和扩大项目影响的潜在可能。而资助工作者也获得了很多好处。

首先，项目相关投资最大限度地利用了基金会的财富，比起传统的资助工作计划，通过担保和贷款，可以利用的财产要多得多。而且，因为项目相关投资一般可以收回资本，这种方法可以不断再生资金，这不同于传统资助的发放。

有时，项目相关投资可能还会吸引其他资助方。由资助工作者作为主要投资人，进行尽职调查，让项目能够传承财务稳健和具有社会功用的美名，非营利组织可能会发现他们突然被各大银行、公司、政府办公机构还有最初拒绝他们的基金会追着投资。最后，项目相关投资发放的资金可算作该基金会每年 5% 的分配要求[①]。所有跟项目相关投资相关的合理且必要的花费也可以算入 5% 的分配中。

几乎所有的基金会都有潜力在某些程度上支持项目相关投资，尽管只有很小比例的基金会在以任何常规形式这样做。（在 2001 年，超过 61 000 家基金会总计提供了 300 亿美元的资助。同年，项目相关投资只有大约 2.33 亿美元。）更少的资助工作者，大约只有现在涉及项目相关投资的三分之一，会设置持续运营项目相关投资的年度预算和运营目标。

因为项目相关投资一般比传统资助更为复杂——有多重伙伴，有法律和税务要求，还有复杂的会计要求——在去这个领域探险之前，跟其中更有经验的同行交谈，会让大多数资助者获益。

资源

《项目相关投资：基金会技术手册》，克里斯蒂·I. 巴克斯特，1997 年，约翰威立国际出版公司

《项目相关投资目录：基金会的慈善贷款和其他项目相关投资》，杰弗里·A. 法尔肯斯坦，第二版，2003 年，基金会中心

《项目相关投资：资助方指南和趋势》，洛伦·伦茨和辛西娅·马斯卡斯基，1995 年，基金会中心

项目相关投资工作者网络，使用项目相关投资和其他投资来实现慈善目标的资助工作者协会组织

www.primakers.net/home

主意几乎不花钱

大多数基金会都认为，他们的首要任务是成为对其资源的有效管理者。但这并非资助工作者可以向非营利组织伙伴提供的唯一服务。由于基金会接近权力和特权阶层，资助工作者可以用很多有意义的方法帮助非营利组织，与资助几乎无关。

① 美国联邦政府规定，私人基金会每年要将至少 5% 的资产用于慈善业务支出。

建造、购买、出租，然后顺其自然

砖和水泥实体的价值

房地产是帮助非营利部门的另一种手段。

当然，一些基金会早就建立了砖和水泥实体的资本型资助运动，使非营利组织可以购买或翻新他们自己的房屋。除了提供一个永久的运营场所，当有需要时，这些资本项目也提供了借贷的抵押资本。但是还有其他把房产作为非营利资源的方法。

在威斯康星州拉辛市，约翰逊基金会管理着翼展会议中心——最开始为 H.F. 小约翰逊一家设计院，后为弗兰克·劳埃德·赖特的美丽住房。该基金会多年来并没有提供资助或者出租会议中心，而是赞助了数以千计的小型调研会，这些调研会"在坦率和有意义的气氛中召开，体贴周到"，其中包括最后促成的国家艺术基金会和国家公共广播电台的雏形会议。只有得到约翰逊基金会的邀请，才能在这里召开会议，并且要体现约翰逊基金会的主要兴趣，即教育、可持续发展与环境、民主和社区、家庭等。

www.johnsonfdn.org

在加州奥克兰市，一些基金会跟企业捐赠人及市政府一起，建立了保护园。这个漂亮的中心由维多利亚风格的翻新建筑组成，位于市中心，现在租给将近 50 个非营利组织作为办公场所。最近 20 年里，在美国最贵的房地产市场之一，保护园为这些非营利组织提供了稳定的办公地点——附近其他社区的志愿者组织羡慕不已，他们因为承担不起上涨的租金被挤出了市中心。

www.preservationpark.com

请让我向你介绍……

非营利组织一辈子要敲基金会的门。但大多数情况下，都没人回应。作为业内人士，你可以帮助一些你挑选并信任的非营利组织与基金会同行联系，通过你自己的资助记录为他们的良好信誉和工作能力做担保。

记住你不只是在特别给这家资助寻找方帮忙。非营利组织需要资助方，资助者更需要非营利组织。（我们还有其他办法把我们的愿望落实到行动，把抽象的目标变成具体的成就吗？）通过为你的资助工作同行推荐能力强又百折不挠的非营利组织，你给双方都帮了忙。你向同行表示，很满意参与了对一家非营利组织或一份努力的第一轮赞助，这让下一轮资助工作者更容易进来。

有时候，最广泛的介绍最有效。通过公开认可一家非营利合作伙伴的杰出工作，比如，在一次资助方会议上，或者在你们突出介绍受助方所付出努力的一期新闻简报中，你可以传达你对某些组织或个人的信心，不然他们可能会被大家忽视。事实上，庆祝受资助方的成就，应该作为你们基金会首要宣传策略的第一原则。资助方总是受惠于他们的非营利伙伴，我们应该坦率自豪地说出来。

提供专家资源

偶尔，你的一个受助方可能需要专家帮助。大多数情况下，你不应该自己提供建议。长期顾问的角色对于资助方来说非常危险，因为大多数受资助方不得不接受你的建议，即使这个建议非常糟糕。

正确的方法是你提供一笔短期资助，来请一名外部专家，让他们在理事会培训、高层管理人员招聘或者其他任何折磨很多非营利组织的关键的组织发展任务上，来协助非营利组织。

帮助非营利组织自己帮自己

很多非营利组织都渴望在筹资、沟通、人员编制、信息技术和其他方面拥有更多专长。但太多时候，继续教育对他们来说可望而不可求。

你可以不断鼓励并随后资助受资助方的员工培训，由此展示你对良好管理的用心坚持。通过问卷调查了解他们最想掌握的技能，然后你可以另外提供一笔资金承担核心员工培训的费用，这笔钱在核心支持或项目资助之外。（或者在现有的项目款之外，设立一笔独立资金，让受助方来申请员工发展资助，而不必担心会影响他们正在享用的其他资金。）永远不要强迫受资助方在项目和提高管理水平之间进行选择。

要学习其他资助方们是怎么支持非营利部门的组织发展的，你可以联系致力于有效组织的资助工作者团体（GEO），这是“一个资助工作者社区，为定义哪些资助工作实务能够改善受助方的表现而工作”。

www.geofunders.org

好主意，几乎没人在做

“很多人认为基金会支持社会运动，以形成或改变公共政策”，丹尼斯·P. 麦克林奈在《基金会是如何运作的》一书中写道：“但是这种想法不太符合实际，大多数基金会是针对传统的而非激进的非营利组织提供非政治性的资助。”

这种情况有可能改变吗？也许。但是不止一位观察者评论过这种让人费解的懦弱做法，这困扰着很多基金会——基金会既害怕公众批评，又担心引起国会怀疑组织化的慈善是否有暗藏的议程而进行又一轮的问询。

那么资助工作者怎么成为勇敢的有责任心的公民呢？

提出议题

首先，基金会可以公开响亮地说出我们在帮助非营利组织改善美国人生活时所面对的问题。这并不意味着资助工作者必须作为倡导者，去支持特殊的事业或政治情况。私人基金会被禁止游说，但是他们可以提出与他们的工作最紧密联系的问题。

比如，我们可以努力使独立部门的健康发展成为一个公众广泛关注的话题。大多数美国人都想象不到非营利组织活动的广度和深度，而且他们对这些组织所面临的问题知之甚少。我们可以在所处的位置上为非营利组织所做的贡献进行宣传，着重自身在所处社区甚至全国范围内推广志愿精神上所能扮演的角色。

提难对付的问题

我们还可以在更有争议性的话题上引发讨论。最关键的是，我们应该提出这个位于我们所有努力的核心的问题：美国今天的公共领域应该由何组成？

多年的私有化影响了学校、监狱甚至军队。我们对公共机构的未来所怀有的共同假设，现在受到了质疑。现在大量的基金会资金被那些原来靠税收维持的实体追逐。事实上，公立学校会定期申请基金会资金来开展艺术和音乐项目，城市也会申请资助来维持公共医疗设施和市政建设项目。这是我们希望美国发展的方向吗？我们要经常问自己这个问题，并推动官员和民众对于日益缩小的公共舞台有何影响进行思考。

我们也需要应对税务问题。我们不需要将自己划分到支持或者反对缴税的政治阵营。但是我们可以赞助和推动对我们现有的税务结构进行负责的全国性无党派辩论。税收是一个慈善问题，事关基金会的存在。与税收系统进行明智、理性、诚实的对话，对我们的国家来说，是一个巨大的服务。

事实上，还有一长串重要的问题需要讨论和对公民进行教育。为什么我们不去辩论医疗制度目前的危机；或者是工人社区内工作岗位的流失问题；或者是核武器发展，以及阻止流氓国家和恐怖分子获得核武器所需要的政策？

在大多数情况下，关于国家的良好发展甚至存亡的中心问题，被政治家和媒体忽视或者掩盖了。作为资助者，我们有机会可以开设各种全国性论坛让公民广泛参与讨论，来形成合理的公共政策。

提供时间反思

非营利组织是行动导向的。大多数工作日都没有足够的时间来处理所有重要的任务。最好的非营利工作者似乎都是在激情四射和筋疲力尽的两极之间飞旋。至于非营利部门和员工的长期健康，是无法承受之重。

对非营利组织最执着的人员，可以偶尔离开日常工作的轨道，花一点时间反思，这个过程可以使他们获益良多。

“我们的组织在走向何方？需要什么来使它更有成效？我个人的职业目标是什么？这些目标和组织下一步应该做的工作有什么相克相合之处？在今后的五年、十年甚至二十年里，我怎么做出更多贡献？”

这些问题是我们大多数人从未花时间深入且理智思考的问题。毫无疑问没有人有时间在日常事务中思考这些问题。不过，资助方为策略性休假提供财务手段和实施架构，持续几周到一年不等的学术休假、调研资助或者只是开放性学习课程的形式——都是为了帮助我们最好的思考者和最执着的实干者拓展或提升他们的感知力。

认识自己

在私人笔记本上，我们可以花时间和精力进行诚实的自我评估，以服务于非营利和慈善部门。这份努力的核心在于与受资助者进行一系列诚实的对话。我们需要从基金会围墙之外的有利地位，更多地了解自己的资助工作过程。我们必须了解受资助者怎么评价我们的沟通、程序及后续跟进。总而言之，我们需要像要求潜在受资助者一样，在有效的政策、项目和管理方面采用同等的标准对待自己。

为了从非营利合作伙伴那里得到诚实的回应，我们大多数人都会要求外部的帮助。毕竟，受资助者不会愿意坦白讲话——既有真心希望避免伤害我们的感情的情况，也有决心确保后续资助的情况。与其派遣员工和受资助者讨论你的各种优缺点，不如雇一个专业的面谈人员，可以带来一定程度的超脱感、公平和完全的诚实。

庆祝失败

我们必须锻炼自己讨论自身的失败。毕竟，失败是成功之母；痛苦的微增长，通常是我们走向成功的方法。然而尽管这种方法很有用，我们通常会羞于公开谈论自己的误测、粗心还有惨败的资助。我们需要变得更加勇敢。在论坛和刊物上、网站上还有和同行的小组讨论上，我们应该坚持探讨失败和成功的项目。

最后，我们全都需要对可以提高资助者个人工作成效的创新型资助策略抱有更开放的心态，同时积极为整个慈善部门带来更多活力。当然，产生新想法并不是问题。慈善领域不乏想象力、洞察力和生命力。真正的困难是鼓起勇气进行合理的冒险，同时耐心地给予应有的时间和机会，让我们最勇敢、最有创意的主意蓬勃发展。

第十五章　基层资助

支持社会改变

基层资助提供了让人振奋的另一种选择。传统资助循环要求员工和理事筛选成堆的提案书，对竞争者加以评估和排序，把资助建议提交给理事会，并最终发出一张支票，也许要在非营利组织提交最初请求的几个月之后。与之相反，基层慈善的方法注重：

1. 速度
2. 最少的文书
3. 冒风险
4. 亲密不断的合作
5. 改变现状的意愿

基层方法拒绝慈善运营的坏习惯——冰山般缓慢的步伐，堆积如山的文书，非理性的胆怯，和资助者与实干者隔绝的常态。正相反，基层慈善寻找那些通常被基金会世界遗忘的人和项目。它旨在纠正社会错误，调整公众参与和权力上的不平衡，使我们的国家变成一个更美好、更公正、更公平的地方。最后，基层慈善更少关注资助了什么，而是关注位于慈善方程式两端的人们如何把少量的钱与最大程度的合作结合起来加快积极的改变。

实际操作中的基层慈善看起来什么样？一家采用基层慈善办法的基金会可能：

- 向青少年法院的一名法官提供自主资金，用来购买衣物、学校用品、公交车费或其他小件物品，这可以为一个有问题的年轻人提供一个积极的新方向（速度）
- 根据一纸单页协议，向一家为移民子弟办的小型学校提供启动资助（最少的文书）
- 雇用一名当地音乐家与街道青少年组成一个萨尔萨舞乐队，希望平息街头暴力（冒风险）
- 支持一家社区组织同失业、犯罪、租房歧视及其他阻碍当地经济发展的做法做斗争（合作——也是对现状的一种挑战）

基层资助是慈善业最被忽略的工具之一，它无法替代（传统的）资助循环。毕竟，基金会的传统资助手段已经产生了极好的结果，特别是志向远大的项目需要大量的规划、充裕的资助以及密切的监控和评估。如果你打算保护一种海洋渔业、改善全州范围的教育或者找出一种减少无家可归的可复制的全国策略，那么，你需要审慎地着手，在问题的方方面面教育自己，思考所有可能的解决方法。在最好的情况下，资助循环为资助者提供一个机会，在对任何一个（或数个）策略做出承诺之前，先获取广泛的知识。

但是，坚持资助循环并非是改变世界的唯一方法。

为什么要做基层资助?

基层资助针对美国社会的结构性不平等，帮助低收入人群重新平衡那些最为剧烈地影响其生活的经济和政治力量。这种资助可能引发当地民众采取行动，最终让民主得以恢复——它自身似乎就有足够的理由，要把一部分资金分给基层。但基层资助也直接让基金会受益。这种策略可以使资助方：

◉ 打造新关系

资助工作者深入基层，见到他们以前通过传统非营利网络见不到的个人和组织。

◉ 获取不同视角

位于基层的人们会对公正、平等和机会等议题提出新思路，也许仅仅因为他们来自社会的角落，很少能接触到媒体、公共论坛或各种常规决策者。

◉ 扩充知识面

资助者会以不同以往的方式提高对议题的掌握，而这无法通过阅读报告、与同行谈话或仅仅是想象办公室以外发生了什么等方式做到。

◉ 增加社区内的诚信

你们基金会开明的声誉会在基层大放光芒。久而久之，你会被当作一个同盟者、知己及真诚的伙伴。

◉ 取得更高的性价比

基层工作依靠志愿者，他们热诚地希望改善所在的邻里街道。他们用自己的能量撬动你的少量资金做杠杆，去实现更大的结果。

当潜在的利益很大时，基层资助也对资助者有了相应的要求。除了大多数已有的策略，基层方式还要求：

1. 耐心

资助者可能要对人们的努力给予多年支持，直到有了实际结果。

2. 现实

你必须期望小增量进步，而非批量转变。即使运营最好、最执着的民众团体也不能消灭不平等和不公正。

3. 远见

资助者在扩展他们的行动力时，也需要对他们想要支持和激发的这种社会变革加深洞察力。

4. 高度承诺

你们基金会的每一个人都要接受基层策略——不仅仅是项目官员和执行管理人员，理事们也一样。只有与顶层决策者一起，你才能拥有必备的耐心、现实精神和远见，让你的努力持久。

开始基层资助的三个步骤

很多资助者都受到基层资助前景的诱惑。可是，他们仍然不确定该如何开始。这是可以理解的，因为我们大多数人倾向于重复我们已发生的行为。很少有基金会运用基层策略，因而让该领域很难接触到有用的模式。

对于基层慈善的新手，下述步骤应该有所帮助。

第一步：找到杰出的领导者

非营利部门正面临着领导力危机。婴儿潮一代的管理者、理事和志愿者们推进了该领域的快速增长，而他们在今后 20 年将要退休，去追求新事业或离开。按照现在的估计，非营利组织必须要招募 64 000 名新领导者来补充其顶层需要。

这些人从哪儿来——鉴于所给的低工资和单薄的福利，非营利部门能否紧紧留住他们？这让人难以猜测。但是，没有杰出的领导者，非营利部门将为维持现有服务水平而挣扎，更不要提去应对将会随时间出现的危机和机会了。

这一迫在眉睫的领导力缺失，强调了一个重要事实，即资助者时常在回避这一问题。

一份志愿工作的成功与否，没有什么比其中的人更重要的了。成功，与其说是什么、何时、何地、多少的问题，不如说是谁——人的问题。谁来引领，谁来计划，谁来实施计划？谁来形成、资助和管理这些维系我们社区的组织？谁来为良好意图注入活力，把可能性变成现实？对于基层工作来说，因为本身缺乏一个正规的组织结构及可靠的资源支持，领导力问题尤为重要。

不幸的是，大多数基金会对人的要素，给予的关注太少了。他们把精力集中在纸上：正式的规划文件、理事名单、组织历史和年度报告、资助申请和评估。当然，全都很有用。但是，很难代替人来合理地回答最相关的问题：谁在运作这个计划？他们有必备的技能、品格和承诺吗？

资助工作者需要寻找这样的基层领导者：

- 对自身工作的承诺充满热情
- 能直指过去成功的记录
- 展示勇气、韧性和力量
- 对未来拥有清晰的志向
- 认识并承认自己的错误
- 把挫折和失败当成学习的机会
- 当环境不允许时，知道如何改变路线
- 长期坚守他们的组织及其使命

在试图进行新的努力时，考虑社区领导者的潜力可能比他们过去的经验更重要。在寻找基层人才时，资助者应该着眼于：

◉ 鲜明的幽默感

这是一份艰巨、有挑战性、无休止的工作。如果他们不能笑对大多数事情，包括他们自己，他们就活不下去。

◉ 对未来的远见

好的领导者眼光超越今天的挣扎，为明天的各种可能，构建更宽广的空间。他们勇敢无畏，愿意为梦想奋斗。

◉ 用希望托起的现实主义

很可能你厄运连连，每一场战斗都很艰难，一夜之后什么都没变。但在长期过程中，领导者必须培养乐观的视角，在把新同事及合作者聚拢到身边时，保持工作高效。

◉ 健全的直觉

社区工作的某些方面没法教；它们是感受到的，本能地掌握的，通过直觉理解并实践的。所有的好领导者都在某种程度上信赖自己的内心直觉，当直觉出错时，他们会加以注意。

◉ 人际关系能力

领导者必须喜欢他人，向他人学习并倾听他人。这是他们能帮助员工和志愿者们解决冲突并为事业做出最大努力的唯一途径。他们必须要有尊重（甚至一定程度的感情），这会激励他人同样去做。

◉ 持久力

社区领导者有着长期的承诺——数年，数十年。资助者们需要寻找顽强的合作者，然后学习效仿他们。

第二步：走出你的办公室，去实地

大多数资助者都把时间花在阅读提案书，准备推荐文档，会见理事会成员、基金会同事以及（偶尔）资助申请者——什么事都做，除了探索更广大的社区，学习更多有关当地的关键议题。

更严重的问题是不能有差错。如果你计划参与基层工作，你必须放弃你在办公室的安全感。除此之外，你还能如何区分猜想与真实状况呢？你还能如何见到杰出的个人和初露头角的组织呢？你应该同他们一起进行共同的事业。

资助者对自身工作的这一层面有所忽略，出于诸多原因。对很多人来说，就是惰性。我们在日常程序中很舒服。我们知道只要我们还留在自己熟悉的范围内，就没人会挑战我们的工作重点和假设。我们很忙：每天都有没完没了的电子邮件、电话和资助提案书。我们很累，保持原位更容易。

或许最重要的是，我们缺少榜样。我们大多数人从未遇到一位基金会高管会用 1/4 的时间去办公室之外探索。敢于这么做，简直像是玩忽职守。但我们真正的职责难道不是投身于我们的社区生活之中，以便我们理解他的问题和潜能吗？难道我们不应该坚韧地寻找资助机会，而不是等待它们变成可以预测的一套套资助提案书来到我们的桌上吗？

很少有基金会员工拿出哪怕 1/10 的时间用在这方面。设想一下，如果你每周安排 1/4 的工作时间走出办公室，你可以在六个月里学到什么。这种实验几乎保证会有结果。而且，要见到你应该与之合作的基层领导者，这是唯一的方法。

你还应睁大双眼找到机警的最佳人选做顾问——要么是临时的，要么是正式组成的委员会，定期向理事会做演示报告。你的顾问们一定会有自己的兴趣和项目要推动。但是，如果你适当参与到社区生活之中并定期向不同人群寻求信息并共同商讨的话，你就会有能力考虑到相互竞争的利益，并更好地洞察什么是可能实现的。

第三步：削减文书

如果你把自己从文件的束缚中解放出来，走出办公室肯定容易得多。我们都知道基金会世界大多淹没在纸张中。我们充满纸张的文化所提出的要求，常常证明是冗长、过量，弄巧成拙。

在很大程度上，文书工作用来替代走出去，进入社区、会见他人并让自己暴露在新体验和不熟悉的观点下。我们告诉自己，那一堆年度报告、理事会名单、评估计划、发展策略及冗长的资助提案书，可以确保我们的非营利申请者可靠。我们把文件的堆积当成尽职调查。太常见的是，这仅仅是我们的挡箭牌。

防止欺诈和渎职的唯一实际的保险——也是最真实的尽职调查——是不断追求对我们所资助的议题、社区和组织进行深刻持久的了解。

考虑下列步骤来减轻纸张负荷。

◉ 要得更少

除非你从事着大型复杂的项目，你可能不需要每家申请者的审计报告、五年计划、员工名单、理事简介及其他情况。代之以要求申请者提交一份简短的意向书（不超过 2 页），内容包括组织名称及联络信息、组织使命以及所提议的项目概述。如果你感兴趣，可以在日后要一份完整的提案书——限制在 10 页以内。

◉ 分拣呈文

找出你不会考虑资助的项目——这肯定是绝大多数——立即快速、礼貌地回绝。通过要求每份提案书只提供 1 页的摘要，你将快速识别哪些项目和组织在你感兴趣的领域或领域之外。打电话说明有关申请者的任何问题，而不是要求附加的文件材料。

◉ 清理你的文档

纸张会占满房间。除了某些法律或财务规定必须保存的特定文件，通过削减你贮藏的文件，来减少你的纸张负荷。毫不留情地清除、切碎、扔掉所有那些申请表、提案书重复复印件、过时的函件、推荐文档概述、理事会委员会会议纪要、陈旧的财务报告及过时的评估。

在基层寻找社会公正

在本质上，基层资助就是关于社会公正的。

但是，请等一下。难道慈善通常关注的不正是社会公正问题吗？难道贫困处境不是始终作为信仰慈善教义的资助工作者首先要关注的吗？从字面上讲，慈善就是人类之爱。

这样想一定会让人满意。但是，该领域的数据和经验可不是这么回事。

按照由独立部门和基金会中心发布的一份报告，全国最大的多家基金会仅把 11% 的资助用于“援助经济、社会和政治底层的结构性改变”。较小的基金会——67 000 家基金会的绝大部分——通常甚至还达不到这么低的水平。

那么大多数基金会的资助都去哪儿了？去了直接服务、教育和艺术：这些全都是值得、必要并常常极其重要的，它们使我们的社区安定、美丽、经济活跃。但是，这类资助虽然可以改善某些人的生活，但并没有根本改变我们社会对机会和特权的制度性安排。很多资助工作者真的忽略了经济不平等和社会不公正，而这些正是必须有慈善的首要原因。

我们不应奇怪基金会往往略过针对社会公正的项目和组织。毕竟，基金会是由我们社会的精英建立的，并且员工是受过教育的中产阶级专业人士，两者都没有把对贫困和挣扎的内在领悟带到工作中。一旦上岗，基金会的生活奔忙不停，资助循环的碾磨支配了一切，理事或员工只有很有限的机会去探索他们社区中的困难角落。

如果说大多数资助工作者没有处在适当的职位、受过训练或者有经验去认识并参与基层工作，那么，还有另一个原因造成了这类资助的滞后。

权力

基层资助工作者让最没有特权的民众努力取得对自身环境的掌控，并运用政治力量改善自己的命运。每一次利益的较量，都会有胜利者和失败者。而且，那些受到基层群体挑战的人——政客、官僚、权力代理人、企业股权人以及有名的工业巨头——远比你们社区的普通积极分子更有可能有朋友在基金会理事会服务。

此外，还有更微妙的因素阻碍基层资助：

◉ 礼仪文化

资助工作者想要别人认为自己使世界更美好，而非制造麻烦。然而有时候，搅动大锅，制造波动——引起麻烦——肯定是必需的。基金会世界，有时会挺身迎接这一挑战。考虑一下民权运动早期史诗般的日子，那是几家基金会和个人捐赠者支持着基层团体承担选举人注册的危险工作。然而今天，即使面对最恶劣的权力失衡，大多数资助者宁可不去犯法。

◉ 基层的不可见性

基层工作即使对于开明的资助工作者都可能是难以理解的。他们处于慈善视线的广角之外。

而且，只有最无畏的人才会偶尔发现他们。（因此，唯有通过冒险走进办公室之外的世界。）不过，当基金会员工真的步入实地时，通常不是为了在陌生的环境遇到穷人，而是为了与其他资助者或大型非营利组织的首席执行官形成相互的兴趣圈和交往便利。大多数资助工作者们都太了解慈善文化而对遥远的更大的世界知道得太少，而他们却发誓要改善这个世界的贫困和不公正。

◉ 没有把握大局

一家社区组织成功地敦促决策者们在一个衰退的社区建一个操场，在一家高价便利店把持的地区开办农贸市场，向当地人开放资本来做自己的生意，这些都是很容易看到收益的。但并非所有基层资助都可以快速产生真实的结果。基层组织往往聚焦于推动公众参与的大目标，它将激发人们为一个更平等的社会而长期奋斗。只提一家单独的组织或运动是在描述树枝，而不是社会行动的大树，从而回避了从事基层慈善的最有说服力的辩论。

与基层组织一起为社会公正而工作

接触基层的一种方法是，支持把社区组织起来的无党派工作。把社区组织起来，让当地人民一起来找出他们邻里街道的问题和潜能，帮助他们设定可实现的目标，从而协助他们发展技能和组织结构去长期管理基层运动和项目。民众组织着手一系列广泛议题——为繁忙街道上的减速路凸向市政厅申述，清理当地操场的有毒废弃物，阻止扼杀贫困社区经济发展的贷款歧视及其他限制借贷的做法。

有时，人们会将把社区组织起来跟其他社会改变的策略相混淆，诸如社区发展、倡导、直接服务等。与这些方法不同，把社区组织起来毫不避讳地进行权力建设，帮助低收入人群得到技能、信心和尊重，由此可以对日益增加的责任做好准备。把社区组织起来，强调与那些出身于社区并仍然与社区保持接触的领导者一起进行民主治理的价值。参与本身就是结果，是民主的一种练习，它最终使组织力量增强。

今天，美国有成千上万家把社区组织起来的团体。有些是大型全国网络的分支，如工业地区基金会（由美国组织工作前辈索尔·阿林斯基发起），ACORN（现在就改革的社区组织协会）在 100 多个城市中有 850 个街道分会。更多团体的独立运营，形成于应对危机的行动中，如一种环境灾害、犯罪激增、经济不景气等。

尽管社区组织倾向于在大多数媒体的视线之外工作，因此在我们很多人看来似乎不存在。但是，跨宗教基金会协会——一家坚持社会改变和经济公正的资助工作者网络，估计在基于信仰的社区组织中，有超过 1% 的美国人以个人形式参加，还有 4 000 多机构会员以及 24 000 个关键领导者。可能还有同样多的非宗教性的努力，不过我们难以找到并计数。这些组织的潜力是巨大的。

探索基层

资助工作者一般用少量资助支持社区组织，用于：

- 运营费用，诸如租金、公共设施费（水电煤气等）、电话及印刷费
- 技术援助
- 培训及领导力开发
- 开会
- 员工

这些资助的目标是帮助羽翼未丰的组织取得实际的胜利并感到自身能力的日益增长，从而最终改变社区内的权力关系。这个过程要求来自各方面的承诺要兼容匹配。确实，资助者要赢得社区积极分子的信任并与之建立真正的合作，是需要时间的。毕竟，穷人们已经看过无数的种子资助和试点项目进进出出，可以理解他们对一开始很热心的基金会所做出的承诺会有所怀疑。

基层工作的时间线是持久的，这让资助者有机会加深对社区议题的理解。这肯定让人振奋，但也可能是员工和理事们的挑战。作为资助者，我们并不习惯于承认知识上的欠缺或经验上的差距。我们逃避“不知道”所暴露出来的弱点。基层资助工作教会我们一再质疑基本假设并从不同视角看世界。我们可以把它当成在练习谦逊的品德——对组织化的慈善来说，这并不是最糟的事情。

无疑，这种基层的方法可能向资助工作者提出了过多的要求。结果是，新手们往往以为他们的理事会将反对这种策略。然而，一些富人因为他们自己年轻时的经历而特别愿意支持把社区组织起来的努力。“自力更生”的态度反映了民众愿意为自己社区的问题承担责任，这可能特别吸引那些自己创造了财富的资助者。其他资助者会认识到，强调民众行动对社会振兴至关重要。民主不是观赏型体育，而是让承诺稳固增长的跋涉过程——这种看法，会与许多自认为高度个体化和经济上保守的资助者产生共鸣。

教育自己在基层茁壮成长

基层是大多数基金会的处女地。一开始，员工在与正当的基层伙伴合作甚至在找到他们的过程中都可能历经艰难。可是，对于资助者来说，有很多方法让自己了解当地的潜在可能。

- **倾听每一位比你知道得多的人**

以要行动不要空谈的信誉去接触你社区中的具体人。（这是物以类聚。）同他们一起坐下来，询问你的社区是如何成功和失败的。主持小型座谈会，明确表示你是来学习有关议题的，而非一开始就提供任何资助。请求社区领导者带你在你一般不会去的邻里街道走访，学习他们怎么做。

◉ 请人指教

以作为勇敢的新人而自豪。在资助工作社区中找到一名成功发起过一个基层资助工作计划的同行并征求建议。募款的一个重要规则也适用于资助工作：在你寻求帮助时，向你提供援助的人会感到他们在你的最终成功中也有一份贡献。

◉ 让自己（稍微）不舒服些

基金会专业人员通常不会远离他们的舒适范围走动。而学习正是在那些（遥远的）地方发生的。当你发现自己的权威、动机和世界观受到质疑时，注意那些极其难得的机会。在这挑战中可能存在着宝贵的一课。

◉ 保持好奇心

当你花更多时间致力于调查基层的资助机会时，你的信誉会走在你前面。你以前从未遇到过的人会吐露有用的信息，关于议题、组织和你应该见的人。培养你的好奇心，它是你进入新领域的向导。

◉ 扩展视野

问自己：从现在起三年、五年、十年，你想到达哪里？向你的合作者提同样的问题。在制订长期规划时，找到那些通常被忽略的人的观点。不要把研究局限在当地大型非营利组织。查阅关于人口变化和市场力量的现有数据资料，考虑它们将如何充实你对未来的看法或使之复杂化。

◉ 打开心门，暴露弱点，易于接触

教育是一个过程，而非孤立事件。你要注意聆听新动向，同社区各界人士保持接触。要认识到，那些造成社会公正的策略并不是基金会创造的。相反地，解决方法正在哪里出现，他们就前往那里。最后，注意那些努力让自己的邻里变得更好的人们——他们中间常有快乐。这些快乐，就像问题一样，强大并重要。

最后尚待开发的资源

给予个人的基层资助

很少有基金会向没有 501（C）3[①] 非营利组织免税资格的个人提供基金资助。这意味着我们大多数人，没有理会我们社区里一些最投入、最热情和最有效的人——完全是因为他们没有我们熟悉的法人结构。而在贫困社区中从事重要工作的人，往往没有我们在慈善界已经习惯了的组织机器。他们在获得哪怕很少的资金上所经历的困难，对整个社会来说，都意味着损失。

但是请等一下！资助者不是不准许资助个人吗？不是要求我们把支持资金发放到州和联邦

① 参见词汇表。

政府官方批准的免税组织手里吗？

绝非如此。美国国税局并未明确指出基金会只能给予非营利组织。政府要求的是，要保证所有资助款有“慈善目的”。当然，你必须负责相关费用——必要时得到美国国税局的事先批准，查明钱是按计划使用的，有足够的文件记录构建你的慈善策略是如何进行的。资助个人，如果做得不符合美国国税局规定的话，就会面临税务罚款。如果实施得不正确，美国国税局会把这样的资助当作应纳税的花销。但这对向个人提供基金资助，并不是无法逾越的障碍。实际上，如果我们不资助个人，这是我们的选择，而非美国国税局的选择。

考虑你可能会错过什么。

◉ 一位街道妇女针对贫困儿童缺乏课后托管的问题，在家开办一个环境教育中心——她还组织森林和海洋的出行活动。她通过市政府的合同得到一笔资金，但不够雇一名助手。如果有一名额外的员工，她可以让从其工作中受益的贫困儿童数量加倍。她有技能和企业家的热情，但没有 510（C）3 资格。此外，她甚至没有申请资助。

◉ 破损的镇中心有一面大墙迫切需要一幅壁画。一位艺术家免费出时间。他组织并完成过类似的项目，而且能快速动员当地青少年参加他的工作。他总共需要 1500 美元购买颜料和画笔。但他不想就为这一个项目创办一家非营利团体。这个计划中途夭折了。

◉ 六个人正是因为帮助无家可归者的共同愿望走到一起，建立了一个网络系统去收集餐馆和小贩要扔掉的新鲜果蔬。他们从装卸台把食物运回街道，送给几家热汤坊和教堂中心。如果他们有 1000 美元买一台二手卡车，他们的收集和分配方式就会更有效率。但是他们都没有额外的钱去购买。

如果你真的决定做个人资助，你还是需要遵从合理资助的逻辑。资助个人，要求：

◉ 对此人的活动如何与你们基金会的使命、前景和目标一致，要有清晰的理解。

◉ 修改你的治理文件，以便允许向个人提供资助——如果原来只允许向组织提供资助的话。

◉ 对美国国税局的规定有清晰了解，它管理对个人的资助。

◉ 对要做的工作和预期的结果有一个正式协议。

◉ 有一个在明确时间段完成该项目的预算。

◉ 有评估项目有用程度的方法及确定项目成败的准则。

你如何才能知道你将来的受资助者符合“慈善目的”？你不能依靠政府给的免税资格，也不能依靠年度报告、理事会甚至资助申请书。实际上，你只有一条路。你必须充分融入你的社区生活中，以找到、见到那些起引领作用的个人积极分子并与之建立伙伴关系。除非你定期离开办公室去探索社区里更边缘的角落，否则要找到在非营利组织结构之外工作的个人，真的不可能。

当然，大多数基金会不会承接个人项目，因为提供较小的资助要做很多工作。（如果你在跟国际组织合作的话，那么向你的当地环境积极分子提供 500 美元的资助或许并不是使用时间的最佳办法。）较小的基金会，对他们来说，也不会做个人资助，因为他们感到人力不足、装备不良并害怕与传统对抗。

对于大大小小的资助者，一个解决方法是每年给社区基金会一定数量的钱，用于一批个人资助——由社区基金会亲手挑选。为了遵守美国国税局对指定用途的限制，中间机构在挑选个人上必须有唯一的控制权。社区基金会的员工以及他们与当地在常规的慈善视线之下做事的积极分子之间的工作关系，将会以最低限度的文书及官僚程序的形式，拓展你的资助范围。

一种稍微更大胆、要求更多的方法，可能是形成一个咨询委员会来做个人资助——你们基金会保留批准委员会建议的权力。无论采取什么策略，个人资助都能帮助你触及你的社区里被忽视的部分，并把注意力集中在追求公正和平等上，这正是基层资助的目的所在。

第十六章　保持使命、愿景和策略一致

所有开始通向高效资助工作艰难旅程的基金会都应该想到爱丽丝的故事……

在仙境的奇幻漫游中，爱丽丝偶然遇见柴郡猫，向它询问接下来该走哪条路。

“那就取决于你想去哪啦。”猫说。

“我并不是很在意——”爱丽丝说。

“那么走哪条路就不重要了。”柴郡猫说。

“只要是个地方就行……”爱丽丝解释道。

“噢，你一定能做到，”猫说，“只要你走得足够远。”

如果你不预想自己的最终目的地，就从出发点一直走下去，那么“某个地方”就是你会停止脚步的地方。对于严谨的基金会而言，像路易斯·卡罗尔所著的《爱丽丝漫游仙境》中的人物一样，继续沿着这种麻花饼思路走下去的话，这种“某处”也是“无处”。为了让自己的努力到达有意义的终点，资助工作者必须投入大量的精力去探索如何保持你在使命、愿景、目标和策略上的足迹标志相一致。

◉ 使命——你的最终目的，你从事资助工作的原因。

◉ 愿景——你对自己所做资助工作在这个世界上能够实现哪些提高和改变所做的想象图。

◉ 目标——朝着实现你的愿景的方向迈进时，你可以找到并量化的成就。

◉ 策略——为达到你的目标所要承担的任务。

当然，规划者在为通向有意义的目的地而寻找一条清晰路径时，这些并不是他们所使用的唯一术语。在慈善事业中，意志坚定的员工和受托理事会使用各种术语，如“期望的最终状态”“最终目的”“意义”“首要政策”“战术”“任务”“活动”和“行动”等。人们容易在开始第一步之前就陷入语义困境。但是有一点要记住：最重要的不是术语本身，而是它们的相互联系。使命、愿景、目标和策略及其对应词，指的是结果和手段的分层体系。当你在这个体系内上下移动时，会发现它们步步相连。某个人可能会用“目标”这个词，而另一个人可能会用“目的”指同样的意思，没有必要取笑这些概念的细微区别，而应该去理解它们在说话者头脑中的排位。

在规划用语的核心部分存在的困惑，恰好暗示着在保持使命、愿景、目标和策略一致上，有时候可能会遇到困难。确实，如果不是这样，那么，你可能没有足够融入其中。让你们基金会保持着朝向高成效直线前进，是良好的资助工作更有挑战性也更花时间的先决条件之一，但这也有很多益处。除了需要明确知道方向之外，规划过程会帮助资助工作者：

◉ 在与资助工作紧密相连的可能成果上，扩大视野。

◉ 设立资助重点次序。

◉ 抓住机遇。

◉ 在非营利组织、政府机构和其他基金会中间找出潜在的合作者。

◉ 测量进展或认出进展的缺乏。

◉ 对组织的资产和负债做清晰的盘点。

◉ 预测在慈善事业和非营利部门内外的变化。

◉ 减少在基金会资源管理中进行危机干预的需要。

◉ 公开意图和行动，对所有的人都是透明的。

最后，它最好的地方应该在于其自身所提供的奖励，吸引受托理事和员工参与一个集反思、探索、辩论及综合于一体的让人振奋的回合，最终形成对承诺和计划的清晰表达。它可以让根本假设、错误概念和隐藏的潜能浮出水面，当受托理事和员工在逐渐远离小心谨慎、陈旧不堪的方便所在时，这个过程可以让他们感受到共同的目的。

德怀特·D. 艾森豪威尔曾说："计划是虚，行动为实。"艾森豪威尔曾指挥现代史上最雄心勃勃的计划之一——反攻日（第二次世界大战期间）欧洲同盟反攻计划。他对计划的评估内含了这样的理解，即我们从过程中学到的以及我们如何应对意外的后果，远比我们的努力所得到的明显结果以及最后会出现的文件，更为重要。

启动时的其他障碍

如果理清目的和手段对基金会这么好，那么为什么不是每个理事会都这样做呢？

勉强的资助工作者可能是出于如下原因：

◉ 对改变和失去权力有所担忧

理事会经常围绕一位强大的领导者——通常是创始人。这种安排能集权排异。关于慈善使命的坦率谈话必然会挑战一些旧的想法——也许是保守派。这是为什么人们常常回避保持使命、愿景、目标和策略一致的首要原因，这也是人们进行这一工作的同样令人信服的理由。

◉ 时间和成本

规划需要时间，大多数理事会的时间太少了。很少有受托理事会对召开更多会议或是承担更多额外委员会职责欢呼雀跃。一些成员认为时间紧迫，列举推动当前资助循环向前推移的必要性。其他人会诟病聘请顾问或引导者的费用，尽管娴熟的专业人员最终可能节省时间和金钱。

◉ 以往的经历

毫无疑问，来自商业、政府和学术界的受托理事们，将会联想到在他们自己机构里规划过程鲁莽不当的旧事，让人警醒。其他理事们会想起之前同人们花费很多时间精心制订的优秀计划，被负责实施改变的人们所忽略。

◉ 不愿承担责任

如果你不知道你想去哪里和如何到达那里，你就不会因为没有到达而被批评。一些理事们会避免严格的规划，因为他们不希望形成一个明确的方法来评估其基金会的表现。事实上，他们的不情愿在很大程度上是无意识的，这使它的负面影响更为严重。

设定航程的四大标志

让我们来谈谈用来让你的资助工作直线航行的四个标志：使命、愿景、目标和策略。

一、使命

理事会面临的最令人烦恼的任务之一是制订明确的使命声明。第一个错误是错误地假设你已经有了使命声明。毕竟，你已经做了许多年的资助工作，你可以指导出很多令人满意的结果：你的用心难道不是很明显吗？好吧，也对，也错。你可能会发现你的受托理事对你们基金会的使命也有非常明确的想法；但他们不一定是相同的，甚至不是相似的想法。要打破大家都有共同目的这种假定，最好的方法是，要求每个受托理事用两三句话写出自己对基金会使命的解释。然后做对比。这才是真正对话的开始。

在关于终极目的的坦率交谈中，你可能会碰到一些真诚甚至充满激情的争论。重要的是承认这些对立的意见。事实上，把一个由多代人、半血缘的兄弟姐妹、动摇不定的配偶和一个可能不完全幸福的大家庭里的其他一些分裂元素所组成的基金会团结在一起，这是唯一可行的方式。（这同样适用于社区基金会，这些基金会的使命是召集和代表他们募款地区的不同声音。）如果你正处于理事会成员换届期——无论是创始人的离世、年轻家庭成员地位的上升还是从社区的某个横截面特意招募的受托理事——在最终目的上存在分歧几乎不可避免。

为了避免这种相互批评又棘手的讨论，许多理事会倾向于选择一些普遍能接受的概论性使命：

“我们基金会旨在改善我们社区的生活。”

或者

“我们致力于在非营利部门追求卓越，为健康、教育和社会福利领域的优秀组织提供支持。”

最后，这就是在说：我们希望为人类做善事。所有的大问题仍然存在：哪些人？什么事？我们做这些事时，所谓的“好”是指什么？

如果你现在觉得这是你回到大学的第一堂哲学课，那更好。使命声明正是在探讨以下一些问题时形成的：

◉ 一个美好公正的社会是怎样的？

◉ 我们今天面临的最紧迫的问题是什么？

◉我们应该为了何种目的而投入资源和努力，去追求实现一个更美好的世界？

记住：如果你不提出这些问题，你的基金会仍然会追求某个使命。但它未必是理事会想要甚至认同的使命。

你可能试着把使命声明当作行动之前必须建立的行为指南。使命声明将为你随后制定愿景、目标和策略打基础。如果你不制定使命声明，你的理事会和员工可能一开始就向多个方向出发，漫游之中东一榔头西一棒子地撒钱。因为缺乏清晰的使命声明，潜在的受助者也会产生混淆，最终浪费他们和你的时间。

毕竟，如果你的使命是让钢铁工人的孩子有上大学的可能，那么，资助申请者提交大量从校外托管到动物园一类的提案书，显然是没有意义的。

虽然构建使命声明能够提供大量的智力刺激和回报，但也需要花费时间。你想改善医疗保健吗？好的，但在哪里？在你的城市、州还是国家？还是想到了非洲？（我们是在谈论阿尔及利亚还是乍得，西非还是东非？）你最关心的是孩子还是大人？是已投保的，还是未投保的，或是不让投保的？甚至在你开始寻找方向之前，就有很多东西要谈。

使命声明应该是什么样的？理想情况下，很短——只有几句，至多一段。如果声明长达一页甚至以上，不管其思想多么敏锐，表达多么生动，没有人会记住它。保持简明、扼要、清晰。

很多有效的使命声明聚焦于单一的亮点：

◉致力于帕金森征研究的迈克尔·J. 福克斯基金会，通过大力资助研究计划来确保这十年对帕金森病治疗方法的开发。

其他的使命声明则使用多管齐下的方法来解决长期存在的问题：

◉华纳基金会的使命是在北卡罗来纳州长期改善弱势个人和社区所获得的经济机会以及他们的种族关系。

还有其他人用表达他们基金会价值观的语言来陈述他们的使命声明：

◉威廉·佩恩基金会的使命是通过在改善儿童的未来、培养丰富的文化表现、深化与自然和社会的联系等方面的努力，来提高费城地区的生活质量。与其他方面合作，我们致力于发展一个有活力的、公正的、有爱心的社会。

使命声明应该多多少少定期加以回顾。除非是基金会领导层、资产或外部事件的剧变，受托理事应该至少每两三年讨论一次使命声明。当一个新的受托理事加入理事会或一个新员工被录用时，基金会同样应该利用这个机会来讨论使命的含义及其持续的相关性。

◉每个人都理解使命声明吗？

◉有任何混淆之处吗？

◉可以用更少的词来表达使命吗？它受到术语和抽象的影响吗？

◉声明中遗漏了任何重要的东西了吗？

◉使命声明反映了受托理事与该基金会之间的个人经历吗？

◉该声明是否根植于基金会的价值观？（理事会制定其价值观了吗？）

◉ 理事会和员工喜欢这个使命声明吗？他们是否对之感到自豪和渴望表达其内容？

如果对使命没有深入了解，理事会和员工几乎肯定是大步行走在错误的方向上，无法继续下一步阐明愿景、目标和策略的工作。

二、愿景

有了设定的使命，你就知道为了达到长期目标而前进的方向。现在该描述你的愿景了，即在你最终成功后世界将变成什么样？

为什么要有愿景？你的使命声明不就是有关任何人对你的意图所需要知道的一切吗？

如果做对了的话，两者是不一样的。记住一个好的使命声明具有的标志：简明、扼要、清晰。对你希望造就的改变做任何说明，不是使命声明应该做的，留给愿景声明更好——一旦你辩论、合成并最终确认你的更美好世界有哪些细节。使命可以作为你们基金会的“口号”——对你们为什么存在所做的快捷概述——愿景则提供了更容易理解使命的细节。

问题在这里可以变得如炼狱般复杂。就像我们常说的，魔鬼藏于细节。我们可以完全同意我们的使命。但是，当它归结到我们的使命将促成什么实际具体的改变时，我们的愿景可能与之相距甚远。

假设说，经过严密的思考和热烈的讨论，你的基金会理事会采纳了以下使命：

ABC 基金会致力于改善某地所有儿童的中小学教育质量。

你的理事会从这个使命出发，可能会推衍出以下愿景：

当 ABC 基金会的使命完成时，我们的公立学校与全州那些最好的学校有相同的资金水平；我市贫困儿童所能享用的资源与那些享有更多优待的学生相当；我们公立学校的薪酬激励、工作条件和物质条件、校园管理和学生行为，能够从其他地区吸引这样的老师——他们想把自己的职业生涯投入带有卓越学术声望的公立学校网络。我们设想通过公立学校系统造就改变，从而在未来的 5 年和 10 年里大大提高标准化考试的成绩；高中毕业率增加一倍；未来 10 年大学毕业人数是现在的 4 倍。

下面是从同一个使命用不同途径构建的愿景：

ABC 基金会设想让家长在公立、私立和教会学校的所有范围里为自己的子女自由择校，以及通过建立一系列基于专业科目的特长型特许学校，来实现某地中小学系统的革命。

这些愿景发自改善教育的相同志向，但他们描述了互不兼容的结局。第一个愿景集中在平等使用公共资源来改善公共教育；第二个愿景暗示与一系列新学校结盟建立一个代金券制度。

翻找细节是必需的。只有通过愿景所固有的对改变的具体说明，才能看到差异。如果理事会对愿景有分歧——或者更有可能的是，他们尚未将之具体化——那么，接下来设定目标和创建策略的两大步骤肯定是不可能的。

使命声明样本

沃尔特 - 埃莉斯 · 哈斯基金

沃尔特 - 埃莉斯 · 哈斯基金的使命是帮助建立一个健康、公正和有活力的社会，在这个社会中，人们感到自己与他们的社区相连并为之负责。

一个健康、公正和有活力的社会让其个体成员感到集体福祉是个人的切身利益，人人能够平等地得到工具和机会以充分参与社区生活。这样的社会要求尊重多样性、解决社会和经济的不平等，并允许其成员进行选择并负起责任。社区制度和组织加上坚强的领导力，是支撑这一愿景得以实现的牢固基础。

兰普金家庭基金会

兰普金家庭基金会渴望成为北美帮助其他组织的同类组织在有效性上的模范。

作为资助工作方，我们努力最有效地利用兰普金家庭成员托付给我们的财力资源，在美国政府允许的情况下，在我们所运营的社区和领域做好工作。我们的目标是，在资助方建立和使用那些能确保运营效能和尽职调查的政策及系统上成为模范。

作为一个家庭型组织，我们争取使初始捐赠者贝丝 · A. 兰普金的后人们团结并亲密相处。基金会将为家庭成员提供一个论坛来确认他们的核心价值观，以社区服务的共同传统为荣，贡献自己的才干来实现共同的目标。

我们在选择、给予资助和监督慈善活动的过程中通过整个家庭参与达成共识——这与家庭的价值观和目标一致——来谋求团结。同样我们将在伊利诺伊州中部地区促进对家族遗产的理解和尊重，并鼓励家族成员在所住地区从事慈善和参与社区活动。

作为一家 501（C）3 类非营利组织，我们寻求运用负责任的治理、体现卓越管理并以确保我们在组织和项目上有效运作的方法来鼓励相关人员。

作为伊利诺伊州中部乡村农业社区自豪的一员，我们想象的是，一个强健的、持续的经济基础，一个高质量的教育体系（从幼儿园到大学），医疗保健和社会服务能够满足民众的需要——一般而言，即一个有活力的非营利部门。我们将示范和培养有类似目标和价值观的组织进行创新和合作。

在聚焦使命和辛苦措辞之后，愿景让我们有机会放松下来、尽情想象、在不同的可能情景中自由漫游。在你的愿景声明中所描述的改变了的世界，可能超出了你们基金会的能力范围。这没关系，因为愿景的目的之一就是要激励你的理事会和员工。愿景是飞翔和刻写抒情诗的地方。它应该带有特色和感觉。

一个有效的愿景声明有下述特征：

1. 与你的使命之间的逻辑关系

2. 生动的细节

3. 清晰
4. 明确的意图
5. 带有现实主义色彩的志向
6. 一种希望感
7. 一个人发出声音——与一个委员会的官僚噪声正相反

三、目标

在攀登了共同愿景的高峰后，现在该落实到明确的目标上了。

目标是一块块阶石，带你走向愿景。它们会把你的整体目标降到你应该可以达到的水平。对于那些思维方式特别抽象或像迷宫般复杂的人来说，目标设定这一任务可能有挑战性。但是没有明确的目标，你将永远不会实现作为资助工作者的潜能。

目标应该是：

1. 现实的
2. 可量化的
3. 与时间相关的
4. 与你的愿景和使命存在逻辑关系的

让我们设想你的基金会确定了结束饥饿及改善营养的使命。（目前为止一切顺利；你有一个值得追求的宏伟想法，这个想法远超出你们基金会可以独自达到的水平。）当你的理事会探索其使命时，受托理事们谈道：让你们社区的穷苦家庭能够得到可负担的新鲜果蔬；为人父母者知道如何购买、烹饪及提供健康的食物；让饱含糖分的零食和快餐逐渐失去吸引力；营养适当成为一种社区价值——所有这些，都让儿童和成人变得更加健康、整洁，懂得并对充满活力的良好健康原则进行以身示范。

愿景很好，但你如何去实现它呢？

你开始问自己需要做什么，才能让想象的可能性具有可实施性。之后，你将愿景分解为不同的部分，并且确定一套相关的、具体的、可达到的目标。这些合理的目标可以是：

1. 在社区最穷困的街区开三家每周一次的农贸市场。
2. 未来三年内，提高父母对良好营养的理解。
3. 未来三年内，将公立学校所提供的低营养零食数量减少 75%。

这三个目标满足我们的要求吗？是的，它们都是可行的。（它们能促进该基金会迈向愿景和使命。）它们展现出真实性。（而不是像那些决定让全社区的人都成为有机作业的农民那样不靠谱。）同时他们是可衡量的。（你将会在所说的时间内知道自己是否成功。）

现在让我们看看目标不会告诉我们什么。换句话说，它们没有告诉我们如何实现那些结果。这必须等到下一步：策略。但是，没有目标的话，我们就无法开始确定哪一种策略有效。

作为理想化的愿景和策略的日常需求之间的中间点，目标必须达到一个微妙的平衡。目标必须能够实现，又大到足以激发出源源不断的努力。目标应当表述清晰，但也不必在情况变得不实际时墨守成规。应该规定明确的截止时间——可以使用一个时间表，既不会遥远得易被忽略也不会太逼近以至于没时间开展工作，导致注定会失败。对于大多数目标来说，三到五年是一个比较合理的时间期限。

你还应当在设定目标之前开展调研。事实上，设定目标就标志着要去学习、提问并调查你的愿景和使命的含义，以及实现这些事情的具体做法。就背景和大环境而言，去当地的公共图书馆可以帮到你。一篇关于吸毒、无家可归、公立教育危机等方面的优秀报道——或者更好的是，三篇优秀报道，从不同角度呈现——可以快速让你跟上。这些最好的非虚构类作品的作者，花了好几年时间对他们的话题进行调查，并通过确切的实地调查对传统智慧进行梳理。

你还需要倾听社区。社区是由谁组成的？这取决于你的使命、愿景和目标。但是有一件事是肯定的：这个社区，无论你如何界定，它至少包括你们基金理事会成员之外的人员。目标的设定应当把你送进一个更大的世界，其中的价值观、期望、问题和潜能都是以前未曾涉足的领域。

基金会在设立目标时永远不应该忽视所要服务的人群。举个例子，假如你想要提高本市儿童托管服务，你需要和该领域大量的专业人员、有经验的资助方、学者或者政策专家交谈，还有最关键的是，要与预期受益人也就是需要托管服务的家庭进行交谈。你会从与看法不同的人进行坦诚交谈中受益，如：传统的权利中介，以及记者、地霸及社区积极分子等。

许多基金会过快地缩短了这部分研究，他们过于习惯让别人倾听，而不是学习倾听。这是一种遗憾，因为在保持使命、价值观、目标和策略一致的十字路口，你会遇到一个理想的机会，用从你常规熟人圈之外获取的新鲜的信息、观点和智慧来重振你们基金会。

目标的设定应该冲击你个人和机构的假设，这应该让你觉得有点不舒服，但这标志了真正的学习。慈善事业之外的这种接触，也会促使你树立现实的、可实现的目标，这些目标与你想做大事的勇气一起发酵。事实上，如果你敢于设定雄心勃勃的目标，你会为每个人设定更高的门槛，并促使你的理事会、员工和非营利组织合作者尽最大的努力。

一些基金会绕过目标设定这一过程，借鉴一家发展完备的组织已经经过彻底研究的工作。这是合理的，只要你用开放的心态去对待它。事实上，比起没有经过充分研究和思考而设定自己的目标，接受一家可靠的同行组织的目标（无论是另一家资助方还是非营利组织），是一个好得多的政策。例如，假设你们的使命是帮助患有硬化症的人，你相信全国硬化症协会的疗法、康复及社会支持方面的目标是合理的。你可能会接受他们的目标，然后加以调整以适应当地的需求。如果你在一个更大、更分散的地区开展援助，而那里的人们去援助点接受对他们有帮助的服务是很困难的，你可能决定将资助聚焦于提供交通，并以扩大参与程度为目标。

多种资助计划的复杂目标

一些大型基金会构建了一个广泛的使命，连带一个复杂的愿景和多种资助计划，每个计划都有其目标和策略。在这种情况下，最好将每个目标分开做各自的目标声明，而不是将所有项目都捆绑在一起。

大卫－露西儿·派卡德基金会

（环境）保护和科学方面的计划，聚焦于可持续发展的挑战，为人类进步寻找一条能够保护和修复人类赖以生存的生态系统的道路。我们投资于行动和主意。我们支持公共政策改革和私营部门做法的改变。我们也支持为解决当前和将来的主要问题而开发必要的知识和工具等方面的科学活动。

海洋渔业

海洋渔业子计划的长期目标是有效管理渔业，结束过度捕捞和消除破坏性的捕捞做法。

沿海系统

沿海系统方面的资助工作，寻求在三个特定地理区域的沿海系统提升可持续性：加利福尼亚沿海、加利福尼亚海湾、西太平洋。

海洋和沿海科学

海洋和沿海科学子计划寻求支持由使用所激发的海洋研究，改善科学和决策之间的联系，支持以科学为焦点、以生态系统为基础对沿海—海洋系统进行管理。

大气环境

大气环境子计划的目标是通过支持在美国、中国和亚马逊的能源政策改革及研究，减少造成气候变化的温室气体排放。

四、策略

策略指的是为实现你的目标所承担的任务（它们引向你的愿景并带领你离完成使命更近些），它就是你做什么，而不是你的目标或者要完成的东西是什么。策略是资助工作进行式。

许多基金会把策略和使命混淆了。我们的使命是资助青少年校外休闲计划。（但这完全不是使命，而是为达到未明确说出的目标而采用的一种策略。）另一方面，如果你的使命是使你的社区稳定、安全、繁荣，并且你已经设定了一个目标，即在未来三年将青少年拘留人次降低 30%，那么，资助校外计划就可能是一个合乎逻辑的策略。

当然，每个目标都配备了各种可能的策略。为了使你的社区安全、繁荣，你可能决定绕过直接服务，如校外计划，或是针对当地银行传统上抑制本土企业发展的放贷做，支持政策改变。或者你可以进行犯罪和破坏的成因研究，通过与决策者和公众沟通来传播你的发现。或者你可能决定专注于改善教育，或支持资本募款运动，或提供一般性支持和组织成效方面的资助来协助一家关键组织，或用你的资助通过项目相关投资撬动其他资助方一起合作，共同资助基础设施的改进。

关键是要选择一个策略，对你实现的可量化目标有直接影响。如果你的目标是两年内在你的社区里创建一个新公园，那么研究就很可能不会是主导策略。（可以猜想，在制定你的愿景和细化你的目标时，你已经进行过研究了。）更好的替代选择可能是，一笔到位的资本资助或者与市政府联合的项目相关投资资助。再一次，你可能会需要教育社区成员了解分区和税收收入分配等内容。或者，政治意愿、政策要求和资本可能都已经存在了——你要求的是一家优秀的组织，可以把初步的愿望付诸行动。或者你的领头组织可能已经启动并运行了，但是它需要一个新的执行官员或沟通顾问，或是一个规划过程，来拓宽其愿景从而把你的公园纳入其中。

在制定策略时，你还必须应对这样的难题——最终何时以及如何结束支持。事实上，你的撤出计划可能与你的初始资助一样重要，特别是当你们基金会是唯一的或主要的资助者时。基金会常常交错提供资助，建立一项为期三年的计划逐渐减少支持，旨在鼓励受资助方培养额外的收入来源。然而一些资助方——远比大多数基金会愿意承认的多得多——永远无法弥补相应的资金，即便是一个逐渐减少资助的过程。为什么你需要从一开始就考虑退出计划，还有另一个原因。如果一个策略已经得到深入研究并且它直接符合你的目标、愿景和使命，那么也许你应该致力于支持三年、五年、十年甚至更长时间。（当然，不提供持续的支持也有好的理由，应该针对每一笔资助进行探索和辩论，而不是提供毋庸置疑的政策。）另一方面，如果你出于短期资助的策略而计划撤出支持，那么，你就有义务从一开始就告诉你的非营利组织合作者。

金钱创造机会，但也可以导致危机。为一个项目提供资助的最糟方法就是向一家组织提供大笔资助去拓展业务和增加员工，然后退后几步为明年可以或不可以做什么而犹豫不决。它几乎一定可以使你的非营利合作组织失稳并使你的收益失效。

对策略还要做定期审阅，从而让你可以在它们不起作用时改变它们，或者如果它们正在产生无意识的负面影响的话，就结束它们。例如，如果你在秘鲁偏远村庄开一家卫生所，你可能无意识地让当地医生破产。当你的基金会结束资助而该卫生所不能募集额外的资金时，该社区的情况就会比以前恶化，因为当地医疗基础设施已经被剥离了。你不慎选择的策略不仅不能实现其目标，反而更加背离了目标。

最后，你的行动策略必须是理解链环的最后逻辑链，从使命开始，引向愿景，走向目标，结束于策略。所有四者必须一起工作，向你提供一个连续的反馈回路，让你可以长期提问：

- 我们的策略已经让我们的目标得以实现了吗？
- 我们从策略所产生的成果中所学到的东西，是我们的目标借鉴来做修改吗？
- 既然我们在该领域有了一些经验，我们的愿景现在是否不变？

◉ 我们的使命仍然有活力吗？

◉ 如果我们改变我们的使命或修改我们的愿景，这将如何影响我们的目标和策略？

应用好你的使命、愿景、目标和策略

实际应用你的使命、愿景、目标和策略的第一步是，把它们全都写下来。当然，你早已把许多关键字词和短语凑在一起，反映出规划过程的每个阶段。现在到了编辑和采纳正式声明的时候了。

安排一个人撰写最终草稿。（委员会善于交谈而非写作。一个单独的作者更有可能让你的声明生动、不带行话。）请你的理事们审阅该文件，标出逻辑上的漏洞或者哪些表达漏掉了有意义的标志。随后批准草稿并开始分享。

你的使命、愿景、目标和策略在你的公开演讲中应该是首要的。把它们贴在网站上，放在年度报告里。打印一张宽面印刷页，发给新理事、员工、资助寻找者、公务官员、其他资助者及媒体。

如果你的规划过程已经在你的资助政策上产生了明显改变，务必让你的受资助者知道这些情况。向当地报纸送一篇新闻稿，它可以引起记者的注意，由此更仔细地看看你的计划，甚至更好的是，看看你的非营利伙伴的工作。

最重要的是，把你的使命、愿景、目标和策略当作资助工作的北斗星，它是帮助每个人保持航向的直接工具。

附　录

各章附件

第一章附件

近 60 年来，基金会协会在资助工作的日常活动方面，帮助了基金会员工、受托理事和理事会成员。通过一对一的技术援助、研究、出版、会议和研讨会、法律服务以及一系列广泛的其他服务，协会应对着基金会和企业资助方所面临的重要问题及挑战。

协会成员包括 2100 多家资助工作组织，包括：

◉ 社区基金会

◉ 企业基金会及捐赠计划

◉ 家庭基金会

◉ 私人运作型基金会

◉ 私人独立型基金会

◉ 公共基金会 ①

◉ 国际计划

其他业务计划和服务包括

◉ 调研

◉ 推动包容的做法

基金会协会

美国弗吉尼亚州阿灵顿市水晶道 2121 号 700 室

2121 Crystal Drive，Suite 700

ARLINGTON，VA 22202

电话：703–879–0600

更多信息，请联系 www.cof.org。

基金会协会同道团体

同道团体和资助工作者协会代表着不同的议题和人群。在其感兴趣的领域内，他们是资助工作最新信息的来源。一些团体侧重成员之间的联络和信息交换，而另一些则重视在慈善界内

---

① 属于一般公益组织的类别，其业务形式是提供资助。

外的某个议题或某项事业。总的来说，这些团体都在为资助工作者社区服务，尽管其中一些的会员也有受资助组织。典型的团体是由一群志愿者管理的一群人，虽然越来越多的团体自身正在变成正规的非营利组织。

这些种类繁多的组织为基金会协会的成员和其他机构提供了丰富的资讯。许多基金会协会的成员也参加一个或多个同道团体。这份列表特别用来让资助方和受托理事对慈善事业的具体领域有更好的理解。

黑人社区慈善伙伴

日本慈善同道团体

非洲资助工作者同道团体

亚裔美国人 / 太平洋岛民慈善工作者团体

小型基金会协会

引领变革的社区基金会团体

通信网络

基金会图书馆联合会

残障领域资助者网络

新兴慈善从业者团体

环境资助工作者协会

关注艾滋病的资助者团体

致力于同性恋议题的资助者团体

人口、生殖健康和权力领域资助者网络

致力于公民参与的资助者委员会

智能发展和宜居社区领域资助者网络

关注移民和难民的资助工作者团体

致力于儿童、青少年和家庭的资助工作者团体

致力于教育的资助工作者团体

致力于有效组织的资助工作者团体

老龄领域资助工作者团体

电影 + 电子媒体领域资助工作者团体

健康领域资助工作者团体

艺术领域资助工作者团体

收入保障领域资助工作者工作小组

资助赠款管理者网络

基层资助工作者团体

西班牙语裔慈善工作者团体

致力于原住民的国际资助者团体
国际人权资助者团体
犹太人资助者网络
印第安裔美国人慈善工作者团体
街道资助者团体
结束长期无家可归的伙伴关系团体
和平与安全领域资助者团体
致力于公民积极参与的慈善会
科技同道团体
女性资助网络
有关更多信息，请点击 www.cof.org/Network/AffinityGroups.cfm? navItemNumber=4168.
（材料取自基金会协会网站）

资助工作者地区协会论坛（简称“论坛”）

“论坛”，是一个全国性的慈善领军机构，由 32 家地区协会组成，通过增强所有地区协会实现其使命的能力，来支持全国各地的慈善事业。为此目的，其具体工作如下：

◉ 提供领导力、服务和资源，来增强每一家地区协会。
◉ 支持一个同行网络，让经验、技能专长、知识、实践在网络中开放、共享。
◉ 集体合作，向慈善领域内各种资助工作者提供资源。
◉ 通过分享知识来促进慈善事业的成长。
◉ 代表所有社区中慈善工作者的集体声音。

资助工作者地区协会促进慈善的有效性，加快慈善事业的成长，由此改善了他们社区的生活。具体工作如下：

◉ 发送教育日程安排表及资讯，通过增强资助工作者的有效性来满足社区和全球的需要。
◉ 为资助工作者和资助寻找者提供联谊机会。
◉ 为捐赠者及其顾问、媒体和公众提供与所有形式的慈善有关的资讯信息。
◉ 向市县、州、联邦各级政府的政策制定者和媒体沟通慈善的价值。
◉ 维持和支持资助工作者，包括所有规模和类型的资助工作者，并力求代表其服务区域内大多数的慈善资产。

每家资助工作者地区协会服务一个特定的地理区域。这些区域大小不同，有些仅服务于一个大都市地区，而另一些可能横跨几个州。我们的成员代表了全美国超过 4000 家基金会、企业、组织和个人捐赠者。

有关更多信息，请咨询 www.givingforum.org。

（材料取自资助工作者地区协会论坛的网站。）

第二章附件

提案书审阅工作表	备注

1. 申请组织提议要做什么？
    a. 它的目标是什么？
    b. 它提议的活动有可能实现这些目标吗？
    c. 除了所提出的目标之外，在项目结束前可能会发生哪些其他变化？
    d. 对该项目将要持续进行的活动，提案书是否已经做了清晰描述并证明了其合理性？
    e. 对该项目将如何组织构建、安排人员及管理，是否提供了深刻的见解？
2. 为什么提出这个项目？
    a. 这个项目要解决什么需要？
    b. 有什么证据证明这些需要的存在？
    c. 这些需要重要吗？
    d. 从这个项目的执行中，能得到什么好处？
    e. 可能有任何计划外的积极（或消极）影响吗？
3. 这个项目将在何处举行？
    a. 为什么选择这个区域？
    b. 这个项目会对其他地方造成影响或反响吗？
4. 这个项目将在何时举行？
    a. 完成工作的时间表是什么样的？
    b. 这个时间表现实吗？
    c. 有任何必须满足的重要截止日期吗？
    d. 这家组织有能力遵守时间表并满足执行期限吗？
5. 谁将参加这个项目？
    a. 这个项目将为谁服务？
    b. 根据项目的目标，他们是否是正确的目标群体？
    c. 谁来提供这些服务？
    d. 他们的能力如何？
    e. 谁来监管这个项目？
    f. 他们有什么资格？
    g. 有其他人在尝试类似的项目吗？
    h. 是否在考虑与其他组织协商、合作或联盟？如果不，为什么？

提案书审阅工作表	备注
6. 如何使成功的机会最大化？ a. 这个项目的方法实用吗？ b. 是否表现出对该领域最佳做法的理解？ c. 有其他组织通过对等的方法得到结果吗？ d. 你知道曾经有类似的计划遇到过严重的问题吗？ e. 有没有任何在提案中未预见到的重要困难？ f. 如何衡量成功？ 7. 项目的成本是多少？ a. 有适当的预算去执行这个项目吗？ b. 预算中是否填了无关的开销？ c. 这家组织在使用其非限定性资源支持这个项目吗？ d. 有其他资助者承诺提供帮助了吗？ e. 当你的资助结束之后，这个项目将如何继续？	

第三章附件

资助工作者的危险——成功面谈的快速参考指南		
计划		
你想知道……	不要问……	问……
这家组织是否有可塑性或者有能力应对快速的变化？	你是否有能力为不可预见的意外事件而做计划？	我们全都在一个迅速变化的环境中工作，很多影响我们的事情都在我们的控制之外。你看到你的组织今后会遇到哪些挑战？你计划如何准备或应对这些挑战？
这家组织的领导者是否意识到其工作所处的大环境？	你知道在你的领域中正在发生什么吗？	你在工作中依靠哪些外部资源 / 工具？你跟该领域的同事如何进行联系？
这家组织的目的声明是否反映了实际在做的事？	你们组织的目的声明描述的是你们实际在做的事吗？	从你的角度看，你们组织的目的声明对你而言意味着什么？对你本人的工作和组织的工作意味着什么？与日常工作有什么关联？
总的来说，这家组织是否完成了它一开始要做的事情？	你们真的完成了一开始要做的事情吗？	过去一年中为你的计划设定的一些关键目标有哪些？你最骄傲的近期成就有哪些？为什么？
这家组织对整体规划是否给予了适当的重视？	你做计划吗？	你、理事会及同事，如何就组织的整体方向做出决定？
治理		
你想知道……	不要问……	问……
理事会 / 员工关系是否良好？ 理事会和员工的相应角色是否得到界定和尊重？	理事会和员工一起工作得好吗？ 你们理事会知道自己的位置吗？	理事会的角色和理事会 / 员工关系，位于组织生活中最具挑战性的层面。 你的理事会目前正在处理哪些问题？理事会和员工如何共同努力及分开处理这些问题？
委员会架构与该组织的核心职能及所面临的挑战是否对齐？	你的委员会架构是否合理？	理事会是如何组织起来开展工作的？如果有委员会，每个委员会的核心责任是什么？每个理事会委员会最有帮助的做法有哪些？最没有帮助的呢？
理事会是否定期对自己的表现进行评估？	理事会思考它在做什么吗？	理事会对自身表现有何目标？这些目标是如何开发和审议的？
理事会的发展 / 培训是否得到适当的重视？	理事会知道它在做什么吗？	如何引导新理事会成员了解该组织以及其自身在理事会中的角色？随着时间的推移，为了使理事会重新振作、坚持承诺并胜任工作，还有什么要做的？
执行主管和理事长之间的关系是否很强？	你和……相处得好吗？	你如何描述与……的关系？有什么方法可以改善这一关系吗？

（续表）

资助工作者的危险——成功面谈的快速参考指南		
员工能力和职位		
你想知道……	不要问……	问……
拟议的计划/项目的领导层是否合格并有能力？	你的员工是否有资格指导和实施这个计划？	有能力的员工对于成功的项目至关重要，但是很难找到并训练合适的人。请告诉我关键员工的背景情况。你认为他们最大的长处是什么？
员工的士气是否良好？	员工的士气如何？	现在，压力似乎无处不在，而且你正在运作一个富有挑战性且雄心勃勃的计划。你目前工作中压力最大的部分是什么？你和员工如何应对这些压力？
员工流失率是否很高？	你们最近的员工流失率高吗？	你们团队的每一名成员参加该计划有多长时间了？
员工如何看待理事会？	你认为理事会知道它在做什么吗？	理事会用哪些办法支持员工？员工用哪些办法支持理事会？
对员工的培训和发展是否给予了适当的重视？	员工接受岗位培训吗？	你能否为员工提供专业发展机会？如果资源不成问题，你会提供哪些额外的员工发展机会？
执行主管是否受到下属的尊重？	你尊重你的老板吗？	执行主管有哪些主要长处？他或她在哪些方面可以用上一些额外的帮助、支持或培训？
项目长处/潜在影响		
你想知道……	不要问……	问……
为什么申请人针对某个议题选择了某个具体做法，项目的领导者是否意识到该领域的最佳做法？	你知道该领域的最佳做法吗？	你在调研和设计该项目的具体做法上，采用了什么？选择这种做法，有哪些原因？
申请组织是否跟其社区以及相关成员保持联系和回应？	你们组织对其相关成员有回应吗？	为了从你的客户/相关成员那里得到信息输入，你采用了哪些策略？你的客户/相关成员认为哪些是最重要的需要/议题？
这家组织在规划和决策时是否考虑相关成员的信息输入？	你注意客户的观点吗？	你在对你的计划/运营做决策时，如何使用客户/相关成员的信息输入？
该机构的计划是否真的提供了在质量上可以接受的服务？ 和 对整体评估是否给予了适当的重视？	你的计划是最高质的吗？ 或 你评估你们的项目吗？	在提供服务的所有压力下，往往很难找到时间和资源来反思过去发生的情况。你现在有能力投入任何时间/资源做评估吗？ 如果是的话，你觉得在反思你的工作有何影响上，什么样的信息有意义？你如何得到这些信息？它们对你有哪些用处？ 如果没有，你在评估方面所面临的障碍有哪些？

实地走访工作表

实地走访的目的 / 理由：

一、走访前的准备

组织：____________________________ 走访时间和日期：

地址：

电话：

出行路线：

提问概要：

对提案的初步分析：

长处 +	弱点 –

提出的问题：

关于该组织的其他信息或假设：

二、现场笔记

面谈人员（姓名 / 职务）：

印象或观察：

◉ 实际场所（提示：能否看到他们有足够的基础设施去完成在他们的请求中所提议要做的事项？）

◉ 员工（提示：能否看到他们配备了充足的员工？员工表现得是否积极并且忙于他们的工作？）

◉ 其他

一般问题 / 提示：

◉ 你看到哪些趋势？

◉ 你 / 你们组织的前方有什么特别的挑战？

◉ 在你的组织内，有什么特别的挑战？

◉ 在财政上，有什么特别的挑战？

◉ 关于你的客户 / 相关成员，有什么特别的挑战？

◉ 在你的领域，还有谁做得好？

◉ 你还想让我知道什么？

◉ 你有什么问题要问我吗？

提醒：一定要……

◉ 说明审阅和批准的流程。

◉ 确认下几步行动。（他们要做什么？ 你要做什么？）

◉ 创建一个关于审阅和决定的时间表。

三、汇报

我对于这家组织的总体印象是什么？

在实地走访期间学到了什么？

还有什么问题尚未回答？

出现了什么新的议题?

为了对其申请做出决定，我还需要知道什么?

我下几步应该怎么做?

我可以如何改进下一次的实地走访?

第五章附件

资助建议概要模板

受资助方名称：

建议金额：

1. 请求：

简要陈述资金将会如何使用。

2. 以往资助：

简要说明你与该资助申请方的往来历史。

3. 背景：

简短的一两段话，确认资助申请方的信誉，以及通过此项资助要解决的议题的重要性。

4. 具体目标：

概述所要支持的项目或计划的关键任务和所希望取得的成果。

5. 评估：

关于记录项目过程和展示拟议项目或计划的影响，资助申请方所做计划的要点。

6. 财务：

简要陈述申请方的财务稳定性和（或）关于该计划预计费用及收入的讨论。

7. 人事（理事会和员工）：

关键员工和志愿者的相关经验及专长等背景情况。

8. 员工分析：

可以说，建议概要中最重要的部分就是员工对给予资助有何潜在利益和风险的分析。这篇微短文还应该明确认定此项资助如何符合你们基金会或企业捐赠计划的目标及资助重点的顺序。

对公益组织的资助协议样本

日期

尊敬的［联络人姓名］：

附上［基金会名称］（简称“基金会”）支票［金额］美元，给予［受资助方全称］（简称“受助方”）。这项资助是对“受助方”［描述活动或填入项目名称］的支持。

“基金会”提供此项资助，受以下条款和条件的约束：

（a）“受助方”是获得国内税收法（Internal Revenue Code，简写为 IRC）§ 501（c）（3）条免税资格的组织，且不属于 IRC § 509（a）（1）（2）或（3）中任何一条所描述的组织——这些资格已经由美国国税局（IRS）经一次或多次的有效裁决或决定函正式确认，“受助方”已向“基金会”提交了相关副本。

（b）“受助方”将把资助所得仅用于符合其上述免税资格的慈善和教育活动上。在不违反这一通则的情况下，“受助方”将不会干预任何选举或支持 / 反对任何政党或公职候选人，或从事 IRC § 501（c）（3）或 IRC § 501（h）和 4911 条（如适用的话）所不允许的游说。

（c）若其上述免税资格出现任何变动，或遭到 IRS 提议撤销或实已撤销（无论上诉与否），“受助方”将立即通知“基金会”。

（d）“受助方”将在［日期和年份］（以及随后每一个有关的［日期和年份］）之前，以书面形式向“基金会”报告已经把“基金会”资助用在何处，并迅速提供“基金会”可能要求的附加信息、报告和文件。

“基金会”，请选择下述选项 1 或选项 2。

选项 1（对于一般支持型资助）：

（e）这是一般支持型资助。它没有被指定用于任何项目或传送给任何其他实体或个人，即便“受助方”的提案书或其他信函往来表达了支出意向。相反，为了遵守本协议的条款和条件，“受助方”接受并将放弃对此项资助及其分配和责任的所有控制权。

选项 2（对于项目资助）：

（e）此项资助指定用于上述所指项目，正如“受助方”的资助提案书和相关信函往来所描述的。它没有被指定用于传送给任何其他实体或个人，即便“受助方”的提案书或其他信函往来表达了支出意向。相反，为了遵守本协议的条款和条件，“受助方”接受并将放弃对此项资助及其分配和责任的所有控制权。

（f）此项资助不以任何方式用于支持或进行任何游说或选民登记活动。如果该资助限定于某一特定项目，“受助方”由此重申——与以前向“基金会”提交或解释的相同——项目当前预算准确反映了“受助方”目前的计划，即在“受助方”本财政年度，用于该项目中非游说和非选民登记活动部分的支出不少于此项资助款（加上“基金会”该年度在同一项目上的其他资助款）。

“受助方”将所附带的支票存入银行、转付或背书都将构成其同意上述条款和条件的事实。不过，作为“基金会”的文件，请对所附的本函复印件加以审阅并由得到授权的“受助方”官员在指定位置签字，然后在您方便的时候，尽早返回我们。

敬上

执行主管

我谨代表“受助方”，理解并同意上述“基金会”关于此项资助的条款和条件，并特此证明我有权代表“受助方”执行本协议。

签名：
姓名：（打字或打印）
职务：
日期：

托马斯 · R. 亚瑟：《传说与事实：基金会对倡议的支持》，正义联盟出版，1995 年。获得转载许可。

本样本文件适用于大多数给予公益组织的资助，但不适用于给予某些支持型组织的资助。

报告信样本

［日期］

尊敬的［联系人姓名］：

恭喜您最近从［资助组织］获得资助。这笔［金额］美元的资助属于［项目领域，如适用］，用于支持［项目名称］。您应该已经收到（或很快将收到）“基金会”有关这份奖项的正式通知。这封信概述了这项资助的报告要求。

您得到的资助要不晚于［截止日期］提交最终报告（或中期报告，如适用）。我们从您的提案书中了解到这个项目有以下目标：［列出目标］。我们希望您在报告中针对这些目标做具体说明。如果您对项目目标的理解与我们不同，请与我联系，以便加以澄清。请在项目期间随时告知我们对这些目标所做的任何重大修改。

每项资助都是一个学习的机会，对于受助方和“基金会”双方都是如此。您的最终报告是反思这个项目有哪些挑战和成功的机会。我们最大的兴趣是学习您从项目执行中获得的想法。很少有项目是完全按计划进行的，但如果从实践中学习，任何项目都可以使一个组织变强。您的坦诚将帮助我们加深理解我们的受助方所面临的眼前的和不断演变着的挑战以及他们克服这些挑战的策略。

我们很高兴［受助方名称］选择承担这个项目，并期待从您的进步和成功中学习。如果您有任何问题，或需要我们进一步说明报告程序，请随时来电。我们也欢迎您的反馈；如果您对“基金会”在［项目领域，如适用］可能有所改进的做法有什么建议的话，我们邀请您随时与我们分享这些观察结果。

敬上

［基金会联系人姓名］

[基金会名称]
报告指南

受助方名称：[受助方名称] **资助编号：**[资助编号]

报告截止日期：最终报告 —[报告截止日期] **授予日期：**[授予日期]

请注意：

◉ 报告中要包括对所有资助款的财务明细。

◉ 请在与“基金会”的所有通信往来中提及您的资助编号。

◉ 您的报告应针对以下每个条目。回答不需要很长；报告总长 3 ～ 5 页通常就足够了。

项目目标：

[列出目标]

一般问题：

中期报告：（如适用）

1. 在推进这个项目时，您面临着哪些挑战？您如何应对这些挑战？
2. 自项目开始以来，您是否改变了您的原始目标？如果是，为什么？您的新目标是什么？
3. 在实现目标的方向上，您取得了什么进展？请对所列出的每一个目标加以说明。
4. 对于在您的提案书所列出的时间框架内完成此项目，您预计会有任何困难吗？

最终报告：

1. 与本项目有关联的成绩有哪些？请对所列出的每一个目标加以说明。如果任何项目目标发生变化，也请解释一下导致目标改变的情况。

2. 您面临了哪些与本项目有关联的挑战？您是如何应对这些挑战的？

3. 最重要的经验教训是什么？

4. 因为这个项目，您的组织内部发生了什么变化？

5. 为了帮助另一家正在考虑进行类似项目的组织，您会提供什么建议？

大卫－露西儿・派卡德基金会。获得转载授权。

第六章附件

理事会会议自我评估

紧接着理事会会议，安排 30 分钟做个人沉思。

上一个季度，我为资助业务组合添加了什么？

缺少什么？

我的资助建议文档摘要，是否有效地向理事会传达了每项资助机会的重要性？

我是否提供了正确的信息和文件？

如何让我的展示内容更翔实、更有趣味、更有帮助呢？

我可以用哪些方法在理事会成员中激发出更有建设性的辩论呢？

我是否有效地向理事会展示了自己？

我的行动和意图是否在很大程度上被误解了？

我是否说过任何我希望自己没说的事？

我从理事会会议中学到了什么？它对我未来的计划和行动会有何影响？

词汇表

501（c）（3）:

国内税收法中，此节用来指定一家组织是否是公益类并可以免税。符合此条款资格的组织包括宗教、教育、公益、业余体育、科学和文学等方面的团体，为公众安全进行检测的组织或参与防止残害儿童或动物的组织。大多数寻求基金会或企业捐助的组织都从美国国税局（简称 IRS）获取 501（c）（3）类别的资格。

注：国内税收法专门有一个列表部分——501（c）（4–27）——将其他不完全是公益类的非营利组织分类列出（比如，专业人士或退伍军人组织，商会，兄弟会，等等。）

509（a）:

国内税收法中此节，定义了公共型公益组织（不同于私人基金会）。一家 501（c）（3）组织也必须有 509（a）分类标志才能进一步被定义为公共型公益组织。（参见公共支持测试。）

990 表／990-PF 表

公共型公益组织和私人基金会每年都要分别填报的国税局税表，字母 PF 代表私人基金会。国税局使用此表来评估是否遵守国内税收法。两种表格都要求列出组织的资产、进款、费用、给组织官员的报酬。990-PF 表包括私人基金会当年所确定的资助列表。

不合格者（公共型公益组织）

用于公共型公益组织时，不合格者一词包括：（1）组织管理者；（2）在过去 5 年内所任职务对该组织事务可以施加重要影响的其他任何人；（3）上述人员的家庭成员；（4）他们所掌控的企业；（5）该公益组织的支持型组织中的不合格者。向不合格者提供额外的利益，会引起对该不合格者施以惩罚性营业税，在某些情况下，对该组织的管理者和理事会所有理事施以惩罚性营业税。（参见中间制裁。）

不合格者（捐赠者建议型资金）

用于捐赠者建议型基金时，不合资格者一词指（1）捐赠人及其顾问，（2）为所捐赠的建议资金提供投资建议的投资顾问。

不合格者（私人基金会）

指私人基金会大笔赠款的捐赠人、基金会管理者、某些政府官员、不合格者的家人以及不合格者拥有重大利益的企业和合伙关系。法律禁止不合格者与基金会之间大多数的财务交易。（参见自我交易。）

财务报告

一份会计报表，详细列出财务数据，包括全部的收入、费用、资产、负债。财务报告还可以列出会计明细账，显示一家受捐助方是如何使用各种资助资金的。大多数基金会要求受资助方提供财务报告。

查询函

也称为询问函，这是一封简短的信函，概括了一家组织的业务活动，并发给潜在的捐赠方提出资助请求，来决定对方是否有足够的兴趣、值得提交完整的提案书。这既节约潜在捐赠方的时间，也节约潜在申请方的资源。（参见初步提案书。）

初步提案书

资助提案书的简要草稿，用于了解对方是否有足够的兴趣，值得提交提案书。

慈善

慈善的定义有不同方式。慈善一词出自希腊语，意指对人类的爱。今天，慈善的理念包括个人或群体为了促进公共福利所进行的志愿给予。慈善也通常指由基金会向非营利组织提供的金钱资助。慈善涉及个人或群体向其他组织的捐赠，这些组织会相应为贫困或社会问题等事业而工作，由此改善社区所有成员的生活质量。慈善支持了大量的活动，包括研究、健康、教育、艺术和文化，以及减轻贫困等。

独立型基金会

这些私人基金会通常是由某个人创办的，常常用遗赠的形式。它们偶尔会被称为“非运营型”，因为它们自己不做项目。有时，个人或一群人，如家庭成员，在捐赠者还活着时就成立了基金会。很多大型的独立型基金会，如福特基金会，不再由最初捐赠者的家人治理，而是由社区、工商和学术方面的领导者所组成的理事会运营。

私人基金会向其他免税组织提供资助，来完成它们的公益目的。私人基金会每年用于公益上的支出必须达到其资产市值的大约 5%。尽管免缴联邦所得税，但私人基金会必须为它们的投资净收入支付每年 1% 或 2% 的营业税。洛克菲勒基金会和约翰·D. 和凯瑟琳·T. 麦克阿瑟基金会是“独立型”私人基金会的著名实例。

非限定性资金

一般见于社区基金会，非限定性资金没有被捐赠者特别指定用于特定用途，或其限制已经过期或被撤除。

杠杆作用

一些基金会提供资助的做法。杠杆作用是给予一小笔资金，其目的明确：要吸引其他来源的资金，或为该（受助）组织提供它募集其他种类的资金所需要的工具。有时也被称为“乘数效应”。

公共型公益组织

在国内税收法第 501（c）(3）节中规定是免税的非营利组织，其接收的财务支持来自公众中的一大部分人。宗教、教育和医疗机构都被认作公共型公益组织。第 501（c）(3）节下认定为免税的其他组织，必须通过公共支持测试（参见公共支持测试）才能被认作公共型公益组织，或其成立必须是为了让一家公共型公益组织受益（参见支持型组织）。非公共型的公益组织就是私人基金会，它们受到更严格的法规和报告要求（参见私人基金会）。

公共（型）基金会

公共（型）基金会，与社区基金会一起，都被国税局认作公共型公益组织。尽管它们也可能像其他非营利组织一样提供直接的公益服务，它们的主要聚焦点是提供资助。

公共支持测试

有两类公共支持测试，其设计都是为了保证一家公益组织是响应一般公众而不是数量有限的一些人。一个测试，有时也被称为 509（a）(1）或 170（b）(1）(A）(vi）节测试——对应所在的国内税收法的章节，是针对像社区基金会这样主要依靠赠礼、资助和捐赠的公益组织。要在这一测试下被自动归类为公共型公益组织，这些组织必须展示它们得到的支持至少有 1/3 来自一般公众（包括政府机构和基金会）。不过，一家组织如果没有通过自动测试，其公共支持至少占 1/10，并且它还有大量其他特征——如理事会组成广泛——这让它有足够的“公共性”，它还是有可能符合公共型公益组织资格的。第二个测试，有时被称为 509（a）(2）节测试，适用于公益组织，如交响乐队或戏剧群体，它们的重要收入来自服务销售——这些服务推进了它们的使命，如出售演出票。这些公益组织必须通过$\frac{1}{3}$ / $\frac{1}{3}$测试，即它们必须证明其销售和捐赠收入一般至少占到财务总支持的 1/3，而它们从投资和非相关业务活动中获得的收入不超过总支持的 1/3。

公益组织

从其传统的法律意义上讲，“公益组织”一词，囊括了宗教、教育、协助政府、促进健康、减轻贫困或不幸以及其他有益于社区的目的。为了推动这些目的中的任何一个而组织和运营的非营利组织，根据国内税收法第 501(c)(3) 节（参见 501(c)(3)）的规定，一般会得到认可，免除联邦所得税，并有资格接受可以抵税的公益捐赠。

国家税务局（简称国税局）(Internal Revenue Service，简称 IRS)

负责规定管理基金会及其活动的联邦机构。网上地址：www.irs.gov。

基层募款

由来自当地社区的个人或群体所进行的基础广泛的募款。通常，一家组织在其自身关联人群中做基层募款——这些人生活在被服务的街区，或是该机构所服务的客户。基层募款活动包括招收会员运动、彩券抽奖、糕点义卖、拍卖、跳舞和一系列其他活动等。基金会管理者常常觉得成功的基层募款说明一家组织得到了社区相当大的支持。

技术援助

向一家非营利组织提供的运营或管理方面的援助。可能包括募款援助、预算和财务规划、项目规划、法律建议、市场营销以及其他管理方面的支援。援助可以由基金会或企业员工直接提供，或以资助的形式，用于支付外部咨询者的服务。（参见实物捐赠。）

家庭基金会

“家庭基金会”不是一个法律名词，因此，没有清晰的定义。不过，据信估计在美国约 44 000 家私人基金会中有 2/3 是由家庭管理的。基金会协会把家庭基金会定义为其资金来自同一个家庭的成员。至少有一位家庭成员必须持续作为该基金会的一名官员或理事会成员，而且作为捐赠者，他们或他们的亲戚在治理和／或管理该基金会方面起重大作用，直到基金会终结。大多数家庭基金会由志愿作为受托人或理事的家庭成员运作——他们没有工作报酬；在许多情况下，初始捐赠者的第二代、第三代后人管理着基金会。大多数家庭基金会集中在本地给予，即捐赠自己的社区。

建筑募款运动

为建筑或房屋翻修而发起的募款运动。

借用的执行管理者

为非营利组织工作一段有限的时间的企业高管，他们仍由其长期雇主支付报酬。

拒绝

也称为否决，拒绝是对一份资助申请的回绝或否决。一些拒绝信解释了为什么不提供资助，但很多不提供解释。

捐赠方

参见资助方。

捐赠模式

一捐赠方历来所支持过的项目和计划有哪些种类的总体状况。

捐赠许诺

向一家组织承诺提供未来捐赠。例如，一些捐赠者会做出多年捐赠许诺，承诺每年资助具体数额的钱。

捐赠方建议型资金

由一家社区基金会持有的资金，参考捐赠方的捐赠，单独分开记账，捐赠方或捐赠方的关联方或指定的一方，可以对资金分配（包括资助）和／或投资提出建议。社区基金会治理群体必须完全自由地决定接受还是拒绝这些建议。法律禁止捐赠方建议型资金向个人提供诸如奖学金和其他付款方式的资助。

捐赠方指定型资金

由一家社区基金会持有的资金，捐赠方具体指明这笔资金的收入或资产用于一家或多家具体的公共型公益组织。这些资金有时是由一家公共型公益组织通过资产转账的设立放在一个指定用于其自身利益的资金中——这种情况也可以称为受资助方永久基金。如果社区基金会的治理群体认定捐赠方的限定是没必要的、不能满足或不兼容于所服务的社区或地区的公益需要的话，他们必须有权将资金中的资源转向其他用途。

免税组织

不需支付州和联邦所得税的组织。除了教会，其他组织想要得到国内税收法第 501（c）（3）节免税资格的认可，必须向国内税务局申请。公益组织还可能豁免本州的所得税、销售税和本地（市）房地产税。

年报（年度报告）

由一家基金会或企业自愿发表的报告，描述其资助活动。可以是简单的打印文件，列出该年度的各项资助，也可以是一份精致翔实的出版物。越来越多的基金会和企业使用年报作为向社区报告其在资助捐赠方面的活动、政策和指南的有效办法。（年度资助捐赠报告不同于企业面向股权人的年度报告，不要搞混。）

匹配捐赠计划

雇员或理事向符合资格的教育、艺术和文化、健康或其他方面的组织所给予的赠礼提供匹配资助或捐赠。每家雇主或基金会都设有具体的指南。（一些基金会对其受托人也使用这一计划。）

匹配资助

根据对所捐数额进行一比一计算或根据其他预设公式计算的匹配捐赠的有关规定，所提供的资助或赠礼。

企业基金会

企业（公司赞助的）基金会，是因营利企业的捐赠而获得其资助资金的私人基金会。公司赞助的基金会通常与其公司捐赠方保持紧密联系，但仍是一家独立的法人机构，有时有自身永久资产，与其他基金会一样受到同样的法令法规的约束。在美国有 2000 多家企业基金会，总资产大约 110 亿美元。

企业捐赠计划

企业捐赠（直接捐赠）计划，是在一家营利公司内部设立和管理的资助工作计划。捐赠或资助直接从企业发给慈善公益组织。企业基金会 / 捐赠计划没有单独分开的永久基金；他们的费用是作为公司年度预算过程的一部分规划安排的，通常是税前收入。基金会中心找出了美国 700 多家企业基金会 / 捐赠计划。不过，相信实际在运营的有几千家。

倾倒

这种情况发生在所给赠予或资助足以改变受资助方的资金来源基础，导致其无法通过公共支持测试时。这种赠予或资助造成“倾倒”或让其身份从公共型公益组织变为私人基金会。

社会投资

也称为伦理投资或社会责任投资，这种做法将基金会的投资政策与其使命对齐。可能包括提供项目关联投资，不向其产品及政策与该基金会价值观不符的企业投资。

社区基金会

社区基金会是免税、非营利、自治型、公众出资的慈善资助型机构，主要由很多单独的捐赠者设立的永久基金组成，让所界定地理区域的居民受益于长期的多样化，不求回报。社区基金会所服务的区域一般不超过一个州。

有些捐赠方希望设立永久基金，但又不想负担成立独立型基金会的行政和法律成本。社区基金会为他们提供一系列服务。今天，在全美有超过500家社区基金会。克利夫兰基金会是最早的；纽约社区基金会是最大的。最近刚成立并繁荣发展的社区基金会，包括威斯康星州的狐狸谷地区社区基金会和特拉华州社区基金会。

实地走访

走访一家受捐助组织，在其办公场地或运营区域和/或会见其员工、理事或服务接收者。

实体建筑

非正式用语，指用于房屋或建筑项目的资助。

实物捐赠

以实物或服务而非现金或增值财产的形式所做的捐赠。

示范型资助

资助的目的是建立一个创新的项目或计划，将来如果成功的话，会成为样板，可以被他人效仿。

受（资）助方

接受一笔资助的个人或组织。

受捐者

参见受资助方。

受托人

负责管理一个信托基金的个人或机构。

私人基金会

带有资金的非政府、非营利组织（资金通常来自单一来源，如个人、家庭或企业），其项目由其自身的受托人或理事管理，成立的目的是维持或支援社会、教育、宗教或其他服务于公共福利的公益活动，主要通过提供资助来进行。美国私人基金会在国内税收法第 501（c）（3）节下规定是免税的，并由国税局根据法律规定归类为私人基金会。

挑战型资助

有条件的资助，必须确保得到其他资金，要么是以匹配的方式，要么是通过其他计算公式，通常在一个具体时间段，目标是激发其他来源的捐赠。

同道团体

资助工作机构和与此类机构有关联的个人所组成的各自独立的联盟，在其中分享信息或向资助工作者个人就某个具体主题或资助领域提供专业发展和人脉交往的机会。

危险投资

将基金会履行其免税目的的能力置于危险境地的投资。尽管某些类型的投资需要经过仔细检查，但没有任何单一类型的投资自动属于危险投资。一般而言，危险投资是由于一家基金会的管理者没有给予常规的业务关注和谨慎。危险投资的结果可能是对基金会及其管理者所征收的惩罚税。（参见项目关联投资。）

限定性资金

使用用途受到限制的资产或收入，包括哪些类型的组织可以得到其资助，或从这些资金发放资助的程序上有哪些要求。

限制目的型基金会

将其给予限定在一个或很少几个兴趣领域的一类基金会，如高等教育或医疗。

项目关联投资

由一家私人基金会向营利或非营利组织提供的贷款或其他投资，用于与该基金会所陈述的目的和兴趣有关的项目。项目关联投资是禁止危险投资通则的例外情况。通常，项目关联投资是用周转资金提供的，该基金会一般预期把钱收回来，得到有限或低于市场行情的利息，这些利息随后增加到向其他组织提供的贷款中。项目关联投资可能涉及贷款担保、股票购买或其他种类的财务支持。

项目官员

也被称为企业事务官员、项目协同员、公共事务官员、社区事务官员等。项目官员是一家基金会或企业捐赠计划的员工，其可能做如下一些或全部工作：推荐政策、审阅资助请求、管理预算、处理向理事会或捐赠委员会所推荐的申请。

信托基金

用于将个人的钱财和资产单列出来的法律工具，让一个或多个个人或组织受益。

兴趣领域资金

由一家社区基金会持有的资金，用于某个具体的公益目的，如教育或健康研究。

遗赠

在捐赠者死亡时才可以得到的一笔钱。

意向信

资助提供方的来函或简要陈述，表明给予某个具体赠礼的意图。

营业税

私人基金会净投资收入的 1% 或 2% 的年税，必须付给国税局。

永久基金

所接受的礼物和遗赠的本金受限于这样的要求，即保持本金永久或在有限时间段不动，或直至积累了足够的资产来实现指定的目的。

游说

通过直接影响或号召他人去影响那些直接参与撰写立法草案的立法者、立法机构员工和政府管理者的看法，进而来影响立法。国内税收法对获得 501（c）（3）节免税资格的组织进行游说做了限制。公共型公益组织（参见公共型公益组织）可以进行游说，只要游说并非其活动的主要部分。私人基金会（参见私人基金会）一般不可以游说，除非在有限制的情况下，如影响到其免税身份或所得赠礼的减税与否等议题。进行无党派倾向的分析和研究并公布结果，即不属于此限制所指的游说。

运营支持

所给捐赠用于负担一家组织持续的日常费用，如工资、水电气、办公用品等。

运作型基金会

也称为私人运作型基金会。运作型基金会是将其大块收入用于提供公益服务或运作其自身的公益项目的私人基金会。他们很少向外界组织提供资助。为了符合运作型基金会的资格，除了对私人基金会适用的法规，还要遵守一些特定的法规。卡内基国际和平永久基金和盖蒂信托基金是运作型基金会的例子。

支持型组织

支持型组织属公益组织，不受满足公共支持测试要求的限制，因为它支持一家公共型公益组织。基于该支持型组织与其所支持的公共型公益组织的关系，一家支持型组织会被归类为 I 类、II 类或 III 类。要成为支持型组织，一家公益组织必须满足三项复杂的法律测试，来最低限度地确保，受到支持的组织对该支持型组织的行动有某些影响。不同类型的公共型公益组织都可以受益于支持型组织，这种形式的关联，一般在社区基金会中特别常见。支持型组织，不同于捐赠者建议型资金，是单独的法人实体。私人基金会或捐赠者建议型资金向某些支持型组织提供的资助，必须依照特别法规进行（参见支出责任），可能不可以计入该私人基金会的支出要求中（参见支出要求）。

支出要求

私人基金会被要求用于公益目的的最低开销数额（包括资助额，以及必须且合理的行政费用）。一般而言，私人基金会每年的相关支出必须达到其资产市值的 5% 左右。给予某些支持型组织的资助不能计入私人基金会的支出要求。

支出责任

当一家私人基金会向一家组织——未被国税局归类为 501（c）（3）节下的免税组织和根据 509（a）节被当作公共型组织——提供一笔资助时，法律要求必须确保资金用于公益用途，而非私利或政治活动。此类资助要求有资助前的询问和详细的书面协议。必须向国税局提交对资助状态的特别报告，受资助方必须列在该基金会提交的国税局税表 990-PF 中。对某些支持型组织的资助，也必须负起跟进支出的责任。

指定用途资金

典型的限定性资金，由资助提供者指定资金受益人。

指南

对一家基金会的目标、工作重点次序以及申请资助的程序和评判标准所做的陈述。

中间制裁

对公共型公益组织的不合格者（参见不合格者）所征收的惩罚税。这些不合格者从与该公益组织的财务交易中获得额外利益。额外利益可能源于所提供的服务或从其他交易中获得的额外报酬，如对该公益组织所租用的财产收取额外租金。与私人基金会不同，公共型公益组织一般不被禁止与不合格者进行财务交易，只要这些交易对该公益组织是公平的。惩罚税还可能适用于组织的管理者，如该公益组织的理事会，如果它们知道批准了一项带有额外利益的交易的话。

种子资金

用于启动一个新项目或一家新组织的资助或捐赠。

注册章程

由机构创办人在州务卿（州政府秘书长）或其他相应的州政府办公室注册所用的文件。这是成立一家非营利法人机构的第一步法律程序。

资本募款运动

也称为资本开发募款运动。资本募款运动是一场有组织的征集和积聚大量资金的运动，为一家组织的主要需要提供资金，如一幢房屋或一个主要维修项目。

资产

基金会所持有的现金、股票、债券、房地产或其他持有物。一般而言，资产用于投资，而收益用于提供资助。（参见“支出要求”。）

（基金）资助

向承办公益活动的一家组织或个人所给予的资金奖励。

资助方

提供一笔资助的个人或组织。

资助后评估

对一项资助的结果所做的评审，重点放在该项资助是否达到其期望的目标上。

资助监测

对由捐赠方所资助的活动的进展所做的持续评估，目的是决定资助的条款和条件是否得到满足，资助的目标是否有可能实现。

资助循环

审阅提案书、做出决定和通知申请方的时序流程。一些捐赠组织按固定时间间隔（每季度、每半年等）确定所给资助，另一些是按年度经营情况确定所给资助。

自我交易

进入与不合格者进行财务交易的行动（参见不合格者）。私人基金会一般被禁止从事自我交易。此规定有少数例外情况，包括为实现该基金会公益目的所必需的服务而向不合格者支付的合理报酬。违章会造成首次惩罚税，由自我交易者支付相当于所涉金额的10%，由基金会管理者支付5%。

自主资金

自主资金由一个或多个受托人自由决定如何分配，通常不必经过整个理事会的事先批准。负责治理的理事会可以将自由支配权委托给员工。此类资助不能用于基金会经国税局批准的业务范围之外的目的。

组织章程

关于一家非营利机构运营的治理条例。组织章程通常规定了如何挑选理事、建立工作委员会和规范会议举止。

由约翰·迪卡森（马基公益信托基金和康桥汇世集团）以及《社区基金会词汇》（基金会协会出版）、《定义和术语词汇表》（康桥汇世集团出版）、《财务和投资手册》（巴朗集团出版）及其他适当来源的顾问汇编而成。

汉英对照表

一、人名对照表

中文人名	外文人名
埃莉诺·克莱门特－格拉斯	Eleanor Clement-Glass
爱丽丝	Alice
艾略特·理查森	Elliot Richardson
安妮·摩根	Anne Morgan
芭芭拉·D. 基比	Barbara D. Kibbe
保罗·伊尔维萨克	Paul Ylvisaker
贝丝·A. 兰普金	Besse A. Lumpkin
彼得·杜拉克	Peter Drucker
比尔·萨莫维尔	Bill Somerville
比尔·休利特	Bill Hewlett
布鲁斯·西弗斯	Bruce Sievers
布洛克·阿德勒	Brock Adler
大卫·S. 福特	David S. Ford
大卫与歌利亚	David-versus-Goliath
戴夫·伯格霍尔兹	Dave Bergholz
丹尼斯·麦克林奈	Dennis P. McIlnay
道格·鲍尔	Doug Bauer
德怀特·D. 艾森豪威尔	Dwight D. Eisenhower
蒂莫西·威尔弗雷德	Timothy Wolfred
弗兰克·劳埃德·赖特	Frank Lloyd Wright
弗雷德·塞特伯格	Fred Setterberg
格里·曼尼昂	Gerri Manion
格温·福斯特	Gwen Foster
H. F. 小约翰逊	H. F. Johnson, Jr.
哈丽特·格里克曼	Harriet Glickman

中文人名	外文人名
吉姆·托马斯	Jim Thomas
简·玛绍卡	Jan Masaoka
简·C. 吉福	Jane C. Geever
杰里·I. 波拉斯	Jerry I. Porras
杰弗里·A. 法尔肯斯坦	Jeffrey A. Falkenstein
金佰莉·谢	Kimberly Hsieh
凯莉·舒尔曼	Kary Schulman
凯瑟琳·克瑞恩	Catherine Crane
柯尔邦·S. 威尔伯	Colburn S. Wilbur
克里斯蒂·I. 巴克斯特	Christie I. Baxter
莱斯莉·韦尔奇	Leslie Welch
莱斯特·萨拉蒙	Lester Salamon
朗尼·沙维尔森	Lonny Shavelson
理查德·格林	Richard Green
琳达·莱尔德	Linda Laird
莉莎·帕克	Lisa Parker
莉莎·弗里德曼	Lisa Friedman
列娃·巴施	Reva Basch
露西儿·索尔特·派卡德	Lucile Salter Packard
路易斯·卡罗尔	Lewis Carroll
路易斯·芒福德	Lewis Mumford
罗伯特·路易斯·史蒂文森	Robert Louis Stevenson
洛伦·伦茨	Loren Renz
罗什渥兹·M. 基德尔	Rushworth M. Kidder
马德琳·李	Madeline Lee
玛格丽·阿林汉	Margery Allingham
马克·詹森	Mark Jansen
马拉·E. 博内特	Mara E. Burnett
玛丽·埃伦·贝茨	Mary Ellen Bates
米歇尔·巴特勒	Michele Butler
米歇尔·德·蒙田	Michel de Montaigne
莫莉·斯特恩斯	Molly Stearns
帕梅拉·劳伦斯	Pamela Lawrence

中文人名	外文人名
乔尔·欧罗斯	Joel Orosz
乔治·艾略特	George Eliot
乔治·G. 科洛姆	George G. Colomb
桑夏恩·扬达·奥维尔坎普	Sunshine Janda Overkamp
斯蒂芬妮·麦考利夫	Stephanie McAuliffe
史蒂夫·冈德森	Steve Gunderson
史蒂夫·马丁	Steve Martin
苏珊和朱莉·派卡德	Susan and Julie Packard
索尔·阿林斯基	Saul Alinsky
汤姆·大卫	Tom David
托马斯·C. 雷顿	Thomas C. Layton
托马斯·R. 亚瑟	Thomas R. Asher
瓦尔德马尔·尼尔森	Waldemar Nielsen
韦恩·C. 布斯	Wayne C. Booth
W. K. 凯洛格	W.K. Kellogg
威廉·詹姆斯	William James
温迪－埃伦·莱杰	Wendy-Ellen Ledger
辛迪·拉布	Cindy Raab
辛西娅·马斯卡斯基	Cynthia W. Massarsky
雅布罗诺夫斯基	Jacob Bronowski
亚历山大·汉密尔顿	Alexander Hamilton
伊丽莎白·格林	Elisabeth Green
尤吉·贝拉	Yogi Berra
约翰·迪卡森	John Dickason
约瑟夫·M. 威廉斯	Joseph M. Williams
詹姆斯·C. 柯林斯	James C. Collins

二、地名对照表

中文地名	外文地名
阿灵顿市	Arlington
埃文斯顿市	Evanston
安大略省	Ontario
弗吉尼亚州	Virginia

加州奥克兰市	Oakland, California
旧金山湾区	the San Francisco Bay Area
康涅狄格州	Connecticut
考克斯市	Caux
科罗拉多州丹佛市	Danver, Colorado
密尔沃基市	Milwaukee
史密斯菲尔德	Smithfield
索萨利多市	Sausalito
塔吉克斯坦	Tajikistan
威斯康星州拉辛市	Racine, Wisconsin
塞拉山脉北部地区	the Northern Sierra

三、组织机构、项目、网站名称对照表

组织机构、项目、网站中文名称	组织机构、项目、网站外文名称
艾伦－布拉德利公司	the Allen-Bradley Company
巴朗集团	Barron's
半岛保护中心	the Peninsula Conservation Center
半岛社区基金会	the Peninsula Community Foundation
半岛资助工作者团体	Peninsula Grantmakers
保护园	Preservation Park
北加州资助工作者团体	Northern California Grantmakers
博物馆和图书馆服务协会	the Institute of Museum and Library Services
布鲁克林法学院	Brooklyn Law School
残障领域资助者网络	Disability Funders Network
慈善调研	Researching Philanthropy
慈善风险基金会	Philanthropic Ventures Foundation
慈善经事报	The Chronicke of Philanthropy
成长中的慈善从业者团体	Emerging Practitioners in Philanthropy
大卫－露西儿·派卡德基金会	David and Lucile Packard Foundation
电影＋电子媒体领域资助工作者团体	Grantmakers in Film + Electronic Media
独立部门	Independent Sector
多米尼加学院研究生国际学习项目	the Dominican College International Graduate Studies Program
非营利管理支持中心	the Support Center for Nonprofit Management

非营利时报	Nonprofit Times
非洲资助工作者同道团体	Africa Grantmakers’Affinity Group
盖蒂信托基金	the Getty Trust
工业地区基金会	the Industrial Areas Foundation
公益简报	Philanthropy News Digest（PND）
管理和预算办公室	OMB
关注艾滋病的资助者团体	Funders Concerned About AIDS
关注移民和难民的资助工作者团体	Grantmakers Concered with Immigrants and Refugees
国际扶轮社	Rotary International
国际人权资助者团体	International Human Rights Funders Group
国家公共广播电台	National Public Radio
国家艺术基金会	the National Endowment for the Arts
哈尔德－基比研究与咨询事务所	Harder & Kibbe Research & Consulting
哈珀与罗出版公司	Harper & Row
哈森费弗基金会	Hassenfeffer Foundation
和平与安全领域资助者团体	Peace and Security Funders Group
盒子里的基金会	Foundation in a Box
黑人社区慈善伙伴	ABFE
狐狸谷地区社区基金会	the Community Foundation for the Fox Valley Region
互联书籍	Interlink Books
互联网公共图书馆	the Internet Public Library
华莱士·A. 戈博德基金会	Wallace A. Gerbode Foundation
华纳基金会	the Warner Foundation
环境保护署	the Environmental Protection Agency
环境资助工作者协会	Environmental Grantmakers Association
惠普公司	Hewlett-Packard Company
基层资助工作者团体	Grassroots Grantmakers
基金会图书馆联合会	Consortium of Foundation Libraries
基金会协会（美国）	Council on Foundation
基金会中心（美国）	The Foundation Center
基金会中心出版社	Foundation Center Press
记者工具箱	The Journalist’s Toolbox
加拿大社区基金会协会	Community Foundations of Canada
加州身心健康基金会	The California Wellness Foundation

健康领域资助工作者团体	Grantmakers in Health
街道资助者团体	Neighborhood Funders Group
结束长期无家可归的伙伴关系团体	Partnership to End Long Term Homelessness
旧金山大学非营利组织管理研究所	the University of San Francisco Institute for Nonprofit Management
旧金山电信委员会	the San Francisco Telecommunications Commission
旧金山及半岛大哥哥团体	Big Brothers of San Francisco and the Peninsula
旧金山基金会社区创意行动基金	the San Francisco Foundation Community Initiative Funds
卡内基国际和平永久基金	the Carnegie Endowment for International Peace
康桥汇世集团	Cambridge Associates
考克斯圆桌会议	Caux Round Table
科技同道团体	Technology Affinity Group
跨宗教基金会协会	Interfaith Funders
兰普金家庭基金会	The Lumpkin Family Foundation
理事会资料源	Board Source
联邦统计（局）网	FedStats
（联邦）管理和预算办公室	OMB (Office of Management and Budget)
“联合写作计划”	the Associated Writing Program
老龄领域资助工作者团体	Grantmakers in Aging
林德和哈利・布拉德利基金会	the Lynde and Harry Bradley Foundation
洛克菲勒基金会	Rockefeller’ Foundation
旅游者故事指南	Travelers’ Tales Guides
马基公益信托基金	Markey Charitable Trust
迈克尔・J. 福克斯基金会	The Michael J. Fox Foundation
曼哈顿大通银行	Chase Manhattan Bank
美国国税局	Internal Revenue Service（IRS）
美国女童子军	Girl Scouts of the USA
美国通讯基金会网	The Foundation for American Communications（FACS）Net
美国注册会计师协会	the American Institute of Certified Public Accountants
密歇根大学统计数据门户	the University of Michigan Statistics Gateway
密歇根大学信息学院	the University of Michigan School of Information
密歇根州基金会协会	the Council of Michigan Foundations
明尼苏达州基金会协会	The Minnesota Council on Foundations
摩根家庭基金会	Morgan Family Foundation

内森·卡明斯基金会	The Nathan Cummings Foundation
纽约基金会	the New York Foundation
女性身心健康服务站	the Women's Wellness Facility
女性资助网络	Women's Funding Network
乔西－巴斯出版社	Jossey-Bass
全国非营利理事会中心	the National Center for Nonprofit Boards
全国家庭慈善中心	the National Center for Family Philanthropy
全国少数族裔艾滋病委员会	the National Minority AIDS Council
全国艺术基金	National Endowment for the Arts
全球妇女基金会	the Global Fund for Women
全球伦理研究所	the Institute for Global Ethics
全美公益统计中心	National Center for Charitable Statistics
人口普查局	Census Bureau
人口、生殖健康和权力领域资助者网络	Funders Network on Population, Reproductive Health & Rights
日本慈善同道团体	Affinity Group on Japanese Philanthropy
塞拉俱乐部基金会	the Sierra Club Foundation
世界观察研究所	the World Watch Institute
史密斯菲尔德综和卫生院	The Smithfield Consolidated Health Center
收入保障领域资助工作者工作小组	Grantmakers Income Security Task Force
斯坦福剧院基金会	Stanford Theatre Foundation
搜索引擎观察	Search Engine Watch
特拉华州社区基金会	the Delaware Community Foundation
通信网络	The Communications Network
图书馆员的互联网索引	Librarians' Index to the Internet
瓦格纳学院	Wagner College
湾区艺术领域律师团体	Bay Area Lawyers for the Arts
湾区发现博物馆	the Bay Area Discovery Museum
威廉·佩恩基金会	The William Penn Foundation
W.K. 凯洛格基金会	The W.K. Kellogg Foundation
沃尔特－埃莉斯·哈斯基金	The Walter & Elise Haas Fund
西班牙语裔慈善工作者团体	Hispanics in Philanthropy
现在就改革的社区组织协会	Association of Community Organizations for Reform Now（ACORN）

项目相关投资工作者网络	PRI Makers Network
小型基金会协会	Association of Small Foundations
新理事会成员学院	Institute for New Board Members
新闻记者工具箱	The Journalist's Toolbox
信息人项目	The Info People Project
虚拟图书馆	The Virtual Library
学习实验室	Learning Lab
寻找资助方	Finding Funders
亚裔美国人 / 太平洋岛民慈善工作者团体	Asian Americans/Pacific Islanders in Philanthropy
艺术领域资助工作者团体	Grantmakers in the Arts
翼展会议中心	the Wingspread Conference Center
印第安裔美国人慈善工作者团体	Native Americans in Philanthropy
引领变革的社区基金会团体	Community Foundations Leading Change（CFLeads）
犹太人资助者网络	Jewish Funders Network
有效慈善中心	the Center for Effective Philanthropy
约翰·D. 和凯瑟琳·T. 麦克阿瑟基金会	the John D. and Catherine T. MacArther Foundation
约翰威立国际出版公司	John Wiley and Sons
约翰逊基金会	The Johnson Foundation
正义联盟	the Alliance for Justice
芝加哥大学出版社	University of Chicago Press
致力于儿童、青少年和家庭的资助工作者团体	Grantmakers for Children, Youth & Families
致力于公民参与的资助者委员会	Funders' Committee for Civic Participation
致力于公民积极参与的慈善会	Philanthropy for Active Civic Engagement
致力于教育的资助工作者团体	Grantmakers for Education
致力于同性恋议题的资助者团体	Funders for Lesbian and Gay Issues
致力于有效组织的资助工作者团体	Grantmakers for Effective Organizations
致力于原住民的国际资助者团体	International Funders for Indigenous People
指南星	GuideStar
智能发展和宜居社区领域资助者网络	Funders' Network for Smart Growth and Livable Communities
资助工作者地区协会	Regional Associations of Grantmakers（RAGs）
资助工作者评估网络	Grantmakers Evaluation Network
资助技巧	GrantCraft
资助交易中心	The Funding Exchange

资助赠款管理者网络 Grants Managers Network

四、作品名对照表

作品中文名	作品外文名
《爱丽丝漫游仙境》	*Alice in Wonderland*
《(白宫)管理和预算办公室 A-133 通告》	*OMB Circular A-133*
《财务和投资手册》	*Finance and Investment Handbook*
《草根慈善》	*Grassroots Philanthropy*
《超越利润：管理非营利组织全面指南》	*Beyond Profit: The Complete Guide to Managing the Nonprofit Organization*
《传说与事实：基金会对倡议的支持》	*Myth v. Fact: Foundation Support of Advocacy*
《大笨蛋》	*The Jerk*
《德尔斐神谕》	*the Delphic oracle*
《定义和术语词汇表》	*Glossary of Definitions and Terms*
《丢失的领导层：关于执行主管任期和经验的研究》	*Leadership Lost: A Study of Executive Director Tenure & Experience*
《对资助工作者的评估》	*Evaluation of a Grantmaker*
《非营利组织财务手册》	*Finance Manual for Nonprofits*
《基金会是如何运作的：寻资方对慈善多面性所需要知道的事》	*How Foundations Work: What Grantseekers Need to Know About the Many Faces of Philanthropy*
《基金会新闻和评论》	*Foundation News & Commentary*
《基业长青：高瞻远瞩企业的成功习惯》	*Built To Last: Successful Habits of Visionary Companies*
《家庭事务》	*Family Matters*
《价值观在起作用》	*Values at Play*
《理解非营利组织财务报表》	*Understanding Nonprofit Financial Statements*
《理事会咖啡屋》	*Board Café*
《旅游者故事集——美国》	*Travelers' Tales America*
《梅利亚姆－韦伯斯特学院词典》	*Merriam-Webster's Collegiate Dictionary*
《美国非营利部门：入门手册》	*America's Nonprofit Sector: A Primer*
《你自大吗？》	*Are You Arrogant?*
《女童子军法》	*the Girl Scout Law*
《全体成员》(又译为《志愿者组织理事会实用手册》)	*All Hands on Board*
《上线调查研究傻瓜通》	*Researching Online for Dummies*

《社区基金会词汇》	*Lexicon for Community Foundations*
《书写提案书的不成文规定》	*The Unwritten Rules About Proposals Written Down*
《太多鳄鱼》	*Too Many Alligators*
《提案书：如何分开好的、差的、丑的——12条原则》	*Proposals: How to Seperate the Good, Bad and the Ugly —12 Principles*
《提案书写作指南》	*Guide to Proposal Writing*
《项目相关投资：基金会技术手册》	*Program-Related Investments: A Technical Manual For Foundations*
《项目相关投资：资助方指南和趋势》	*Program-Related Investments: A Guide to Funders and Trends*
《项目相关投资目录：基金会的慈善贷款和其他项目相关投资》	*The PRI Directory: Charitable Loans and Other Program-Related Investments by Foundations*
《研究的技巧》	*The Craft of Research*
《有毒的国家：从化学污染中拯救我们的社区之战》	*Toxic Nation: The Fight to Save Our Communities from Chemical Contamination*
《与咨询顾问成功合作》	*Succeeding with Consultants*
《走过的路：穿越美国文学景观的旅程》	*The Roads Taken: Travels through America's Literary Landscapes*

五、常用词对照表

中文常用词	外文常用词
不合资格者	disqualified person
财务报表	Financial Statements
财务报告	Financial Report
（财务报表）附注	Notes
财务活动表	Statement of Activity
财务状况表	Statements of Financial Position
查询函	query letter
储备资金	Reserve Fund
初步提案书	preliminary proposal
触及权限	access
出资者（方），资助者（方）	funder
慈善	philanthropy
独立型基金会	independent foundation

多样性	diversity
儿童看护中心	childcare center
非限定性资金	unrestricted fund
分区	zoning
杠杆作用	leverage
岗前培训	orientation
公共利益	public benefit
公共型公益组织	public charity
公共（型）基金会	public foundation
公共支持测试	public support test
工薪家庭	working family
公益（组织）	charity
公允性	fairness
规划	planning
霍桑效应	the Hawthorne Effect
基层募款	grassroots fundraising
基金会	foundation
（基金）资助工作者	grantmaker
（基金）资助（赠款）	grant
（基金）资助（工作）	grantmaking
技术援助	technical assistance
家庭基金会	family foundation
价值观声明	values statement
鉴别力	discretion
建筑募款运动	building campaign
借用的执行管理者	loaned executives
尽职调查	due diligence
净现金流动表	Statement of Net Cash Flow
拒绝	decline
捐赠方	donor
捐赠方建议型资金	donor-advised fund
捐赠方指定型资金	donor-designated fund
捐赠许诺	pledge
看护者	caregiver

伦理达标	Ethical FitnessTM
伦理道德	ethics
伦理投资	ethical investing
免税组织	tax-exempt organizations
面谈	interview
年报（年度报告）	annual report
评估	evaluation
评价	assessment
匹配捐赠计划	matching gifts program
匹配资助	matching grant
企业基金会	corporate foundation
企业捐赠计划	corporate giving program
倾倒	tipping
请求／申请（书）	request/application
社会投资	social investing
社会责任投资	socially responsible investing
社区基金会	community foundation
身心健康	wellness
实地走访	field visit, site visit
示范型资助	demonstration grant
实体建筑	bricks and mortar
实物捐赠	in-kind contribution
使命声明	mission statement
受托人／理事	trustee
受赠方	donee
受（资）助方	grantee
收支表	Statement of Revenue and Expenses
私人基金会	private foundation
提案（书）	proposal
提案书征集函	Request for Proposal（RFP）
挑战型资助	challenge grant
同道团体	affinity group
危险投资	jeopardy investment
无保留意见	unqualified opinion

限定性资金	restricted fund
限制目的型基金会	limited-purpose foundation
项目关联投资	program-related investment（PRI）
项目官员	program officer
薪酬	compensation
信托基金	trust
薪资	salary
兴趣领域资金	field-of-interest fund
行为守则	code of conduct
寻资人（方）	grantseeker
业务费用表	functional expenses
意见书	position papers
医疗保健服务递送	healthcare delivery
意向信	letter of intent
遗赠	bequest
引导者	facilitator
营业税	excise tax
永久基金	endowment
优待	privilege
游说	lobbying
愿景声明	vision statement
运营支持	operating support
运作型基金会	operating foundation
指定用途资金	designated funds
指南；指导方针	guideline
支持型组织	supporting organization
支出要求	payout requirement
支出责任	expenditure responsibility
中间制裁	intermediate sanctions
种子资金	seed money
注册章程	articles of incorporation
资本募款	capital campaign
资产	assets
资产负债表	Balance Sheet

资金余额变动表	Changes in Financial Position
自我交易	self-dealing
资助表	Statements of Support
资助方	grantor
资助工作者	grantmaker
资助监测	grant monitoring
资助后评价	post-grant evaluation
资助建议	recommendation
资助授予函	Award Letter
资助循环	funding cycle
自主资金	discretionary fund
（资助）组合	portfolio
组织章程	bylaws

资助机构简介

正荣公益基金会由正荣集团捐资，是2013年3月成立，基金会致力于搭建专业透明的综合性跨界公益平台，关注城市社区营造、公益行业推动、城市文化创新三大领域，以“专业、透明、高效”的运作理念，实现资源的高效整合，构建良性公益生态系统。目前，基金会运作的主要项目有：你好社区、早安市集、禾平台、正荣专项救灾、故乡农园等。

浙江敦和慈善基金会（简称“敦和基金会”），成立于2012年5月11日，是一家资助型基金会，业务主管单位为浙江省民政厅。敦和基金会以“弘扬中华文化，促进人类和谐”为使命，秉持“尊道贵德”的价值观，在国学传承、慈善文化、公益支持等领域开展资助。资助策略：以国学传承为中心，国学引领公益，公益贯彻国学。各资助领域相互支持，协同发展，相得益彰。

中国基金会发展论坛（以下简称“基金会论坛”，英文名称为China Foundation Forum，简称CFF），有志于追求机构卓越和行业发展，是2008年自愿发起设立的行业平台。基金会论坛坚持开放共享、追求卓越，旨在加强中国基金会之间的沟通与合作，促进中国基金会和公益行业的发展。

北京益公公益基金会是在中学生领导力培养课题组基础上，经北京市民政局批准，于2013年底正式成立的非营利性社会组织，以普及公益文化、促进服务学习和青少年人才的培养、鼓励创新实践为使命。自成立以来，基金会在青少年素质教育与全面发展方面积累了大量宝贵经验，在培养青少年公益能力以及向社会大众传播公益理念方面具有长足优势。

图书在版编目(CIP)数据

基金资助工作基础指导大全:资助者实用指南/(美)弗雷德·塞特伯格,(美)柯尔邦·S.威尔伯著;益公益交流中心译.—北京:商务印书馆,2017
ISBN 978-7-100-15408-6

Ⅰ.①基… Ⅱ.①弗…②柯…③益… Ⅲ.①基金会—赞助—工作—指南 Ⅳ.①C913.7-62

中国版本图书馆CIP数据核字(2017)第243557号

基金资助工作基础指导大全:资助者实用指南

〔美〕弗雷德·塞特伯格 〔美〕柯尔邦·S.威尔伯 著
益公益交流中心 译

商 务 印 书 馆 出 版
(北京王府井大街36号 邮政编码100710)
商 务 印 书 馆 发 行
北京顶佳世纪印刷有限公司印刷
ISBN 978-7-100-15408-6

2018年4月第1版 开本 889×1194 1/16
2018年4月北京第1次印刷 印张17
定价:78.00元